23권 한글 번역 성경 파헤치기

23권
한글 번역 성경

파헤치기　구약편

전병호 지음

좋은땅

서론

한글 성경의 최대 단점은 번역본이라는 데 있다. 자칫 원래의 뜻과 무관한 한글 번역으로 인한 성경해석에 문제가 되면 그 피해는 고스란히 성도들에게 돌아간다. 한국교회 목사의 사명이 한글로 번역된 하나님의 말씀을 자의적으로 해석하지 않고 뜻을 곡해하지 않는 것이다. 실제로 번역된 한글 단어에만 치중하여 본래의 원문과는 관계없는 말씀을 버젓이 전달하는 경우가 비일비재하다. 현재 주요 교단 대부분에서 사용하는 번역본은 개역개정 성경이다. 물론 여러 번역위원이 기도하면서 성령의 도움을 받아 최선을 다한 결과임을 믿는다. 그러나 번역이 갖는 한계는 어쩔 수 없는 부분이다.

구절마다 히브리어와 헬라어 또는 아람어 원어와 가장 가까우면서 독자가 이해할 수 있는 단어를 선정하고 문장을 다듬었겠지만, 여전히 문제가 남아 있음을 우리는 알고 있다. 현대 한글 사용과는 괴리감이 느껴지는 고어체의 단어나 지나치게 어려운 한문 사용으로 해석하는 데 난독증을 느낄 정도이다. 게다가 어떤 구절은 지나치게 원어를 직역해서 그 뜻이 모호한 예도 있고, 어떤 구절은 부드럽게 의역했지만, 원어와는 동떨어진 번역도 존재한다. 또한 문맥에 맞지 않는 번역도 여럿 보이고 무엇보다 성경 전체의 일관성을 보여 주는 단어 선정이 아쉬울 때가 많다. 그리하여 같은 고민을 하던 많은 개인 또는 단체에서 여러 번역가가 각고의 연구와 노력 덕분에 지난 세월 동안 다양한 한글 번역 성경들이 속속 등장하게 되었다.

감사하게도 이러한 다양한 번역본들을 비교하기만 해도 히브리어, 헬라어를 몰라도 그 원뜻을 찾아내고 이해하는 데 상당한 도움이 된다. 그리고 기존의 성경이 가진 번역 문제가 어떤 것인지도 알게 된다. 이 책에서는 사용한 23권의 한글 번역 성경은 다음과 같다. 개역한글 성경, 개역개정 성경, 현대인의 성경, 현대어 성경, 표준새번역, 새번역, 쉬운 성경, 바른 성경, 우리말 성경, 공동번역, 킹제임스 흠정, 한글 킹제임스성경, 히브리어 직역 구약성경, 헬라어 직역 신약성경, 신세계역 성경, 조선어 성경, 메시지 성경, 천주교 성경, 신약성경 회복역, 새즈믄 구약성경, 새한글과 시편 성경, 필립스 신약성경, 신구약 원문 번역주석 성경이다.

각 번역 성경을 원어 성경과 비교 대조하면서 문제 여지가 있는 구절들을 살펴보았다. 다양한 번역본들을 읽으면서 은혜도 받고 다양한 번역의 스펙트럼도 경험할 수 있었다. 얼마나 많은 분이 하나님의 말씀을 더 잘 전달하기 위해 애썼는지 피부로 느낄 수 있었다. 감사하게도 좋은 시대에 태어나 다양한 번역본들의 도움으로 하나님의 말씀을 더욱 깨닫는 시간이 되었다. 원어를 몰라도 번역본들만 잘 활용하면 훨씬 깊이 있는 말씀 묵상이 가능하다고 믿는다. 모쪼록 이 책을 읽는 독자들도 같은 은혜를 느끼기를 원한다. 아무래도 성경 전체가 방대하기에 이 책에서는 꼭 필요한 구절들을 선정하여 성경 순서대로 비교 대조해 보았다.

차 례

창세기

1. 큰 복

성경의 첫 장에서 만나는 하나님의 모습은 창조주로서 일하시는 하나님이시다. 창조하신 후에는 복을 주신다. 창조의 목적이 복을 주시는 것이다. 하나님은 복되시다. 근본적으로 기독교는 복의 종교이다. 창세기는 복으로 시작한다. 하나님은 생물과 인간을 창조하시고 복을 주신다. 홍수 심판 후 노아와 그 아들들에게 복을 주신다. 아브라함을 부르시고 복을 주신다. 구원은 복이다. 한국기독교가 가장 많은 비판을 받는 것이 기복주의이다. 샤머니즘에 입각한 세상의 성공과 번영의 복만 구하는 것을 경계하는 것인데 복의 원리와 개념을 제대로 이해한다면 기독교는 근본적으로 기복적이다. 먼저 하나님 자신이 복이시다. "하나님은 복되시고 유일하신 주권자이시며 만왕의 왕이시며 만주의 주시오"(딤전 6:15). 바울은 하나님을 유일하신 주권자, 창조주, 구속주 이전에 복 되신 하나님이심을 제일 먼저 묘사했다.

복이란 단어가 영어로는 bless, blessing인데 히브리어로는 '바라크'이다. '바라크'는 '무릎 꿇다, 경배하다'는 의미이며 하나님을 경외하는 것이 복이라는 것이다. 하나님이 인간을 창조하신 후 복을 주셨다. 창조의 목적이 하나님을 경외하여 복을 받는 것이다. "내가 그들에게 한 마음과 한 길을 주어 자기들과 자기 후손의 복을 위하여 항상 나를 경외하게 하고 내가 그들에게 복을 주기 위하여"(렘 32:39-40). "이는 우리가 하나님 여호와를 경외하여 항상 복을 누리게 하기 위하심이며"(신 6:24). 예수님의 구원 목적도 복을 주기 위함이다. "하나님이 그 종을 세워 복 주시려고 너희에게 먼저 보내사"(행 3:26). 기독교는 근본적으로 기복적이다. 복에 대하여 알레르기 반응을 보일 필요가 없다. 복을 적극적으로 주시려는 하나님의 마음을 깨닫는 게 중요하다. 생명과 영생을 주시고 풍성케 하시려는 하나님의 큰 사랑을 표현하는 것이 복이다. 하나님은 복 주고 복 주시기를 원하신다. 복은 곧 하나님의 은혜요 선물이며 사랑이다.

창세기 22장 17절은 "내가 네게 큰 복을 주고"라고 시작한다. 그런데 동일한 구절을 인용한 히브리서 6장 14절은 "내가 반드시 너에게 복 주고 복 주며"라고 번역했다. 원어 그대로 번역하자면 '복 주고 복 주며(바라크 바라크)'가 맞다. 개역개정 성경은 동일한 구절을 '큰 복'과 '복 주고 복 주며'라고 다르게 번역했다. 히브리어는 동일한 단어를 반복할 때는 그 내용을 강조하기에 큰 복으로 번역하나 문자 그대로 '복 주고 복 주며'라고 번역해도 크게 문제가 되진 않는다. 그러나 동일한 구절을 다르게 번역하는 것은 번역의 일관성을 헤친다.

개역개정 성경의 가장 큰 문제는 이처럼 일관성 없는 번역이 상당히 많다. '큰 복'이든지 '복 주고 복 주며'든지 통일해야 한다. 거의 모든 한글 번역 성경은 '큰 복' '한없는 복' '반드시 복' 등으로 번역했고 두 번의 복을 그대로 번역한 곳은 소수 번역본이다.

(개역개정) 내가 네게 **큰 복**을 주고

(개역한글) 내가 네게 **큰 복**을 주고

(공동번역) 나는 너에게 **더욱 복**을 주어

(메시지) 내가 네게 **복**을 주겠다. 내가 **반드시** 네게 **복**을 주겠다.

(바른) 내가 **반드시** 네게 **복**을 주어서

(새번역) 내가 반드시 너에게 **큰 복**을 주며

(새즈믄) 실로 나는 네게 **만복**을 줄 것이며

(쉬운말) 내가 **분명히** 너에게 **복**을 주고

(신세계역) 내가 **분명히** 너를 **축복**하고

(우리말) 내가 **반드시** 네게 **복**을 주고

(조선어) 나는 너에게 **더욱 복**을 주어

(천주교) 나는 너에게 **한껏 복**을 내리고

(킹제임스 흠정) 내가 네게 **복을 주고 복**을 주며

(표준새번역) 내가 반드시 너에게 **큰 복**을 주며

(한글 킹제임스) **복으로** 내가 네게 **복을 주고**

(현대어) 내가 네게 복을 내리리라 **한없이 복**을 내리리라.

(현대인) 내가 너에게 **한없는 복** 주어

(히브리어 직역) 나는 **정녕** 네게 **복**을 주어

(원문) 내가 반드시 네게 **큰 복**을 주고

사실 성경에는 '큰 복'으로 번역된 곳이 몇 군데 더 있다. "주의 **큰 복**을 즐겼사오나"(느 9:25). 이 구절은 '크다'라는 뜻의 히브리어 '가보르'가 사용되었다. "주께서 그들에게 베푸신 **큰 복**과"(느 9:35). 여기서는 '크다'는 히브리어 '라브'가 사용되었다. "여호와께 나의 주인에게 **크게 복**을 주시어"(창 24:35). 이 본문에서는 '크다'라는 히브리어 '메오드'가 사용되었다. 이 세 구절은 '큰 복'으로 번역하는 것이 이상하지 않다. 왜냐하면 '크다'라는 단어를 사용했기 때문이다. 그렇다면 복을 두 번이나 사용하여 '복 주고 복 주며'를 사용한 것은 단지 '큰 복'만을 의미하는 것만은 아님을 알 수 있다. '복 주고 복 주며'라는 문장은 '큰 복'이라는 강조의 뜻도 있겠으나

두 가지의 다른 복을 의미한다 할 수도 있다.

히브리어에는 복을 의미하는 단어가 3개가 있다.

첫째, '바라크(명사는 베라카)'인데, '경배하다, 무릎 꿇다'라는 뜻이다. 이 복은 하나님과의 관계에서 오는 영적인 복이다.

반면에 땅에서의 번영, 번창을 의미하는 복은 '토브'이고, '행복'이라 번역되는 마음의 복은 '아쉐르(명사는 에세르)'이다.

즉 '바라크'는 신령한 복이요 영적인 복이요, 하늘의 복인 반면, 이 땅에서 누리는 물질적인 복인 '토브'와 마음으로 얻는 행복의 복인 '아쉐르'는 육체적이고 물질적인 복, 땅의 복이라 할 수 있다. 하나님이 '복 주고 복 주신다'는 두 번의 복은 하늘의 복과 땅의 복 모두를 명시한다. 그러므로 복을 두 번이나 사용한 것은 단지 복을 강조하기보다는 모든 복을 의미하는 두 가지의 복을 말한다고 할 수 있다.

복을 두 번이나 반복한 또 다른 성경 구절이 있다. 야베스의 복이라 알려진 역대상 4장 10절을 살펴보자. "주께서 내게 복을 주시려거든."

(개역개정) 주께서 내게 **복**을 주시려거든

(개역한글) 주께서 내게 **복에 복**을 더하사

(공동번역) 부디 저에게 **복**을 내리시어

(메시지) 제게 **복**을 주십시오 제게 **복**을 주십시오.

(바른) 주께서 제게 **복에 복**을 더하시고

(새번역) 나에게 **복에 복**을 더해주시고

(새즈믄) 만일 당신님이 내게 **큰 복**을 주시려면

(쉬운말) 나에게 **복**을 주십시오

(신세계역) 당신이 정녕 저를 **축복**하시고

(우리말) 여호와께서 제게 **복에 복**을 주시어

(조선어) 부디 저에게 **복**을 내리시어

(천주교) 부디 저에게 **복**을 내리시어

(킹제임스 흠정) 주께서 참으로 내게 **복**을 주사

(표준새번역) 나에게 **복에 복**을 더하여 주시고

(한글 킹제임스) 주께서 정녕 나를 **복** 주시고

(현대어) 하나님 나에게 **복**을 내리어

(현대인) 하나님이시여 나를 **축복**하시고

(히브리어 직역) 당신께서 제게 정녕 **복**을 주셔서

(원문) 여호와께서 저에게 **복**을 주셔서

이 구절도 히브리어 '바라크 바라크'를 두 번 사용했다. 앞서 보듯이 두 번 모두 복을 번역한 한글 성경은 소수이다. 원래 개역한글 성경은 '복에 복을 더하사'라고 번역한 것을 개역개정 성경에서는 '복을 주시려거든'이라고 개정했다. 두 개의 복을 원문에서 사용했는데 굳이 왜 개정했는지 이해가 안 된다. 야베스는 하나님께 기도하여 하나님이 함께하는 임마누엘의 영적인 복과 지경을 넓히는 땅의 복, 두 가지 복을 구한 것이다. 동일한 단어를 반복하는 것은 강조의 의미도 있지만 각기 다른 두 개를 의미할 수 있다.

성경에서는 복을 단일하게 취급하지 않는다. 복은 셀 수 있는 명사가 아니기에 일반적으로 복은 단수이지만 다양한 종류의 복을 의미할 때는 복수로도 사용된다. 예를 들어 '여호와의 복'(창 39:5)은 단수(blessing)로 사용하지만 '모든 복'(신 28:2)에서 복은 복수(blessings)로 쓰이고 '위로 하늘의 복과 아래로 깊은 샘의 복과 젖먹이는 복과 태의 복이로다'(창

49:25)에서도 복이 복수(blessings)로 사용된다. 다양한 복, 많은 복, 모든 복, 만복이 있다. 복은 다양하고 많은 종류가 있다. 야곱은 요셉의 두 아들인 에브라임과 므낫세에게 각각 오른손과 왼손으로 축복했다(창 48:14). 므낫세가 장자이나 차자인 에브라임에게 오른손으로 복을 준 것이다. 장자인 므낫세에게는 왼손으로 축복했다. 오른손의 복이 왼손의 복보다 크기에 장자의 복을 차자에게 준 것이다. 이처럼 복은 동일하지 않게 차등적으로 임하기도 한다. 야곱이 열두 아들들을 축복하면서도 복을 각 사람에 맞게 차등적으로 분배했다. "각 사람의 분량대로 축복하였더라"(창 49:28).

(개역개정) 각 사람의 분량대로 축복하였더라.

(개역한글) 그들 각인의 분량대로 축복하였더라.

(공동번역) 그들 하나하나에게 알맞은 복을 빌어주고는 분부하였다.

(메시지) 특별히 아들 한 사람 한 사람에게 해준 고별축복 기도다.

(바른) 각자의 복에 따라 그들을 축복하였다.

(새번역) 아들 하나하나에게 알맞게 축복하였다.

(새즈믄) 그들을 축복하되 각자에게 알맞은 복을 빌었다.

(쉬운말) 모든 아들에게 알맞은 복을 빌어주었습니다.

(신세계역) 그들 각 사람을 각자의 축복에 따라 축복하였다.

(우리말) 각자가 누릴 복에 따라서 아들들을 축복했습니다.

(조선어) 그들 하나하나에게 알맞은 복을 주고는 분부하였다.

(천주교) 그들 각자에게 알맞은 복을 빌어주면서 한 말이다.

(킹제임스 흠정) 각 사람의 복에 따라 그가 그들을 축복하였더라.

(표준새번역) 아들 하나하나에게 알맞게 축복하였다.

(한글 킹제임스) 각인을 각자의 축복에 따라 야곱이 축복하였더라.

(현대어) 아들마다 각각 그들에게 알맞게 축복하였다.

(현대인) 아들들에게 각자 적합한 말로 축복하였다.

(히브리어 직역) 각 사람의 복에 따라 그들에게 축복했다.

(원문) 그 아들들이 누리게 될 복을 각 사람에게 알맞게 빌어주면서 한 말들이다.

　각 사람이 받는 복은 각각 다르고 다양하다. 그렇게 볼 때 아브라함은 하나님이 주시는 모든 복을 받은 사람이다. 그야말로 복에 복을 더해서 모든 복을 받은 것이다. "너는 복이 될지라"(창 12:2). 아브라함은 복의 상징이 된다. 개역한글 성경에서는 "너는 복의 근원이 될찌라"(창 12:2)라고 번역했는데 복의 근원은 하나님이시기에 개역개정에서 "복이 될지라"고 정정했다. 아브라함이 단순히 다른 사람보다 더욱 많은 복을 받은 것이라면 큰 복이나 크게 복을 받았다고 번역해도 무리가 되지 않지만, 아브라함은 믿음의 조상으로, 복의 상징으로써 복이 된 자이다.

　결론적으로 번역의 독특한 차별성 면에서나(복의 상징인 복이 된 자로써) 또 일관성 면(히브리서에서는 '복 주고 복 주며'라고 번역했기에)에서나 아브라함에게 '큰 복'을 주기보다는 '복 주고 복 주며'라고 번역하는 것이 타당하다.

2. 반드시 죽으리라

동일한 단어를 두 번 반복한 비슷한 경우가 또 있다. 하나님이 선악과나무를 먹지 말라고 경고하면서 먹는 날에는 반드시 죽는다고 경고하신다. 창세기 2장 17절을 보자. "네가 먹는 날에는 반드시 죽으리라." 본문에서는 히브리어로 '죽다'라는 뜻의 '무트'가 두 번 사용되었다(무트 무트). 직역을 하자면 '죽으리라 죽으리라'이다. 이 구절은 모든 한글 번역 성경이 "반드시 죽으리라"고 번역했다.

(개역개정) 반드시 죽으리라.

(개역한글) 정녕 죽으리라.

(공동번역) 너는 반드시 죽는다.

(메시지) 너는 죽을 것이다.

(바른) 반드시 죽을 것이다.

(새번역) 반드시 죽으리라.

(새즈믄) 반드시 죽는다.

(쉬운말) 너는 반드시 죽을 것이다.

(신세계역) 반드시 죽을 것이기 때문이다.

(우리말) 네가 반드시 죽을 것이다.

(조선어) 너는 반드시 죽는다.

(천주교) 너는 반드시 죽을 것이다.

(킹제임스 흠정) 네가 반드시 죽을 것임이라.

(표준새번역) 너는 반드시 죽을 것이다.

(한글 킹제임스) 반드시 죽으리라.

(현대어) 죽음을 면치 못할 것이다.

(현대인) 네가 반드시 죽을 것이다.

(히브리어 직역) 너는 정녕 죽을 것이다.

(원문) 너는 반드시 죽을 것이기 때문이다.

앞서 보았듯이 같은 단어를 두 번 반복하는 것은 강조의 의미도 있으나 다른 의미의 두 가지를 뜻할 수도 있다. 즉 강조하여 '반드시 죽으리라'는 뜻도 있지만 '죽으리라 죽으리라'는 두 번의 죽음을 말한다고 할 수 있다.

본문은 죽음을 강조하기보다는 두 가지의 죽음, 두 번의 사망을 의도한다. 죄의 결과는 육신의 죽음과 하나님과 영원히 단절되는 영혼의 죽음을 말한다. 예수님도 두 가지의 죽음을 말씀하셨다. "몸은 죽여도 영혼은 죽이지 못하는 자들을 두려워하지 말고 오직 몸과 영혼을 능히 지옥에 멸하실 수 있는 이를 두려워하라"(마 10:28). 죽음은 육신의 죽음과 영혼의 죽음 곧 지옥을 의미한다. 죄의 결과는 육체적 사망만이 아니라 하나님과의 영원한 단절을 의미하는 영원한 지옥의 심판을 말한다. 그런 의미에서 성경은 죽음을 두 가지로 말한다. 첫째 사망이 육신의 죽음이라면 둘째 사망은 최후 심판인 영원한 멸망이다. "사망과 음부도 불 못에 던져지니 이것은 둘째 사망 곧 불 못이라 누구든지 생명책에 기록되지 못한 자는 불 못에 던져지리라"(계 20:14-15). 죄 가운데 태어나는 모든 인간이 육체적으로 죽는 것이 첫째 사망이라면 지옥에서 멸망하는 것은 둘째 사망이다.

이처럼 성경은 죽음을 두 가지로 본다면 본문에서 두 번의 죽음은 단지 강조의 의미보다는 육체적인 죽음과 지옥의 영원한 멸망이라는 영혼의 죽음, 두 가지의 죽음을 말한다고 볼 수 있다. 이런 점에서 모든 한글 성경 번역본이 강조의 의미로만 번역한 것은 아쉬움이 남는다. '둘째 사망'이라는 성경의 고유한 죽음이라는 연계적 의미에서 보더라도 '죽으리라 죽으리라'고 두 번의 죽음을 사용하면 좋지 않을까 생각하게 된다. 이와 같은 두 번의 죽음을 무시하고 하나님의 말씀에 정면으로 배치되는 말을 한 존재가 뱀으로 위장한 사탄이다. "뱀이 여자에게 이르되 너희가 결코 죽지 아니하리라"(창 3:4). 이 구절에서도 죽음이라는 히브리어 '무트'가 두 번 반복된다. 히브리어 '로(not)-무트 무트'를 문자 그대로 번역하자면 '죽지 않고 죽지 않는다'라는 것이다. 창세기 3장 4절의 여러 번역들을 비교해 보자.

(개역개정) 결코 죽지 아니하리라.

(개역한글) 결코 죽지 아니하리라.

(공동번역) 절대로 죽지 않는다.

(메시지) 결코 죽지 않아.

(바른) 결코 죽지 않을 것이다.

(새번역) 절대로 죽지 않는다.

(새즈믄) 결코 죽지 아니한다.

(쉬운말) 너희는 죽지 않아.

(신세계역) 절대로 죽지 않을 것이다.

(우리말) 절대로 죽지 않을 것이다.

(조선어) 절대로 죽지 않는다.

(천주교) 결코 죽지 않는다.

(킹제임스 흠정) 결코 죽지 아니하리라.

(표준새번역) 절대로 죽지 않는다.

(한글 킹제임스) 결코 죽지 아니하리라.

(현대어) 절대로 죽지 않아.

(현대인) 절대로 죽지 않을 것이다.

(히브리어 직역) 정녕 죽지 않을 것이다.

(원문) 너희는 결코 죽지 않을 것이다.

여기서 보듯이 모든 번역 성경들이 강조의 의미로만 번역했다. 하나님은 인간을 영생하도록 창조하셨기에 아담과 하와는 육신의 죽음은 말할 것도 없고 영원한 죽음인 둘째 사망도 모르고 있었다. 불순종의 죄로 인한 결과로 육신의 죽음과 둘째 사망이라는 두 가지 죽음의 대가가 얼마나 두려운 것인지 인식하지 못하고 있었다. 에덴동산의 사탄은 지금도 여전히 우는 사자처럼 하나님의 말씀을 무시하고 미혹하여 두루 삼킬 자를 찾고 있다.

때로는 왜 하나님은 사탄을 에덴동산에 두셔서 죄를 짓게 하는가? 결국 하나님이 죄짓게 한 원인을 제공하신 게 아닌가 하고 의문을 품는 사람도 있다. 신앙이란 하나님의 자유로운 선택과 그 선택에 대한 인간의 자유로운 응답이다. 하나님께서 자유로운 주권으로 아브라함을 불러 선택하셔서 의인이라 칭했지만, 이삭을 바치라는 시험에 순종함으로써 그 신앙을 인정받았다. 이것이 히브리서의 선택하시는 믿음과 야고보서의 선택에 응답하는 믿음의 행위에 대한 고찰이다. 예정이란 하나님의 자유로운 선택과 그 선택에 자유롭게 응답하는 것이 유기적으로 연결되는 것이다. 하나님이 아브라함을 의인으로 선택하시고 그 후에 시험하셔서 이삭을 제물로 바칠 때 "내가 이제야 네가 하나님을 경외하는 줄을 아노라"(창 22:12)고 선언하셨다. 하나님은 반드시 우리의 응답을 시험으로 확증하신다. 그것이 에덴동산에 사탄을 허용한 것이며 출애굽 이후에 곧바로 약속의 땅인 가나안에 들어가기 전에 광야로 몰아넣으시고 시험하신 이유다.

하나님은 우리에게 응답을 원하신다. 인간의 몸을 입고 오신 예수님도 예외가 될 수 없다. 예수님은 요한에게 세례를 받으신 후 곧바로 광야에서 사탄에게 시험을 받고 통과하신 후 사역을 시작하셨다. "네 하나님 여호와께서 이 사십 년 동안에 네게 광야 길을 걷게 하신 것을 기억하라 이는 너를 낮추시며 너를 시험하사 네 마음이 어떠한지 그 명령을 지키는지 지키지 않는지 알려 하심이라"(신 8:3). 오늘날 우리도 하나님의 부르심을 받은 후 광야에서 시험하신다. 우리에게 광야가 어디인가? 스데반 집사는 조상들이 거쳐 갔던 광야를 "광야교회"(행 7:38)라 했다. 천국 가기 전까지 우리는 교회공동체로 신앙생활을 하면서 숱한 시험과 시련을 거쳐야 한다. 하나님의 나라를 들어가려면 많은 환난을 겪어야 한다(행 14:22). 그래서 끝까지 견디는 자는 구원을 얻는다(마 24:13). 많은 시련을 주시되 하나님은 사람이 감당할 수 없는 시험을 주지 않으시고 넉넉히 이길 수 있게 하시고 시험을 피할 길을 주시기에(고전 10:13) 여러 가지 시험을 당해도 온전히 기뻐하고(약 1:2) 믿음을 지켜서 내 믿음을 확증해야 한다.

3. 시력이 약하고

　개역개정 성경의 단점 중 하나는 지나치게 원어를 직역해서 그 뜻이 애매모호한 때도 있다. 그와는 반대로 지나치게 원어를 의역해서 원래의 뜻을 벗어나는 번역도 있다. 대표적인 구절의 예를 보자. "레아는 시력이 약하고 라헬은 곱고 아리따우니"(창 29:17). 이 구절에서는 '시력이 약하다'는 레아가 마치 시력이 안 좋다는 뜻으로 오해를 일으킨다. 원문에서는 '시력'은 '눈'을 의미하는 히브리어 '아인'과 '약하고'는 '연한, 부드러운, 약한'이라는 뜻의 히브리어 '라크'가 사용되었다. 개역개정 성경은 '라크'의 여러 뜻 중에서 '약하다'를 차용해서 '눈이 약하다'를 '시력이 약하다'로 번역했다. 마치 레아를 시력도 안 좋은 여자로 만들었다. 이러한 이미지는 레아가 미모가 떨어지는 뉘앙스를 풍기게 한다. '연하다, 부드럽다'는 '라크'의 뜻이 있지만 '약하다'를 차용함으로써 '시력이 약하다'라는 다소 이해하기 어려운 번역이 되고 말았다.

　그러나 '라크'의 '연하다, 부드럽다'는 뜻을 차용하면 레아는 '눈매가 부드러운, 눈매가 예쁘다'는 뜻이 된다. 레아도 눈매가 예쁜 여자이나 라헬이 워낙 탁월하게 예쁘다는 것이다. 본문에서 '곱고 아리따우니'는 히브리어 '아름다운, 예쁜'이라는 뜻의 '야페'가 두 번 반복된 것이다. 문자 그대로 '야페 야페' 즉 '아름답고 아름다웠다'를 '곱고 아리따우니'로 의역한 것이다. 보통 미남 미녀는 히브리어 '야페'를 한 번만 사용한다. 사라는 '아리따운 여인'(창 12:11)으로 묘사하는 데 '야페'가 한 번 사용되었다. 리브가는

'심히 아리땁고'(창 24:16)라고 했지만 '야페'가 한 번 사용되었다. 그러나 탁월한 미남 미녀를 설명할 때는 '야페'를 두 번 반복한다. '요셉은 용모가 빼어나고 아름다웠더라'(창 39:6)에서 '야페'를 두 번 사용해서 '빼어나고 아름답다'고 번역했다. 요셉이 얼마나 탁월한 미남인가를 보여 준다. 에스더도 마찬가지이다. 에스더는 부모가 없었으나 '용모가 곱고 아리따운' 처녀라(에 2:7). 이 구절도 '야페'를 두 번 사용함으로써 에스더가 얼마나 탁월한 미녀임을 보여 준다. 술람미 여인도 너는 어여쁘고 어여쁘다(아 4:1)에서 '야페'를 두 번 사용해서 누구 못지않은 탁월한 미녀임을 나타낸다.

여러 한글 번역 성경을 살펴보면 라헬의 탁월한 미모를 묘사한다. 창세기 29장 17절을 다시 살펴보자.

> (개역개정) 레아는 시력이 약하고 라헬은 곱고 아리따우니
> (개역한글) 레아는 안력이 부족하고 라헬은 곱고 아리따우니
> (공동번역) 레아는 부드러운 눈매를 하고 있었지만, 라헬은 몸매도 아름답고 용모도 예뻐서
> (메시지) 레아는 눈매가 예뻤지만, 라헬은 눈부시게 아름다웠다.
> (바른) 레아는 눈매가 부드러웠으나 라헬은 생김새가 예쁘고 보기에도 아리따웠다.
> (새번역) 레아는 눈매가 부드럽고 라헬은 몸매가 아름답고 용모도 예뻤다.
> (새즈믄) 레아는 눈이 부드러우나 라헬은 몸매도 아름답고 얼굴도 예뻐
> (쉬운말) 레아는 눈이 곱고 라헬은 용모가 아름답고 예뻤습니다.
> (신세계역) 레아의 눈에는 광채가 없는 반면에 라헬은 외모가 아름답고 얼굴도 아름다웠다.
> (우리말) 레아는 시력이 약했고 라헬은 외모가 아름답고 얼굴이 예뻤습니다.

(조선어) 레아는 부드러운 눈매를 하고 있었지만, 라헬은 몸매도 아름답고 용모도 예뻐서

(천주교) 레아의 눈은 생기가 없었지만, 라헬은 몸매도 예쁘고 모습도 아름다웠다.

(킹제임스 흠정) 레아는 눈매가 부드러우나 라헬은 아름답고 잘생겼더니

(표준새번역) 레아는 눈매가 부드러웠으며 라헬은 몸매가 아름답고 용모도 예뻤다.

(한글 킹제임스) 레아는 눈매가 부드러우나 라헬은 몸매가 아름답고 얼굴도 예쁘더라.

(현대어) 레아는 눈에 총기가 없었지만, 라헬은 몸매도 빼어났을 뿐 아니라 얼굴도 예뻤으므로

(현대인) 레아는 눈에 생기가 없었으나 라헬은 곱고 아름다우므로

(히브리어 직역) 레아의 눈은 부드러웠다. 그러나 라헬은 용모가 예쁘고 보기에 아름다웠다.

(원문) 레아는 눈매가 부드러웠지만 빛나지는 않았다. 그러나 라헬은 몸매가 예쁘고 외모도 아름다웠다.

결국 '라크'의 '약하다'라는 뜻을 차용한 번역은 레아를 아름답지 못한 여자로 묘사하고, '라크'의 '연하다, 부드럽다'는 뜻을 차용한 번역은 대체로 레아가 눈매가 부드럽고 예쁘다고 번역했다. 라헬이 아름답다는 뜻의 '야페'를 두 번이나 반복해서 사용할 정도로 탁월한 미모의 여자였기에 상대적으로 라헬에게 가려졌지만, 레아도 눈매가 예쁜 못지않은 미녀 또는 인자한 여인이라고 볼 때 '눈매가 부드러운' 또는 '눈매가 예쁜'이 훨씬 나은 접근으로 보인다.

출애굽기

4. 구원

출애굽기는 예수님의 구원의 예표를 보여 주기에 구원과 관련한 다양한 단어들이 출현한다. '구원'이라는 단어 이외에 구원의 뜻을 가진 '건져내다, 사다, 넘어가다, 구속, 속량, 대속, 속죄, 속전' 등이 출애굽기에 소개되고 있다. 문제는 원어와 관계없이 이 단어들이 마구 뒤섞여 사용되기에 정확하게 구분이 안 된다는 것이다. 기독교의 기본 근간인 구원론의 확립을 위해서도 단어만큼은 구별할 필요가 있다고 생각한다.

먼저 출애굽기 3장 8절을 보자. "내가 내려가서 그들을 애굽인의 손에서 건져내고." 이 구절에서 '건져내다'는 히브리어 '나짜르'이다. 영어로 salvation으로 번역되는 구원이란 죄와 사망의 권세로부터 건져내어 영원한 생명을 누리게 하는 것이다. 모세라는 뜻이 히브리어 '마샤'라는 '건져내다'는 의미를 보여 준다는 점에서 출애굽의 사건을 구원론적으로 잘 보여 준다. "주의 백성을 구원하지 아니하시나이다"(출 5:23)와 "우리의 집을 구원하셨느니라"(출 12:27)에서 구원은 '나짜르'이다.

반면 영어로 redemption 또는 atonement를 사용하는 '구속 또는 대속'은 '몸값을 대신 갚아주고 구입하다'라는 뜻이다. 예수님의 피 값으로 하나님은 우리를 구속하셨다. "주께서 구속하신 백성을"(출 15:13)에서 구속은 히브리어 '가알'이다. 몸값을 지불하고 구입하다라는 뜻이다. 성경에서 '기업 무를 자'(룻 3:12)라고 번역되는 '고엘'이 여기서 파생되었다. "너희를 속량하여"(출 6:6)에서 속량도 '가알'이다.

(개역개정) 너희를 속량하여

(개역한글) 너희를 구속하여

(공동번역) 너희를 구해내리라.

(메시지) 너희를 속량하겠다.

(바른) 구속하여

(새번역) 너희를 구하여 내겠다.

(새즈믄) 너희를 구속할 것이다.

(쉬운말) 너희를 구해줄 것이다.

(신세계역) 너희를 기필코 되찾을 것이다.

(우리말) 너희를 구원해주겠다.

(조선어) 너희를 구해내리라.

(천주교) 너희를 구원하겠다.

(킹제임스 흠정) 너희를 구속하며

(표준새번역) 너희를 구하여 내겠다.

(한글 킹제임스) 너희를 구속하리라.

(현대어) 너희를 구해내리라.

(현대인) 너희를 구원하여

(히브리어 직역) 너희를 구속하겠다.

(원문) 너희를 속량할 것이다.

보다시피 히브리어 '가알'이라는 단어를 번역 성경에 따라 '속량, 구원, 구속, 구해냄, 되찾음' 등으로 다양하게 번역했다.

또한 '몸값을 지불하다'라는 뜻의 히브리어는 '파다'도 있다. "어린양으로 대속할 것이요"(출 13:13). 이 구절에서 대부분의 한글 번역들은 '파다'

를 대속으로 번역했다.

(개역개정) 대속할지니라.

(개역한글) 대속할찌니라.

(공동번역) 물러내어라.

(메시지) 대신할 수 있습니다.

(바른) 대속하여라.

(새번역) 대속하여야 합니다.

(새즈믄) 대속하여야 한다.

(쉬운말) 대신해서 바쳐야 합니다.

(신세계역) 구속해야 합니다.

(우리말) 값을 대신 치러야 한다.

(조선어) 물러 내여라.

(천주교) 대속해야 한다.

(킹제임스 흠정) 대속할 것이요.

(표준새번역) 대속하도록

(한글 킹제임스) 대속할지니라.

(현대어) 대신 물러야 한다.

(현대인) 몸값을 지불하고 다시 사야 합니다.

(히브리어 직역) 대속해야 한다.

(원문) 대속해야만 합니다.

한편 하나님이 몸값을 지불하고 사셨기에 '사다, 구입하다'라는 히브리어 '카나'도 사용한다. "주께서 사신 백성"(출 15:16)에서 '사신'은 '값 주고 사신'이라는 뜻이다. 하나님이 몸값을 지불하여 구입하셨기에 너는 '내 것' 또는 '내 소유'라고 표현하기도 한다. "내 소유가 되겠고"(출 19:5)에서 '소유'는 히브리어 '세굴라'로서 하나님의 특별한 소유를 의미하는 '재산, 보석 또는 특별한, 보배로운' 등으로 번역되기도 한다.

　몸값 즉 죗값을 치렀기에 '죄를 덮다, 죄를 없애다'라는 히브리어 '카파르'도 사용된다. 예수님의 피 값으로 죄가 사해졌다, 용서되었다는 뜻이다. "너희를 위하여 속죄가 될까 하노라"(출 32:30), "생명의 속전"(출 30:12), "너희의 생명을 대속하기 위하여"(출 30:15)에서 번역된 '속죄, 속전, 대속'은 모두 히브리어 '카파르'를 번역한 것이다. 출애굽기 30장 15절을 보자. "너희의 생명을 대속하기 위하여."

　　(개역개정) 대속하기 위해

　　(개역한글) 속하기 위하여

　　(공동번역) 목숨값으로

　　(메시지) 목숨에 대한 속죄세를

　　(바른) 대속하기 위하여

　　(새번역) 목숨값으로 속전을

　　(새즈은) 속량하는 것이다

　　(쉬운말) 목숨을 대신해서

　　(신세계역) 속죄하기 위하여

　　(우리말) 속죄하기 위하여

　　(조선어) 목숨값으로

　　(천주교) 속죄로

　　(킹제임스 흠정) 속죄를 위하여

(표준새번역) 속전을

(한글 킹제임스) 구속하기 위하여

(현대어) 목숨값으로

(현대인) 생명의 값을

(히브리어 직역) 속죄하기 위하여

(원문) 자기 목숨을 속죄하기 위해

이 구절도 히브리어 '카파르'를 '대속, 속죄, 속전, 속량, 속죄세, 목숨값' 등으로 다양하게 번역한 것을 알 수 있다.

또한 '죄를 보지 않고 넘어가다'는 뜻으로 히브리어 '파사흐'를 사용하는데 이는 죄를 용서하셔서 심판을 면해 준다는 것이다. '파사흐'는 '넘어가다(유월)'라는 의미로 유월절로 사용되기도 한다. 즉 심판을 면제한다는 뜻이다. "내가 피를 볼 때에 너희를 넘어가리니"(출 12:13).

마지막으로 "이스라엘을 애굽사람의 손에서 구원하시매"(출 14:30)에서 '구원하다'는 히브리어 '야샤'이다. 명사형은 '예슈아'로서 신약의 예수님을 상징한다. "나의 구원이시로다"(출 15:2). 이 구절은 '예슈아'가 사용되었다.

결론적으로 출애굽기에서 사용된 다양한 구원을 상징하는 단어는 기독교의 구원관을 잘 보여 준다. 구원이란 죄와 사망의 권세에서 우리를 구출(나짜르)하는 것이요, 하나님이 몸값을 지불하셨고(가알), 즉 대가를 지불하고 소유권을 회복했기에, 값을 치르고 우리를 구입하신 것이고(카나), 하나님이 대신 값을 치르셨기에(파다) 우리는 하나님의 소유가 되었고(세굴라), 우리 대신 생명 값을 치르신 어린 양이신 예수님이 우리의 구원자(예슈아)되시고, 대가를 치렀기에 유월절 어린 양이신 예수님의 피로 우리의 모든 죄와 심판은 면제되고 넘어갔다(파사흐).

그러나 앞서 몇 가지 구절들의 예를 들어 보았듯이 동일한 의미를 지닌 히브리어 단어를 한글로 번역하는 중에 지나치게 다양한 단어들(구원, 구속, 대속, 속죄, 속량, 속전, 목숨값, 생명 값)로 번역하면서 원래의 히브리어 단어의 뜻은 사라지고 구별 없이 각기 다른 한글 용어로 마구 혼용하면서 오히려 혼란만 가중하지 않았나 생각한다.

5. 스스로 있는 자

아마도 한글 성경에서 가장 독특한 번역을 꼽으라면 '스스로 있는 자'
일 것이다. 하나님이 처음으로 모세에게 자신의 이름을 여호와로 드러내
셨다. 조상들에게는 '전능자 하나님(엘 샤다이)'로 나타났으나 이제는 여
호와로 나타날 것이라고 스스로 이름을 밝히셨다(출 6:3). 그런데 여호
와라는 번역은 우리가 알다시피 유대인들은 하나님의 신성한 이름을 함
부로 직접 부르지 않았기에 정확한 발음을 알 수 없다. 하나님을 상징하
는 4개의 히브리어 자음(HWHY)만 기록으로 남아 있을 뿐이다. 대신 여
러 가지 대용으로 하나님의 이름을 사용했는데 그중에서도 주님(lord)을
의미하는 '아도나이'라는 단어를 주로 사용했다. 후에 하나님의 신성한 4
개의 히브리어 자음에다 아도나이의 모음인 '아, 오, 아이'를 집어넣어 예
호바 또는 여호와로 부르게 되었다. 그러므로 오늘날 성경에서 사용되는
여호와라는 번역은 인공적으로 만든 말이지 원어의 참뜻은 아니다.

출애굽기 3장 14절에는 하나님이 직접 당신의 이름을 밝히시는 내용
이 나온다. 우리말로는 '스스로 있는 자'라고 번역했는데 원어 히브리어
는 '에흐예 아세르 에흐예'이다. '에흐예'는 히브리어 '하야'에서 발생한 단
어로 '존재하다, -이다, -되다'라는 영어의 Be 동사에 해당한다. 즉 I AM
이 된다. '아세르'는 who 또는 that을 의미하는 관계대명사이니까 I AM
WHO I AM이 된다. 곧 '나는 나다'라는 뜻이다. 아마도 발음상 '에흐예'에
서 야훼 또는 야웨라는 하나님의 이름이 발생한 것으로도 보는 학자도 있

다. 결국 여호와이든 야훼(야웨)이든 정확한 발음은 알 수 없다. 그러나 분명한 것은 하나님은 스스로를 '나는'이라고 명명하셨다는 것이다. 개역 개정 성경에서는 '나는'보다는 '스스로 있는 자'라고 번역했다. 그렇다면 다른 한글 성경은 어떻게 표현했는지 살펴보자.

(개역개정) 나는 스스로 있는 자

(개역한글) 나는 스스로 있는 자

(공동번역) 나는 곧 나

(메시지) 나는 스스로 있는 자

(바른) 나는 스스로 있는 자

(새번역) 나는 곧 나다

(새즈믄) 나는 스스로 존재하는 자 에흐예

(쉬운말) 나는 스스로 있는 자

(신세계역) 나는 될 자가 될 것이다

(우리말) 나는 스스로 있는 자

(조선어) 나는 곧 나

(천주교) 나는 있는 나

(킹제임스 흠정) 나는 곧 스스로 있는 자

(표준새번역) 나는 스스로 있는 나

(한글 킹제임스) 나는 곧 나

(현대어) 나는 스스로 있는 자

(현대인) 나는 스스로 존재하는 자

(히브리어 직역) 에흐예 아쉐르 에흐예

(원문) 나는 스스로 있는 자이다

대체로 '에흐예'를 직접 인용한 것 이외에는 '에흐예'를 '스스로 있는 자' 내지는 '나는 곧 나'라고 번역한 것을 알 수 있다. 그러나 성경 전체를 관통하는 여호와의 이름을 연계해 볼 때 '스스로 있는 자'보다는 '나는'이라고 번역하는 것이 훨씬 더 신학적으로 옳게 보인다.

위에서 보듯이 히브리어 '에흐예'(I AM)는 하나님의 이름을 말한다. I AM은 단지 일인칭 단수 주어로만 사용되는 것이 아니라 하나님의 이름이신 여호와 또는 야훼임을 드러낸다. 그러므로 성경에서 '내가' 또는 '나는'이라는 용어가 자주 등장한다. '내가 곧 그니라'(사41:3), '나는 그니'(사 48:12), '나 곧 내가'(사 48:15). 신약시대에 예수님도 자신이 하나님임을 드러내실 때 자신을 I AM이라고 말씀하셨다. 헬라어로 '에고 에이미'인데 '내가 그니라'(요 18:5~6)고 하셨다. 내가 곧 길이요 진리요 생명이니(요 14:6), 나는 세상의 빛(요 8:12), 나는 부활이요 생명이니(요 11:24), 나는 참 포도나무요(요 15:1)에서 '내가' 또는 '나는'은 일인칭 단수 주어를 의미하는 것이 아니라 여호와이신 '에흐예' 곧 여호와 하나님(I AM)이신 분이 예수님 본인이시라는 선언이다. 아마도 구약적 선언의 연계된 측면에서 번역하자면 나 곧 여호와는 길이요 진리요 생명이니, 나 곧 여호와는 세상의 빛이요, 나 곧 여호와는 참 포도나무요 등으로 번역할 수 있겠다. 구약의 '하야'에서 파생된 '에흐예', 신약의 '에고 에이미', 영어의 'I AM' 그리고 한글의 '나 곧 나'로 사용하는 것이 성경 전체의 흐름이나 일관성을 유지하는 번역으로 볼 때 '스스로 있는 자'라는 다소 동떨어진 번역보다는 적합한 번역이라 생각된다.

이런 점에서 아쉬운 번역이 하나 있다. "아브라함이 나기 전부터 내가 있느니라"(요 8:58). 여러 번역 성경들을 살펴보자.

(개역개정) 아브라함이 나기 전부터 내가 있느니라.

(개역한글) 아브라함이 나기 전부터 내가 있느니라.

(공동번역) 나는 아브라함이 태어나기 전부터 있었다.

(메시지) 나는 아브라함이 있기 오래전부터 존재했다.

(바른) 아브라함이 태어나기 전부터 나는 있다.

(새번역) 아브라함이 태어나기 전부터 내가 있다.

(새한글) 아브라함이 나기 전부터 바로 내가 나입니다.

(쉬운말) 아브라함이 태어나기 전에도 나는 존재한다.

(신세계역) 아브라함이 존재하기 전부터 내가 있었습니다.

(우리말) 나는 아브라함이 태어나기 전부터 있었다.

(조선어) 나는 아브라함이 태여나기 전부터 있었다.

(천주교) 나는 아브라함이 태어나기 전부터 있었다.

(킹제임스 흠정) 아브라함이 있기 전에 내가 있느니라.

(표준새번역) 아브라함이 있기 전부터 내가 있었다.

(필립스) 아브라함이 있기 이전에 내가 있었다.

(한글 킹제임스) 나는 아브라함이 나기 전부터 나는 있느니라.

(헬라어 직역) 아브라함 이전에 에흐예가 있었다.

(현대어) 나는 아브라함이 태어나기 전에 이미 내가 있었다.

(현대인) 나는 아브라함이 나기 전부터 있다.

(회복역) 아브라함이 있기 전부터 내가 '나는…이다'입니다.

(원문) 나는 아브라함이 태어나기 전부터 있다.

아브라함 이전부터 존재하시는 하나님이신 예수님의 선재성을 말해
주는 이 구절은 가장 심각한 오해를 불러일으킨다. 만약 아브라함 이전

부터 존재하셨던 예수님의 신성을 설명하려면 아브라함 이전부터 존재하셨다는 Before Abraham was, I had been으로 쓰였을 것이다. 아브라함의 과거 이전부터 존재하신 시제인 과거 완료형으로 '내가 있었느니라'로 번역되어야 하지만 이 구절은 원어에서는 Before Abraham was, I AM으로 되어 있다. 헬라어로 현재형인 '에고 에이미'가 사용되었다. 이는 시제를 설명하려는 것이 아니라 예수님이 하나님의 명칭인 '에흐예'이심을 천명하기 위함이다.

즉 아브라함 이전부터 나는 나 곧 여호와이니라는 뜻이다. '내가 있느니라'는 번역은 선재성 설명도 안 되고 여호와라는 신성도 설명하지 못하는 오역에 가깝다. 본문은 '아브라함이 나기 전부터 나는 곧 여호와이니라'를 설명하는 것이다. 고영민 교수는 이 구절을 다음처럼 주석했다. "아브라함은 과거형으로 날 때가 있었고 나이가 있지만, 예수님은 현재형으로 나이도 없는 절대자이시고 영원하신 존재자이시다. "내가 있다"는 여호와의 대명사(출 3:14)이며 영원한 실재자이신 예수님의 신성과 선재성을 가장 강력하게 나타내고 있다(6:35). 예수님은 하나님의 독생자로서 영원 전부터 하나님과 함께 계셨으며 또한 본성적으로 하나님 자신이기도 하다(요 14:10, 16:28, 17:5)."

그러므로 영어로 I AM은 구약의 '에흐예,' 신약의 '에고 에이미'를 지칭하는 것으로 성경 전체에 흐르는 하나님의 신성과 호칭과 연계되기에 '내가 곧 나,' '나 여호와'로 번역하는 것이 좋다고 생각한다.

6. 여호와 하나님? 하나님 여호와?

　한국에 기독교가 전파되면서 성경의 하나님을 표현하는 용어가 절실했다. 토속적으로 한국인들은 천지신명이니 삼신이니 하는 하늘을 주재하는 신으로 하늘 또는 하늘님이라는 용어를 사용하고 있었다. 하늘을 절대자로 여기고 하늘님으로 불렀기에 카톨릭에서는 하늘님을 그대로 차용하여 부르다가 하느님으로 부르게 되었고 한문으로는 천주님으로 부르게 되었다. 한편 개신교에서는 신은 너무 광범위한 데다 잡신으로 비치고, 상제나 천제는 통치자라는 뜻은 있으나 종교적 근원이 약해 보였다. 상주는 지배자의 느낌은 있으나 예배의 대상으로 느껴지지 않았고, 하늘님과 하느님은 범신론적 경향이 느껴져 유일신 개념이 약하다고 보았다. 그래서 마침내 수많은 고민과 연구 끝에 사무엘 마펫의 주장에 따라 어법에는 맞지 않으나 성경적인 한 분 하나님, 유일하신 창조주요 구세주이신 절대자를 표현하기 위해 한 분을 의미하는 '하나'에 '님'자를 붙여서 하나님을 채용하게 되었다. 이에 따라 대부분의 개신교에서는 하나님이라 칭하지만 카톨릭 교회가 사용하는 천주교 성경이나 카톨릭과 개신교가 합작해서 펼쳐낸 공동번역 그리고 여호와의 증인이 사용하는 신세계 역에서는 여전히 하느님으로 표현한다. 여호와 또한 야훼 내지는 주(LORD, 영어 대문자)로 사용하기도 한다.

　성경에서 하나님의 이름은 크게 하나님과 여호와로 불려진다. 하나님은 히브리어로 엘(단수)또는 엘로힘(복수)으로 영어로는 God으로 쓰이며 전능자 하나님(엘 샤다이)으로 나타나신다. 하나님은 하나님의 존재 하심을 일컫는다. 즉 전능하시고, 천지를 창조하시고, 위대하시고, 크고 두려우시고, 하늘에 계신 분이시다. 하나님은 전지전능하시고 무소부재 하시고 너무 위대하고 두렵고 크셔서 인간이 이해할 수도 없고 인식할 수 도 없는 분이시다.

반면 여호와는 야훼 또는 주, 영어로는 LORD라고 불리는데 인간의 시 공간 즉 역사 안에서 활동하시는 하나님이시다. 여호와는 인간이 인식할 수 있고 이해할 수 있게 인간의 역사 안으로 오셔서 인간과 언약을 맺으 시며 소통하시는 하나님이시다. 결국 우리가 만나는 하나님은 여호와이 시다.

그래서 창세기 1장의 천지창조에는 하나님으로 나타나시고 창세기 2 장에 에덴동산에서 인간과 교류하시는 하나님은 여호와로 나타나신다. 구약시대에 음성으로, 때로는 불같은 모습으로 드러내시다 인간의 몸을 입고 이 땅에 오셔서 우리가 하나님을 보고 듣고 만질 수 있는 육체의 하 나님으로 오셨다. 바로 예수 그리스도이시다. 부활 승천하신 후에는 성 령님이 우리 안에 내주하시어 우리와 직접 소통하고 교제하신다. 마치 요한의 세례 이전까지는 성령님의 세례를 몰랐던 것처럼 모세 이전까지 는 전능자 하나님은 알고 있으나 여호와라는 이름은 모르고 있었다. 하 나님이 모세 이전까지는 여호와로 알리지 않으셨기 때문이다. "내가 아 브라함과 이삭과 야곱에게 전능의 하나님으로 나타났으나 나의 이름을 여호와로는 그들에게 알리지 아니하였고"(출 6:3). 모세에게 처음으로 여 호와라는 이름을 드러내신 것이다. 그렇다면 창세기에 기록된 여호와라 는 호칭은 무엇인가라고 반문할지 모른다. 창세기는 성령님의 영감으로 모세가 기록한 책이다. 모세는 하나님이 자신의 이름을 여호와로 이름을 알리고 나서 기록했기에 아담, 노아, 아브라함, 이삭, 야곱, 요셉 등의 조상들이 만난 하나님이 여호와라는 사실을 알고 기록한 것이지만 조상들은 여호와라는 이름을 모르고 있었던 것이다.

모세가 만난 여호와가 하나님이시기에 여호와 하나님이라는 표현이 자주 등장한다. 그러나 한글 성경에는 하나님 여호와라는 표현도 자주 나타나는데 히브리어 원어는 모두 여호와 하나님이라는 순서로만 나온다.

"너희 하나님 여호와를 구하라 그리고 일어나서 여호와 하나님의 성전을 건축하고"(대상 22:19). 이 구절에서도 하나님 여호와와 여호와 하나님으로 순서를 다르게 번역했지만, 원어에는 모두 순서가 여호와 하나님이다. 여호수아 23장 3절을 보면 "너희의 하나님 여호와 그는 너희를 위하여 싸우신 이시니라." 이 구절에서도 하나님 여호와로 번역했으나 원문에 따르면 여호와 하나님이 올바른 배열이다.

(개역개정) 너희 하나님 여호와

(개역한글) 너희 하나님 여호와

(공동번역) 여러분의 하느님 야훼

(메시지) 그분은 하나님 여러분의 하나님

(바른) 여호와 너희 하나님

(새번역) 주 당신들의 하나님

(새즈믄) 너희의 하나님 여호와

(쉬운말) 여러분의 하나님 여호와

(신세계역) 여러분의 하느님 여호와

(우리말) 너희 하나님 여호와

(조선어) 여러분의 하나님 여호와

(천주교) 주 너희 하느님

(킹제임스 흠정) 주 너희 하나님

(표준새번역) 주 여러분의 하나님

(한글 킹제임스) 주 너희 하나님

(현대어) 우리 하나님 여호와

(현대인) 여호와 하나님

(히브리어 직역) 너희 하나님 여호와

(원문) 여러분의 하나님 여호와

　사도 바울은 "하나님의 인자하심과 준엄하심을 보라"(롬 11:22)고 했다. 하나님은 죄인들을 사랑하사 독생자 아들을 아끼지 않으시는 인자하고 긍휼이 많고 자비로우신 분이면서 동시에 죄와 악인에 대하여는 분명한 심판을 하시는 준엄하시고 엄위하신 분이시다. 여호와 하나님은 이 두 가지 속성을 잘 보여 준다. 하나님이 고대 가부장적 사회에서 볼 수 있는 엄격하신 아버지의 모습이라면, 여호와는 아무리 못나고 못된 자식이라 할지라도 품에 안는 자비롭고 인자한 어머니의 모습이다. 렘브란트의 유명한 걸작 〈돌아온 탕자〉라는 그림이 있다. 이 그림을 자세히 보면 돌아온 아들을 안아 주는 아버지의 손 모양이 다르다. 왼손은 두툼하고 큼직한 남자의 손인 데 반해 오른손은 부드럽고 매끈한 여자의 손이다. 아버지의 엄격함도 있지만 어머니의 자비함도 있다는 것이다.

　하나님은 위엄과 존귀가 넘치는 분이지만 동시에 어머니처럼 끝없는 사랑으로 품어주신다는 뜻이다. 사실 누가복음에 나오는 돌아온 탕자 비유에서 보이는 아버지의 모습은 고대 시대의 가부장적 모습과는 거리가 멀다. 탕자가 돌아왔을 때 목을 껴안고 반겨주는 모습은 바로 어머니의 모습이기 때문이다. 아버지 같은 엄격함과 동시에 어머니 같은 인자하신 여호와 하나님이 우리의 하나님이시다. 하나님의 인자하심과 준엄하심을 표현한 구절들이 구약에도 많다. 하나님은 죄와 악에 대해서는 엄격하셔서 징계와 심판을 하시지만 악인조차 회개하면 용서하시고 품어 주시는 자비롭고 사랑과 긍휼이 넘치는 하나님이시다. "하나님은 아프게 하시다가 싸매시며 상하게 하시다가 그의 손으로 고치시나니"(욥 5:18). "여호와께서는 애굽을 치시고는 고치실 것이므로 그들이 여호와께 돌아올 것이라"(사 19:22). "여호와께서 자기 백성의 상처를 싸매시며 그들의 맞은 자리를 고치시는 날에는 달빛은 햇빛 같겠고 햇빛은 일곱 배가 되어 일곱 날의 빛과 같으리라"(사 30:26). "오라 우리가 여호와께로 돌아가자 여호와께서 우리를 찢으셨으나 도로 낫게 하실 것이요 우리를 치셨으나 싸매어 주실 것임이라"(호 6:1). "이는 주께서 영원하도록 버리지 아니하실 것임이며"(애 3:31). "주께서 인생으로 고생하게 하시며 근심하게 하심은 본심이 아니시로다"(애 3:33). "내가 어찌 악인이 죽는 것을 조금인들 기뻐하랴 그가 돌이켜 그 길에서 떠나 사는 것을 기뻐하지 아니하겠느냐"(겔 18:23). 하나님은 엘 샤다이로서 전능하신 하나님이시면서 자비롭고 은혜롭고 오래 참으시고 인자와 긍휼이 많으신 여호와이시다.

7. 노하기를 더디하고

지금도 많은 사람이 하나님의 모습을 오해한다. 저 하늘 높이 계셔서 능력을 발휘하고 잘못한 자를 심판하시는 준엄하고 엄격한 하나님으로만 안다. 그러나 하나님은 여호와로서 죄지은 자가 회개하고 겸손하며 통회 자복하는 자에게는 한없는 긍휼로 죄를 용서하시고 오래 참으시는 하나님이시다.

출애굽기 34장 6절은 하나님 스스로 자신의 이름을 여호와로 드러내시며 하나님의 성품 내지는 본질을 나타낸다. 하나님은 여호와의 자비롭고 은혜롭고 노하기를 더디하고 인자와 진실이 많은 하나님이라고 5가지 성품을 천명하셨다.

> (개역개정) 자비롭고 은혜롭고 노하기를 더디하고 인자와 진실이 많은 하나님이라.
> (개역한글) 자비롭고 은혜롭고 노하기를 더디하고 인자와 진실이 많은 하나님이라.
> (공동번역) 자비와 은총의 신이다. 좀처럼 화를 내지 아니하고 사랑과 진실이 넘치는 신이다.
> (메시지) 자비롭고 은혜로우며 한없이 오래 참는 하나님이다. 사랑이 충만하고 속속들이 진실한 하나님이다.
> (바른) 자비롭고 은혜롭고 노하기를 더디 하고 인애와 진실이 많은 하나

님이며,

(새번역) 자비롭고 은혜로우며 노하기를 더디하고 한결같은 사랑과 진실이 풍성한 하나님이다.

(새즈믄) 자비롭고 은혜로우며 오래 참으며 은총과 진리가 충만한 하나님이다.

(쉬운말) 자비롭고 은혜로운 하나님이다. 나는 그리 쉽게 노하지 않으며 사랑과 진실이 큰 하나님이다.

(신세계역) 자비롭고 은혜롭고 분노하기를 더디하고 사랑의 친절과 진리가 풍부한 하느님.

(우리말) 긍휼하고 은혜로운 하나님 오래 참고 선함과 진리가 풍성하며

(조선어) 자비와 은총의 신이다. 좀처럼 화를 내지 않고 사랑과 진실이 넘치는 신이다.

(천주교) 자비하고 너그러운 하느님이다. 분노에 더디고 자애와 진실이 충만하며

(킹제임스 흠정) 긍휼이 많고 은혜롭고 오래 참고 선함과 진리가 풍성한 주 하나님이로다.

(표준새번역) 자비롭고 은혜로우며 노하기를 더디하고 한결같은 사랑과 진실이 풍성한 하나님이다.

(한글 킹제임스) 자비롭고 은혜로우며 오래 참고 선함과 진리가 풍성한 주 하나님이로다.

(현대어) 불쌍한 이들을 한없이 측은히 여기며 가난한 이들을 바라보면 가슴 아파 견디지 못하는 하나님이다. 어지간해서는 화를 내지 않고 한결같은 사랑으로 사랑하고 진실이 흘러넘치는 하나님이다.

(현대인) 자비롭고 은혜로우며 쉽게 노하지 않고 사랑과 진실이 풍성한

하나님이다.

(히브리어 직역) 자비롭고 은혜로운 하나님이라. 오래 참고 인애와 진리가 많은 하나님이라.

(원문) 자비롭고 은혜스럽고 노하기를 더디 하고 인자와 진리가 많은 하나님이다

　먼저 '자비롭고'는 영어로는 merciful이지만 한글로는 자비, 긍휼, 불쌍히 여김 등으로 번역되고 히브리어 원어는 '라훔'이다. '라훔'의 어원은 히브리어 '라함'인 '자궁'이다. 어머니가 임신해서 아기를 품고 있는 어머니의 모습이다. 태 속에 아기를 품고 돌보아주는 어머니 같은 분이라는 뜻이다. 자기 자식을 임신해서 아기에게 최선을 다하는 어머니의 사랑을 상상해 보라. 그런 어머니의 원초적인 사랑을 표현한 것이 '자비롭고'이다. 우리를 낳으신 하나님이시다.

　둘째, '은혜롭고'는 영어는 gracious, 한글로는 은혜로 번역되는데 히브리어 원어는 '하눈'이다. '하눈'은 '몸을 구부려 돌보다'라는 뜻이다. 어린 자녀를 품에 안고 있는 어머니의 모습이다. 어린 자녀의 응석을 다 받아주는 어머니를 표현한다. 우리를 애지중지 키워 주시는 하나님이시다

　셋째, '노하기를 더디하고'는 영어로 long suffering, 한글로는 노하기를 더디하고, 오래 참고, 화를 참는 등으로 번역하는데 히브리어 원어는 '에렉 아파임'이다. 직역하면 '긴 코'라는 뜻이다. 코가 길다는 말은 상대방에게 화가 나지만 콧김을 내면서도 화를 내지 않고 꾹 참는 모습을 말한다. 분노가 터지기 직전까지 화를 참아낸다는 것이다. 마치 분노한 소가 씩씩거리는 모습을 연상시킨다. 부모를 속상하게 하고 반항하기도 하고 거역하는 자녀에게 부모는 꾹 참는다. 청소년기의 반항적인 모습에 화

가 나지만 스스로 화를 억제하며 쉽게 분노를 터뜨리지 않는 모습을 말한다. 죄짓는 우리가 돌아오기를 기다리며 심판을 연기하시고 화를 참으시는 하나님이시다.

넷째, '인자가 많은'은 영어로 abundant in goodness, 한글로는 인자, 인애, 은혜, 자비, 선함, 사랑 등 다양하게 번역되는데 히브리어 원어는 '헤세드'이다. 헤세드는 언약적 사랑, 끝없는 사랑을 말한다. 아무리 자녀가 문제가 많아도 자녀를 포기하는 부모는 없다. 자식이 아무리 악해도 부모는 자식을 버리지 않는다. 못된 자식이라도 부모는 끝까지 자기 자식을 사랑한다. 하나님은 인간의 죄와 악에도 불구하고 끝까지 사랑하신다. 절대 택한 자를 포기하지 않으시는 하나님이시다.

마지막으로, '진실이 많은'은 영어로는 abundant in truth, 한글로는 진리, 진실로 번역되고 히브리어 원어는 '에멧'이다. '에멧'은 '아만'에서 파생되었는데 '아만'은 신뢰하다, 굳게 서다, 믿다라는 뜻이며 여기서 '아멘'이 파생되었다. '아멘'은 반드시, 확실히, 그렇게 된다라는 뜻이다. 하나님은 끝까지 신실하신 하나님이시고 약속을 지키시며 변개하지 않고 거짓말하지 않으시며 말씀하신 것은 반드시 성취하고 이루시는 하나님이시다.

이 구절(출 34:6)이 놀라운 것은 하나님의 자비와 긍휼을 체험한 사람의 고백이 아닌 하나님 스스로 밝히신 하나님의 자기 선언이라는 데 있다. 하나님께서 하나님의 어떠하심을 스스로 선포하신 구절이다. 우리가 믿는 여호와 하나님의 마음을 알려 준다.

이와 같은 하나님의 5가지 성품은 성경 전반에 걸쳐서 지속적으로 반복된다. 특히나 기독교의 구약성경과 유대인의 구약성경은 내용은 동일하나 순서가 다른데 기독교는 모세오경, 역사서, 시가서, 선지서로 배열되었으나 유대인은 타낙(TaNaK)이라하여 모세오경(토라, Torah), 선지서(네빔, Nevim), 성문서(케투빔, Kethuvim)로 구성된다. 출애굽기 34장 6절의 말씀은 토라에서(출 34:6, 민 14:18), 네빔에서(민 14:18, 욜 2:13, 욘 4:2, 미 7:20, 나 1:3), 케투빔에서(시 86:15, 시 103:8, 시 145:8, 느 9:17) 모두 나타난다. 유대인들에게는 성경 전체에 흐르는 이 하나님의 속성이 신앙 고백 내지는 신조처럼 반복된다는 것이다. 구약의 역사는 심판과 구원이 반복되는 이야기이다. 하나님의 징계와 심판 중에도 이스라엘은 하나님께서 스스로 밝히신 여호와의 품성에 기대어 용서를 구하고 자비를 구한다. 한마디로 하나님은 심판하지만 또 심판을 넘어서는 사랑의 하나님이시다.

한 가지 지적하고 싶은 것은 여러 한글 번역 성경에서 보듯이 하나의 용어가 너무나 다양한 단어로 번역하고 때론 섞어서 사용하기도 해서 원래의 의미를 좀처럼 발견하기 어렵다. '라훔'(자비)과 '하눈'(은혜)은 서로 자비, 은혜, 긍휼, 불쌍히 여김 등으로 마구 혼합해서 번역하기도 하고 특히 인자라고 표현되는 '헤세드'는 원어를 보기 전에는 어떤 단어를 번역한 것인지 알 수 없을 만큼 많은 단어(사랑, 은혜, 인자, 인애, 자비, 선함, 긍휼)로 번역되고 있다. 아무래도 번역 성경이 가지는 단점이 아닐 수 없다.

레위기

8. 안식일 중의 안식일

　레위기 16장 31절은 종교력 7월 10일에 지키는 절기인 속죄일에 관한 것이다. 이때 일 년에 한 차례만 들어갈 수 있는 지성소에 희생의 피를 가지고 들어간다. 이날은 모든 노동을 금하고 금식하며 철저히 참회하는 날이다. 율법이 정하는 유일한 금식일이라는 사실만 봐도 속죄일의 중요성을 알 수 있고 이스라엘 백성에게는 가장 엄숙한 날이기도 하다. 개역개정 성경은 '안식일 중의 안식일'이라고 번역했다. "이는 너희에게 안식일 중의 안식일인즉 너희는 스스로 괴롭게 할지니 영원히 지킬 규례니라."

　　(개역개정) 안식일 중의 안식일

　　(개역한글) 큰 안식일

　　(공동번역) 철저하게 쉬어야 하는 안식일

　　(메시지) 안식일 중의 안식일

　　(바른) 안식일 중의 안식일

　　(새번역) 엄격하게 지켜야 할 안식일

　　(새즈믄) 가장 엄숙한 안식일

　　(쉬운말) 매우 중요한 안식일

　　(신세계역) 온전한 쉼의 안식일

　　(우리말) 안식일 중의 안식일

　　(조선어) 철저하게 쉬여야 하는 안식일

(천주교) 안식일 곧 안식의 날

(킹제임스 흠정) 안식하는 안식일

(표준새번역) 엄격하게 지켜야 할 안식일

(한글 킹제임스) 쉬는 안식일

(현대어) 아무것도 입에 대지 말아야 하며 어떤 일도 해서는 안 된다.

(현대인) 쉬어야 할 거룩한 안식일

(히브리어 직역) 안식일 중의 안식일

(원문) 완전한 휴식의 안식일

이 구절은 의도하지는 않았겠지만, 번역의 일관성을 헤치는 가장 대표적인 본문이다. '안식일 중의 안식일'이라 번역했기에 마치 안식일 중의 가장 중요한 안식일이라 생각하게 된다. 실제로 성경에서 유일하게 안식일 중의 안식일이라고 번역하고 있기에 속죄일이야말로 가장 중요하고 큰 안식일이라고 설교하는 사람도 있다. 어떤 사람은 안식일 중에서 특정한 안식일인 속죄일, 안식년, 나팔절 등의 안식일만을 '안식일 중의 안식일'을 의미한다고 말하기도 한다.

히브리어 원어는 '샤바트 샤바톤'으로 되어 있다. '샤바트'가 안식일을 의미하고 '샤바톤'은 쉬다, 안식하다 또는 안식일이라는 뜻이다. 물론 일반적으로 안식일은 '샤바트'를 사용하는데 특정한 경우엔 '샤바트 샤바톤'을 사용한다. 출애굽기 16장 23절에 하나님이 안식일을 제정하는데 그날을 **'거룩한 안식일'**(샤바트 샤바톤)이라 번역했다. 출애굽기 31장 15절에는 안식일을 **'큰 안식일'**(샤바트 샤바톤)이라 번역했다. 출애굽기 35장 2절에서는 안식일을 **'엄숙한 안식일'**(샤바트 샤바톤)이라 했다. 그리고 레위기 16장 31절에서 속죄일의 안식일을 **'안식일 중의 안식일'**(샤바트 샤바톤)이라 칭했고, 레위기 23장 3절에서는 안식일을 **'쉴 안식일'**(샤바트 샤바톤)으로 불렀고, 레위기 23장 32절에서 속죄일의 안식일(샤바트 샤바톤)을 **'쉴 안식일'**이라 했고, 레위기 25장 4절에서는 안식년의 안식일을 **'쉬어 안식일'**(샤바트 샤바톤)으로 번역했다. 결국 속죄일의 안식일과 안식년의 안식일만이 특정한 안식일이 아니고 모든 안식일이 특정한 안식일이 되는 것이다. 문제는 번역에 있다. 동일한 단어를 거룩한 안식일, 큰 안식일, 엄숙한 안식일, 안식일 중의 안식일, 쉴 안식일, 쉬어 안식일 등으로 각각 다르게 번역함으로써 일관성이 없어 이 모든 단어가 동의어라는 사실을 알 수가 없게 만들었다. 그러므로 속죄일의 안식일만 안식일 중의 안식일이 아니라 모든 안식일이 큰 안식일이요, 안식일 중의 안식일이 된다. 출애굽기 35장 2절에서 일반 안식일을 '엄숙한 안식일'로 개역개정 성경에서 번역했는데 다른 번역들을 참고해 보자. "엿새 동안은 일하고 일곱째 날은 너희를 위한 거룩한 날이니 여호와께 엄숙한 안식일이라 누구든지 이 날에 일하는 자는 죽일지니."

(개역개정) 엄숙한 안식일

(개역한글) 특별한 안식일

(공동번역) 푹 쉬는 안식일

(메시지) 거룩한 안식일

(바른) 특별한 안식일

(새번역) 완전히 쉬는 안식일

(새즈믄) 엄숙한 안식일

(쉬운말) 쉬는 안식일

(신세계역) 온전한 쉼의 안식일

(우리말) 쉬는 안식일

(조선어) 푹 쉬는 안식일

(천주교) 주님을 위한 안식의 날

(킹제임스 흠정) 안식하는 안식일

(표준새번역) 완전히 쉬는 안식일

(한글 킹제임스) 쉬는 안식일

(현대어) 거룩하게 지켜야 할 안식일

(현대인) 특별한 안식일

(히브리어 직역) 안식일 중의 안식일

(원문) 엄숙한 안식의 날

　본문은 속죄일이 아닌 일반 안식일이지만 '샤바트 샤바톤'을 사용하고 있다. 결론적으로 '샤바트 샤바톤'은 특정한 안식일을 의미하기보다는 모든 안식일은 노동을 금하고 오직 주님의 날로써 철저히 안식하고 쉬는 날임을 강조하는 것이다. 그런 점에서 속죄일의 안식일만을 안식일 중의 안식일이라 번역한 것은 지나치다. 모든 안식일이 다 중요하다. 샤바트 샤바톤은 안식일 중의 안식일이라기보다는 안식일에는 철저히 노동을 금지하여 온전히 안식일을 지키라는 의미로 완전히 쉬는 안식일이나 거룩하게 지켜야 할 안식일 등으로 통일해야 할 것이다.

9. 경외와 공경

성경에서 우리가 하나님께 향한 태도로 자주 사용하는 단어가 경외와 공경이다. 경외는 히브리어 '야레'인데 두려움이라는 뜻이지만 공경하면서 두려워함이라는 거룩한 두려움을 말한다. 공경은 히브리어로 '카보드'인데 무거움이라는 뜻으로 영화롭게 하다, 영광을 돌리다, 존귀하게 여기다는 의미이다. 이 두 단어는 하나님을 향한 우리의 자세를 보여 주는 것으로 주로 하나님에게만 사용된다. 그런데 레위기에는 독특한 경외의 용도를 말하는 구절이 있다.

레위기 19장 3절에 "너희 각 사람은 부모를 경외하고"라고 되어 있다. 부모에게 효를 행하라거나 존경하라는 말이 아니라 하나님처럼 경외하라는 것이다.

(개역개정) 너희 각 사람은 부모를 경외하고

(개역한글) 너희 각 사람은 부모를 경외하고

(공동번역) 너희는 각자 자기의 부모를 경외해야 한다.

(메시지) 너희는 저마다 자기 부모를 공경해야 한다.

(바른) 너희는 각자 자기 부모를 경외하고

(새번역) 너희는 저마다 어머니와 아버지를 공경하여라.

(새즈믄) 너희는 누구나 자기의 어머니와 자기의 아버지를 존대할 것이며

(쉬운말) 너희는 모두 너희 어머니와 아버지를 존경하여라.

(신세계역) 너희는 저마다 어머니와 아버지를 두려워하고

(우리말) 너희는 어머니와 아버지를 존경하고

(조선어) 너희는 각자 자기의 부모를 경외해야 한다.

(천주교) 너희는 저마다 어머니와 아버지를 경외해야 한다.

(킹제임스 흠정) 너희 각 사람은 자기 부모를 두려워하고

(표준새번역) 너희는 저마다 어머니와 아버지를 공경하여라.

(한글 킹제임스) 너희 각 사람은 자기 어머니와 자기 아버지를 두려워하고

(현대어) 너희는 아버지와 어머니를 공경하여라.

(현대인) 너희는 각자 자기 부모를 공경하고

(히브리어 직역) 너희 각 사람은 부모를 경외하고

(원문) 너희는 각자 어머니와 아버지를 공경해야 한다.

본문은 히브리어 '야레'를 사용함으로써 부모를 하나님처럼 경외하라고 가르친다. 하나님은 부모를 경외하는 것을 하나님을 경외하는 것의 시금석으로 삼으신다. 보이는 자기 형제자매를 사랑하지 않는 사람이 보이지 않는 하나님을 사랑할 수 없는 것처럼(요일 4:20) 보이는 육신의 부모를 경외하지 않는데 보이지 않는 영적인 아버지이신 하나님을 경외할 수는 없는 것이다. 그래서 성경에서는 부모를 하나님처럼 경외하는 자에게 복을 약속하신다. "네 아버지와 어머니를 공경하라 이것은 약속이 있는 첫 계명이니"(엡 6:2). 십계명 중에서 유일하게 복을 약속한 계명이 5계명인 '부모를 공경하라'이다.

그 약속된 것이 무엇인가? "너는 네 하나님 여호와께서 명령한 대로 네 부모를 공경하라 그리하면 네 하나님 여호와가 네가 준 땅에서 네 생명이 길고 복을 누리리라"(신 5:16). 부모를 경외하고 공경하는 자에게는 이 땅

에 사는 동안 장수와 복을 누리게 하신다. 세상에서 성공하는 비결 중의 하나가 부모를 경외하는 것이다. 반면에 부모를 거역하는 것은 하나님을 거역하는 것과 동일하게 저주를 받는다. 보이는 육적인 아버지를 거역하는 것은 보이지 않는 영적인 아버지이신 하나님을 거역하는 것과 같기 때문이다. "그의 부모를 경홀히 여기는 자는 저주를 받을 것이라 할 것이요 모든 백성은 아멘 할지니라"(신 27:16). 부모를 업신여기고 불순종하고 말을 함부로 하고 구박하는 자녀는 저주를 받는다. "사람에게 완악하고 패역한 아들이 있어 그의 아버지의 말이나 그 어머니의 말을 순종하지 아니하고 부모가 징계하여도 순종하지 아니하거든"(신 21:18). "그 성읍의 모든 사람들이 그를 돌로 쳐 죽일지니 이같이 네가 너희 중에서 악을 제하라 그리하면 온 이스라엘이 듣고 두려워하리라"(신 21:21). 부모에게 불순종하는 것은 하나님이 보시기에 악이다. 성경은 패역한 자녀들을 하나님께 패역한 것으로 보신다. "아비를 구박하고 어미를 쫓아내는 자는 부끄러움을 끼치며 능욕을 부르는 자식이니라"(잠 19:26).

하나님은 부모께 불효하는 자를 그냥 넘어가지 않으시고 반드시 심판하신다. 말세에 하나님께 불순종하는 자 즉, 지옥의 심판을 면치 못하는 악인들을 묘사한 구절에는 부모를 거역하는 자도 포함한다. "곧 모든 불의 추악, 탐욕, 악의가 가득한 자요, 시기, 살인, 분쟁, 사기, 악독이 가득한 자요, 수군수군하는 자요, 비방하는 자요, 하나님께서 미워하시는 자요, 능욕하는 자요, 교만한 자요, 자랑하는 자요, 악을 도모하는 자요, **부모를 거역하는 자요,** 우매한 자요, 배약하는 자요, 무정한 자요, 무자비한 자라 그들은 이같은 일을 행하는 자는 사형에 해당한다고 하나님께서 정하심을 알고도"(롬 1:29-32). 부모를 거역하는 것은 사형받아 마땅한 지옥의 자식들이다. "너는 이것을 알라 말세에 고통하는 때가 이르러 사람들이 자기를 사랑하며 돈을 사랑하며 교만하며 비방하며 **부모를 거역하며** 감사하지 아니하며 거룩하지 아니하며"(딤후 3:1-2). 부모를 거역하는 것은 하나님이 보시기에 심판을 받는 중죄에 해당한다.

하나님을 공경하는 또 하나의 방법은 불쌍한 사람을 돕는 것이다. "궁핍한 사람을 불쌍히 여기는 자는 주를 공경하는 자니라"(잠 14:31). 갚을 능력이 없는 가난한 자에게 구제와 선행을 행하는 것은 하나님을 공경하는 것과 마찬가지이다. 온 천지가 다 하나님의 것이기에 하나님은 어느 누구에게도 빚진 것이 없기에 갚으실 것이 없다(욥 41:11). 그러나 가난한 자를 구제한 사람에게는 반드시 보상해 주셔야 하는 채권자로 여기신다. 가난한 자를 구제하는 것은 하나님께 꾸어드리는 것이다. 하나님을 갚을 수밖에 없는 빚진 자 또는 채무자로 만드는 것이 구제와 선행이다. "가난한 자를 불쌍히 여기는 것은 여호와께 꾸어드리는 것이니 그의 선행을 그에게 갚아 주시리라"(잠 19:17). 하나님이 원하시는 제사는 구제와 선행이다. 어떤 제사보다 구제와 선행을 기뻐하신다. 제사를 원하는 것이 아니라 인애, 즉 자비를 원한다고 예수님은 말씀하셨다(마 12:7). 초대교회의 바나바와 고넬료, 다비다가 구제와 선행을 함으로써 하나님께 높임을 받았고 바울이 고린도전후서에 기록한 헌금도 모두 예루살렘의 기근으로 인해 고통받는 교인들을 구제하려는 부조금이었다.

마지막으로 레위기 19장 30절에는 "내 성소를 귀히 여기라"고 되어 있다. 그런데 이 구절에서 "귀히 여기라"고 번역된 단어는 히브리어로 '야레'이다. 즉 '경외하라'는 뜻이다. '경외'라는 하나님께 사용되는 단어를 건물인 성소를 경외하라는 것은 어색하기에 귀히 여기라고 의역한 것이다. 물론 건물 자체를 거룩하게 우상화하라는 뜻이 아니다. 이 건물이 하나님의 집이요 하나님이 거하시고 임재하시는 곳이라는 마음으로 경외하라는 뜻이다. 하나님이 임재하시는 공간이라면 거기를 최고의 거룩함으로 대하는 것이 마땅한 마음의 자세이다.

(개역개정) 내 성소를 귀히 여기라.

(개역한글) 내 성소를 공경하라.

(공동번역) 나의 성소를 소중하게 여기라.

(메시지) 나의 성소를 귀하게 여겨라.

(바른) 내 성소를 경외하여라.

(새번역) 나에게 예배하는 성소를 속되게 해서는 안 된다.

(새즈믄) 나의 성소를 경외하라.

(쉬운말) 내 성소를 거룩히 여기라.

(신세계역) 나의 신성한 곳에 대한 외경심을 가져야 한다.

(우리말) 내 성소를 경외하라.

(조선어) 나의 성소를 소중하게 여겨라.

(천주교) 나의 성소를 경외해야 한다.

(킹제임스 흠정) 내 성소를 존중히 여기라.

(표준새번역) 나에게 예배하는 성소를 속되게 해서는 안 된다.

(한글 킹제임스) 내 성소를 존중하라.

(현대어) 내게 예배하는 성소를 소중하게 여겨라.

(현대인) 내 성소를 소중히 여겨라.

(히브리어 직역) 내 성소를 경외해야 한다.

(원문) 내 성소를 경외해야만 한다.

모세가 떨기나무에서 하나님을 만났을 때 "네가 선 곳은 거룩한 땅이니 네 발에서 신을 벗으라"(출 3:5)고 하셨다. 하나님께서 임하시는 공간은 거룩하다. 마땅히 경외심을 가져야 한다. 성소 또는 예배당도 건물 자체가 거룩한 것이 아니라 예배할 때 하나님을 만나는 순간 그곳은 지극히 거룩하므로 경외해야 한다. 이런 점에서 성소를 귀하게 여기라, 소중히 여기라 등은 어울리지 않는 번역이다. 하나님이 계신 곳에는 하나님처럼 그곳을 경외해야 한다. 개역한글 성경은 내 성소를 공경하라고 번역했으나 개역개정 성경에서 내 성소를 귀히 여기라고 개정했다. 오히려 공경이 더 나은 번역으로 보인다.

민수기

10. 상번제

하루에 아침과 저녁 2회에 걸쳐 매일 드리는 번제를 상번제라 한다. 문제는 상번제를 일관성 없이 너무 다양하게 번역한다는 데 있다. 상번제를 다른 구절에서는 '늘 드릴 번제'(출 29:42), '매일 드리는 번제'(단 8:11, 11:31, 21:11), '항상 드리는 번제'(스 3:5, 느 10:33, 겔 46:15) 등으로 번역했다. 동일한 단어를 각기 다르게 번역하는 것은 성경 전체에 일관성을 유지하지 못한다. 동일한 용어는 하나로 통일했으면 하는 바람이 있다. 민수기 28장 3절을 비교해 보자. "매일 두 마리씩 상번제로 드리되."

(개역개정) 상번제로 드리되

(개역한글) 상번제로 드리되

(공동번역) 날마다…번제물로 바쳐야 한다.

(메시지) 매일 번제물로 바치되

(바른) 매일…정기적으로 번제로 드리되

(새번역) 상번제로 드리되

(새즈믄) 나날이 태우는 제물로 바칠 것이라.

(쉬운말) 날마다 바쳐라.

(신세계역) 하루에…번제물로 항상 바칠 것이다.

(우리말) 날마다 정기적으로 번제로 드리라.

(조선어) 날마다…번제물로 바쳐야 한다.

(천주교) 일일 번제물로 바쳐야 한다.

(킹제임스 흠정) 항상 드리는 번제헌물로 드리라.

(표준새번역) 날마다 바치는 번제로 바쳐라.

(한글 킹제임스) 날마다 계속해서 번제로 드리되

(현대어) 날마다…번제물로 바쳐라.

(현대인) 매일 번제로 바쳐라.

(히브리어 직역) 항상 올림제물로 바쳐야 하고

(원문) 날마다 바치는 번제로 바쳐라.

상번제는 매일 끊임없이 드리는 번제로 다른 절기와 겹쳐도 별도로 매일 드려야 한다. 일주일에 한 번 드리는 안식일이나, 한 달에 한 번 드리는 초하루(월삭), 일 년에 한 번 드리는 유월절, 오순절, 속죄일, 나팔절, 초막절에도 매일 드리는 제사는 중단없이 드려져야 한다. 안식일에도 상번제는 별도로 드려야 한다. "이는 상번제와 그 전제 외에 매 안식일의 번제니라"(민 28:10). 초하루에도 상번제와 그 전제 외에 숫염소 한 마리를 속죄제로(민 28:15) 드려야 하고, 유월절에도 상번제와 그 전제 외에 드릴 것이며(민 28:23), 오순절(민 28:31), 나팔절(민 29:6), 속죄일(민 29:11), 장막절(민 29:16)에도 상번제는 쉬지 않고 드려야 한다. 말세에 사탄은 다른 어떤 절기보다 상번제를 드리지 못하도록 방해한다. "또 스스로 높아져서 군대의 주재를 대적하며 그에게 매일 드리는 제사를 없애 버렸고 그의 성소를 헐었으며"(단 8:11).

구약시대에 매일 드리는 제사가 끊어지지 않고 드려질 때 하나님의 임재하심이 늘 함께했다. 반면에 성전이 헐리고 상번제가 폐하면서 하나님의 영광은 이스라엘을 떠났다. 오순절에도 마찬가지이다. 성령의 불길이 타오르자 성전과 집에서 매일 모여서 예배를 드렸다. "날마다 마음을 같이하여 성전에 모이기를 힘쓰고 집에서 떡을 떼며 기쁨과 순전한 마음으로 음식을 먹고"(행 2:46).

한국교회도 세계교회가 놀랄 정도의 부흥을 일으킨 것은 다른 나라의 교회와는 비교가 안 될 정도의 많은 정기적인 예배를 드렸다. 주일 오전 예배 이외에 주일 저녁 예배, 수요예배, 금요예배뿐 아니라 세계 어느 나라도 따라오지 못할 매일 새벽예배는 교회의 부흥을 일으킨 요소이다. 세계의 많은 교회들이 한국교회의 이 독특한 모임을 따라 하기 시작할 정도였다. 그러나 어느덧 시간이 흐르면서 한국교회는 서서히 힘을 잃어가면서 금요예배가 사라지고 주일 오후 예배도 형식적으로 변해가고 무엇보다도 새벽예배 참석률이 급속히 감소하면서 특별 새벽 예배 등으로 대체되고 있다. 초대 교회 때 날마다 모이기를 힘썼던 성도들이(행 2:46) 불과 몇십 년도 되지 않아 주님의 재림에 대한 소망도 약화되고 성령의 열기는 사그러지고 모이지 않는 교회가 되었다. 그래서 히브리서 기자는 이렇게 권면한다. 모이기를 폐하는 어떤 사람들의 습관과 같이 하지 말고 오직 권하여 그날이 가까움을 볼수록 더욱 그러하자(히 10:25). 매일 드리는 예배로써 새벽예배가 살아나는 한국교회가 되기를 간절히 바란다.

11. 새 일을 행하사

번역 문제에 있어서 또 하나의 맹점은 문자 그대로 번역할 때 그 뜻이 애매하면 보통 문맥의 흐름을 이해하지 못하는 현상이 일어난다. 그래서 뜻이 잘 통하도록 의역을 감행하는데 그럼에도 불구하고 그 문장의 해석이 잘 다가오지 않는 경우가 있다. 민수기 16장 30절이 그런 경우인데 한 번 살펴보자. "만일 여호와께서 새 일을 행하사 땅이 입을 열어 이 사람들과 그들의 모든 소유물을 삼켜 산 채로 스올에 빠지게 하시면 이 사람들이 과연 여호와를 멸시한 것임을 알리라."

본문에서 '새 일을 행하사'는 새 일은 히브리어 '베리아'로써 '새로움, 새 것'을 의미하고 '행하사'는 히브리어 '바라'로 '창조하다'라는 뜻이다. 직역하면 '새로움을 창조하사'이다. 본문의 배경은 고라 당의 반역으로 인해 모세가 고라를 처단하는 장면이다. 여기서 모세는 하나님께 아뢰되 전쟁이나 질병으로 인한 죽음, 사고사 또는 자연사처럼 사람들이 일반적으로 죽는 방법이 아닌 전혀 새로운 방법인 지옥(스올)을 상징하는 땅 밑에서 고라를 집어삼키는 저주의 죽음을 당하게 된다고 말하는 장면이다. 모세를 거역하는 것은 모세를 보내신 하나님을 거역하는 것이고 모세를 멸시하는 것은 하나님을 멸시하는 것이기에 지옥의 맛을 보여 줘서 경고를 보여 준다는 것이다. 땅이 갈라져 고라를 삼키고 덮어버리는 지금껏 보지 못한 전무후무한 장면을 연출하는 것을 '새 일을 행하사'로 표현한 것이다.

(개역개정) 새 일을 행하사

(개역한글) 새 일을 행하사

(공동번역) 여지껏 너희가 들어 본 적도 없던 일을 하실 것이다.

(메시지) 전에 없던 일을 행하셔서

(바른) 새로운 일을 하셔서

(새번역) 듣도 보도 못한 일을 일으켜서

(새즈믄) 기적을 창조하시되

(쉬운말) 새로운 일을 일으키시면

(신세계역) 새로운 것을 창조하시어

(우리말) 전혀 색다른 일을 하셔서

(조선어) 여지껏 너희가 들어 본 적도 없는 일을 하실 것이다.

(천주교) 완전히 새로운 일을 하시어

(킹제임스 흠정) 새 일을 행하사

(표준새번역) 듣도 보도 못한 일을 일으켜서

(한글 킹제임스) 새로운 일을 행하시어

(현대어) 생전 듣지도 보지도 못한 일을 일으키실 것이다.

(현대인) 새로운 기적으로

(히브리어 직역) 새로운 것을 창조하셔서

(원문) 완전히 새로운 일을 행하시어

결론적으로 '새 일을 행하사'보다는 '듣도 보도 못한, 전에 없던, 전무후무한, 들어 본 적도 없는' 등으로 번역하는 것이 전체 맥락에 자연스럽다는 것을 알 수 있다.

사실 민수기는 원망과 불평으로 꽉 차 있다. 애굽에서 탈출한 지 3일도 되지 않아 마라에서 먹을 물이 없다고 원망하기 시작한 이스라엘 백성들은(출 16:2) 구원의 감격과 감사는 사라지고 매사에 불평과 원망을 터뜨린다(민 11:1). 마실 물이 없다고 원망하기 시작하더니 심지어 하늘 양식인 만나를 하찮은 음식(민 21:5)으로 폄하하고 젖과 꿀이 흐르는 약속의 땅이요 낙토인 가나안 땅을 싫어하던 땅(민 14:31), 나쁜 곳(민 20:5)으로 매도한다. 이스라엘 회중의 원망과 섞여 사는 다른 인종들의 탐욕스러운 불평과 부추김(민 11:4)으로 확대되고 모세에 대한 여론이 안 좋아진 틈을 타 미리암과 아론이 비방을 하며 반기를 들고(민 12:1) 급기야 레위 지파의 지도자인 고라를 위시한 다단, 아비람, 온이 당을 짓고 대적하게 된다(민 16:1). 한편 가나안 땅을 정탐한 12 정탐꾼 중 10명이 악평하면서(민 13:32) 극에 달한 온 회중이 모세에게 대적하여 새 지도자를 뽑아서 애굽으로 돌아가자고 협박하게 된다.

이로 인해 38년을 광야에서 배회하게 되고 여호수아와 갈렙을 제외한 1세대 광야 세대가 다 죽고 나서야 가나안 땅을 들어가게 된다. 특히 모세에게 충격적인 것은 자기 친형과 친누나인 아론과 미리암의 비방이다. 가족이자 동역자인 아론과 미리암의 반기는 배신감은 물론 모세의 권위를 더욱 떨어트리게 한 것이다. 게다가 당을 짓고 대적한 고라는 모세의 사촌이다. 고라의 아버지가 이스할이고 이스할은 모세의 아버지인 아므람과 형제이다(출 6:18-21). 모세는 가족, 친척, 온 회중에게 따돌림을 당한 것이다. 처음 시작한 원망이 점점 눈덩이처럼 불어나 불평하고 악평하고 비방하고 대적하게 되고 공동체를 분열시키게 된 것이다.

이것이 사탄의 노림수이다. 사탄은 외부적으로 공격도 하지만 내부적으로 끊임없이 미혹시켜 공동체를 분열시킨다. 그래서 사도 바울은 조상들의 광야의 일을 본보기로 삼아 원망하지 말라고 교훈한다. "그들 가운데 어떤 사람들이 원망하다가 멸망시키는 자에게 멸망하였나니 너희는 그들과 같이 원망하지 말라"(고전 10:10). 구원받음을 감사하지 아니하고 원망하다가는 멸망받는다. 바울은 말세에 지옥 백성의 특징 중의 하나를 감사하지 않는 것으로 여긴다. "너는 이것을 알라 말세에 고통하는 때가 이르러 사람들이 자기를 사랑하며 돈을 사랑하며 교만하며 비방하며 부모를 거역하며 **감사하지 아니하며** 거룩하지 아니하며"(딤후 3:1-2). 우리는 범사에 감사해야 한다(살전 5:18). 원망하는 자는 원망하는 저주를 받게 되고 축복하는 자는 축복을 받게 된다. 하나님은 "너희 말이 내 귀에 들린 대로 내가 너희에게 행하리니"(민 14:28)라고 말씀하셨다. 사람은 말한 대로 이루어진다.

12. 대면

　대면이라는 말은 얼굴을 마주 봄이라는 뜻이다. 특히 하나님과의 인격적 만남이나 하나님의 친밀함을 강조할 때 대면이라는 용어를 사용한다. "사람이 자기의 친구와 이야기함 같이 여호와께서는 모세와 대면하여 말씀하시며"(출 33:11)와 "모세는 여호와께서 대면하여 아시던 자요"(신 34:10)에서 대면은 '얼굴'을 뜻하는 히브리어 '파님'을 사용했다. 얼굴과 얼굴을 마주 보고 이야기할 정도로 하나님과 모세는 친밀한 관계였음을 보여 준다. 아브라함도 하나님의 벗(사 41:8)이라는 칭호를 얻었다. 친구처럼 얼굴과 얼굴을 마주 보고 이야기하는 관계라는 뜻이다. 얼마나 친근했는지 "여호와께서 이르시되 내가 하려는 것을 아브라함에게 숨기겠느냐"(창 18:17)라고 말씀하실 정도이다.

　그런데 얼굴과 얼굴을 마주 본다는 대면이 다르게 쓰인 예도 있다. "그와는 내가 대면하여 명백히 말하고"(민 12:8)에서 대면은 얼굴이 아닌 '입'을 뜻하는 히브리어 '페'를 쓰고 있다, 원어는 '입과 입을 마주하여'라는 뜻이다. 또 다른 구절에서는 "주 여호와께서 대면하여 보이시며"(민 14:14)에서 대면은 '눈'을 뜻하는 히브리어 '아인'을 썼다. 원어는 '눈과 눈을 마주 보고'라는 뜻이다. 동일한 대면이라도 사용되는 원래의 단어는 다르다. 민수기 12장 8절과 민수기 14장 14절의 대면을 한글 성경 번역들은 어떻게 번역했는지 알아보자.

(개역개정) 대면하여/대면하여

(개역한글) 대면하여/대면하여

(공동번역) 얼굴을 맞대고/눈에 보이게 나타나시어

(메시지) 그와 직접 친밀하게 말하고/모든 표적을 보고도

(바른) 얼굴과 얼굴을 마주하여/분명한 모습으로 나타나셨으며

(새번역) 얼굴을 마주 바라보고/얼굴과 얼굴을 마주하여

(새즈믄) 입을 맞대고/눈을 맞대고

(쉬운말) 얼굴과 얼굴을 맞대어/얼굴과 얼굴을 마주해

(신세계역) 대면하여/얼굴과 얼굴을 마주하여

(우리말) 얼굴을 맞대고/눈과 눈을 마주 대하듯이

(조선어) 얼굴을 맞대고/눈에 보이게 나타나시어

(천주교) 입과 입을 마주하여/눈과 눈을 마주하여

(킹제임스 흠정) 입에서 입으로/얼굴을 마주 대하여

(표준새번역) 얼굴을 마주 바라보고/얼굴과 얼굴을 마주하여

(한글 킹제임스) 대면하여/대면하여

(현대어) 얼굴을 마주하고/우리와 함께 계시고

(현대인) 직접 대면하여/분명하게 나타났으며

(히브리어 직역) 입과 입으로/눈과 눈으로 보이시며

(원문) 입과 입을 마주하여/눈과 눈을 마주하여

대면으로 번역한 단어가 사실 얼굴, 입, 눈으로 다르게 표현했다는 것은 아주 중요한 서술이라 보인다. 얼굴을 마주 보는 대면은 하나님과의 친밀함을 나타내는 것이라면, 입으로 대면한다는 것은 하나님과 이야기를 나누면서 생생하게 하나님의 음성을 들었다는 것이고, 눈으로 대면한

다는 것은 하나님의 영광을 직접 보고 체험했다는 것이다. 구약시대의 이스라엘 백성의 자랑거리는 성부 하나님의 음성을 듣고 영광을 보고 체험했다는 점이다. "우리 하나님 여호와께서 그의 영광과 위엄을 우리에게 보이시매 불 가운데에서 나오는 음성을 우리가 들었고 하나님이 사람과 말씀하시되"(신 5:24). "어떤 국민이 불 가운데에서 말씀하시는 하나님의 음성을 너처럼 듣고 생존했느냐"(신 4:33). "너희가 여호와께서 행하신 이 모든 큰일을 너희의 눈으로 보았느니라"(신 11:7).

이스라엘 백성은 살아 계신 하나님을 듣고 봄으로써 성부 하나님을 생생하게 체험한 선택받은 백성이다. 신약시대에는 말씀이 육신이 되어 이 땅에 오신 성자 하나님을 보고 듣는 역사가 일어났다(요 1:14). 오늘날에는 우리 안에 성령 하나님이 내주하시어(롬 8:9-11) 하나님과 직접 교통 교제하는 은혜가 부어졌다. 신학적으로 하나님과의 친밀함 외에도 눈으로 보고 입으로 전하는 음성을 듣는 살아 계신 하나님과의 교제는 가장 중요한 기독교인의 체험이요 간증이다. 이런 점에서 모든 단어를 대면으로 싸잡아 번역하기보다는 눈으로 보고 입으로 전달된 음성을 듣는 생생한 하나님 체험을 설명하도록 유의해서 세심하게 번역하는 것이 정당하다고 본다.

신명기

13. 세굴라

　　이스라엘은 하나님이 특별히 선택한 민족이다. 그래서 '소유, 재산, 보석'이라는 뜻을 가진 히브리어 '세굴라'라는 용어를 사용하여 하나님의 소유된 백성을 설명한다. 하나님의 특별한 재산으로써 독특성과 유일성을 강조하는 '세굴라'를 '특별한 소유'(말 3:17, 시 135:4), '보배로운'(신 26:18) 등의 번역은 수용할 만한 하나 뜻이 다른 동음이의어가 있는 '소유'(출 19:5, 벧전 2:9)나, '기업'(신 7:6, 14:2)으로 번역한 것은 혼동을 일으킨다. 예를 들어 출애굽기 19장 5절과 베드로전서 2장 9절의 '소유'는 '세굴라'이지만 창세기 12장 5절과 레위기 25장 45절의 '소유'는 각각 '레쿠시'(재산, 물질)와 '아후라'(소유)로 전혀 다른 뜻의 단어이다. 그리고 신명기 7장 6절과 14장 2절의 '기업'은 '세굴라'를 말하지만, 신명기 14장 27절과 신명기 14장 29절의 '기업'은 히브리어 '나할라'로써 '소유 또는 유산'을 말한다. 그러므로 '세굴라'를 '기업'이나 '소유'로 번역한 것은 구별이 되지 않는 안일한 결과를 초래한다. '세굴라'는 '특별한 소유'나 '보배로운'으로 통일해서 번역하는 것이 의미도 살고 다른 동음이의어와 혼동을 막을 수 있다. 신명기 14장 2절의 한글 성경 번역들을 살펴보자. "여호와께서 지상 만민 중에서 너를 택하여 자기 기업의 백성으로 삼으셨느니라."

　　(개역개정) 자기 기업의 백성으로

　　(개역한글) 자기 기업의 백성을

(공동번역) 당신의 소중한 백성으로

(메시지) 그분의 소중한 보배로

(바른) 자신의 보배로운 백성이 되게

(새번역) 자기의 귀중한 백성으로

(새즈믄) 보배로운 자기의 백성으로

(쉬운말) 여러분을 뽑아 자기 백성으로

(신세계역) 그분의 백성, 특별한 재산이 되게

(우리말) 그분의 소중한 소유물

(조선어) 당신의 소중한 백성으로

(천주교) 당신 소유의 백성으로

(킹제임스 흠정) 자신에게 특별한 백성에게

(표준새번역) 당신의 귀중한 백성으로

(한글 킹제임스) 자기에게 속한 친 백성이 되게

(현대어) 주님의 귀중한 백성으로

(현대인) 여러분을 택하여 자기 백성으로

(히브리어 직역) 그의 보배로운 백성이 되도록

(원문) 자신이 소유하신 귀하신 백성으로

이 번역 성경을 보면 개역한글과 개역개정만 제외하고 대부분의 번역들은 '세굴라'의 뜻이 배어 있다. 유독 개역개정 성경만이 성의 없는 번역을 한 꼴이 되고 말았다. '세굴라'의 번역이 중요한 것은 성경 전체의 맥락과 맞닿아 있기 때문이다. 구원은 하나님이 값을 치르고 우리를 산 것이다. "값으로 산 것이 되었으니"(고전 6:20). 그 값은 예수님의 피 흘림 즉 죽음이라는 몸값을 내시고 산 것이다. "하나님이 자기 피로 사신"(행

20:28) 것이다. 하나님의 생명 값을 치르고 우리를 사실 정도로 하나님은 우리를 사랑하신다. "네가 내 눈에 존귀하며 내가 너를 사랑하였은즉"(사 43:4). 하나님의 소유로써 "보배로운 백성이 되며"(신 26:18), "모든 민족 위에 뛰어나게 하사 찬송과 명예와 영광을 삼으신다"(신 26:19). 그만큼 하나님은 우리를 사랑하신다. 구약의 '세굴라'야말로 예수님의 십자가의 가치를 가장 잘 묘사하는 단어가 아니겠는가! "하나님이 세상을 이처럼 사랑하사 독생자를 주셨으니 이는 그를 믿는 자마다 멸망하지 않고 영생을 얻게 하려 하심이라"(요 3:16). 하나님의 구원의 목적을 이처럼 잘 드러내는 단어가 어디 있겠는가! 그러므로 '세굴라'는 신중하게 번역되어야 할 단어이다.

14. 젖은 것과 마른 것

번역이 주는 어려움은 문장의 정확한 의미가 전달이 안 될 때이다. 신명기 29장 19절을 보자. "이 저주의 말을 듣고도 심중에 복을 빌어 이르기를 내가 내 마음이 완악하여 젖은 것과 마른 것이 멸망할지라도 내게는 평안이 있으리라 할까 함이라." 이 구절은 전체 내용도 전달이 안 되고 특히 '젖은 것과 마른 것이 멸망한다'는 말은 더군다나 오리무중이다. 여러 번역들을 비교해 보자.

(개역개정) 이 저주의 말을 듣고도 심중에 복을 빌어 이르기를 내가 내 마음이 완악하여 젖은 것과 마른 것이 멸망할지라도 내게는 평안이 있으리라 할까 함이라.

(개역한글) 이 저주의 말을 듣고도 심중에 스스로 위로하여 이르기를 내가 내 마음을 강퍅케 하여 젖은 것과 마른 것을 멸할찌라도 평안하리라 할까 염려함이라.

(공동번역) 그런 자는 이 벌칙조항들을 듣고서도 제 잘난 줄만 알고 물이 콸콸 솟는 동산이든지 메마른 사막이든지 내 멋대로 마구 뒤덮어 버려도 나에게는 아무 일 없으리라 하겠지만

(메시지) 이 언약과 맹세의 말씀을 듣고도 자신을 제외시켜 미안하지만 나는 내 뜻대로 살겠습니다 하면서 모든 사람의 목숨까지 파멸시키는 자가 생기지 않게 하십시오.

(바른) 그런 사람은 이런 저주의 말을 들을 때에 자신의 마음속으로 스스로 복을 빌면서 내가 비록 내 마음의 고집대로 행하여 젖은 것을 마른 것과 함께 파멸시켜도 내게 평안이 있다고 말할 것이다.

(새번역) 그러한 사람은 이런 저주의 말을 들으면서도 속으로 자기를 달래면서 내 고집대로 하여도 만사가 형통할 것이다 할 것입니다.

(새즈믄) 그러나 누가 이 저주의 약관들을 듣고 마음으로 자축하며 말하기를 창수가 가뭄을 해소하듯이 나는 내 마음대로 행하여 평안을 누릴 것이라고 한다면

(쉬운말) 그런 사람은 이 저주의 말을 들으면서도 스스로 복을 빌면서 나는 괜찮을 것이다 라고 말하며 마음을 굳힐 것이오. 그런 사람이 있다면 모두가 망할 것이오.

(신세계역) 하지만 어떤 사람이 이 저주의 말을 듣고도 마음 속으로 스스로를 축복하기를 내 마음의 고집대로 걸어도 내게는 평화가 있을 것이다 하며 물이 잘 오른 것을 마른 것과 함께 쓸어 버리려 한다면

(우리말) 그런 사람은 이런 저주의 말을 듣고도 스스로를 축복하며 내가 내 마음의 상상대로 해 죄악을 물같이 마실지라도 내게 평안이 있을 것이다.

(조선어) 그런 자는 이 벌칙조항들을 듣고도 제 잘난 줄만 알고 물이 콸콸 솟는 동산이든지 메마른 사막이든지 내 멋대로 마구 뒤덮어버려도 나에게는 아무 일 없으리라 하겠지만

(천주교) 어떤 사람이 이 맹세의 말씀들을 듣고서도 제 마음속으로 자신을 부추기며 내가 마음대로 고집하며 살아 젖은 것이든 마른 것이든 모조리 휩쓸어 간다하더라도 나에게는 아무 일도 없을 것이다 한다면

(킹제임스 흠정) 이 저주의 말들을 듣고도 마음속으로 자기 자신을 축복하여 이르기를 내가 비록 내 마음의 상상 속에서 걸으며 목마름에 술 취

함을 더하려 할지라도 내게 평안이 있으리라 할까 염려하노라.

(표준새번역) 그러한 사람은 이런 저주의 말을 들으면서도 속으로 자기를 달래면서 내 고집대로 하여도 만사가 형통할 것이다 할 것이다.

(한글 킹제임스) 그가 이 저주의 말들을 들을 때에 그가 자신의 마음속에 스스로를 축복하여 말하기를 내가 비록 내 마음의 상상대로 행하여 죄악을 물같이 마실지라도 내게 평안이 있으리라 할까 함이라.

(현대어) 여호와와 맺은 계약을 위반하는 사람은 누구든지 저주를 받을 것입니다. 그러므로 여러분 가운데에서는 아무도 나와는 상관없는 일이오. 내가 메마른 땅에 비를 내려 달라고 다른 신들에게 빌더라도 내게는 아무 재앙도 내리지 않을 것이오. 나는 내 마음대로 할 것이요 하고 고집을 피우며 딴생각을 하지 마십시오.

(현대인) 이 저주의 경고를 듣고도 여러분은 내가 내 고집대로 살아도 모든 것이 다 잘 될 것이다 라는 경솔한 생각을 하지 않도록 하십시오. 그렇게 하면 선한 사람과 악한 사람이 다 같이 멸망할 것입니다.

(히브리어 직역) 그가 이 저주의 말씀들을 들을 때 그는 자기 마음속으로 자신을 축복하여 내 마음의 고집대로 내가 가서 젖은 것과 마른 것을 쓸어버리더라도 내게는 평안이 있을 것이다 라고 말하나

(원문) 그런 사람은 이러한 저주의 말씀들을 듣고도 자기 마음 속으로 스스로 자신을 축복하면서 '내가 마음에 하고 싶은 대로 고집을 부려 내가 가서 젖은 것을 마른 것과 함께 쓸어버리더라도 내게는 평안이 있을 것이다'라고 할 것이요

이 본문은 여러 한글 번역들을 읽어 봐도 자세하게 알기 어려운 난해한 구절임이 틀림없다. 핵심 내용은 하나님께서 불순종하는 자들에게 저

주를 내린다고 해도 듣는 척도 하지 않는 악인들이 존재한다는 것이다. 마음이 완고하고 굳어서 더 이상 하나님의 말씀을 듣지도 않고 그 저주가 임한다고 생각도 안 하고 여전히 제멋대로 악한 짓을 행하는 자들에게 화가 임한다는 것이다. 여기서 '젖은 것과 마른 것'은 문자 그대로 젖은 것이든 마른 것이든 있는 모든 것을 없애버린다는 뜻도 되고 갖은 악행이라고 해석할 수도 있다. 로마서 1장에 잘 설명하고 있듯이 하나님은 악인들의 생각이 허망하여지며 미련한 마음이 어두워져서 마음의 정욕대로 행하는 자들을 내버려 두시다가 최후에 심판하신다. 하나님이 버린 자들은 타락한 마음이 굳어져서 하나님을 대적하고 자기 마음대로 행하다 결국 지옥으로 가는 운명이다.

15. 아셀

창세기가 야곱이 열두 아들에게 축복하면서 끝난다면 신명기는 모세가 열두 지파에게 축복하면서 맺는다. 야곱은 열두 아들 중 유다와 요셉에게 가장 많은 축복을 했다. 유다에게는 왕의 지파가 되는 축복으로, 요셉에게는 장자의 명분을 주어 두 몫의 축복을 했다. 반면 모세는 열두 지파 중 아셀 지파에게 가장 많은 축복을 했다. 신명기 33장 24절을 보자. "아셀은 아들들 중에 더 복을 받으며 그의 형제에게 기쁨이 되며 그의 발이 기름에 잠길지로다."

(개역개정) 아셀은 아들들 중에 더 복을 받으며

(개역한글) 아셀은 다자한 복을 받으며

(공동번역) 아셀은 아들들 가운데서도 가장 큰 복을 받아라.

(메시지) 아들들 가운데 가장 많은 복을 받은 아셀.

(바른) 아셀은 자녀들 가운데 더 큰 복을 받는다.

(새번역) 아셀지파는 다른 어느 지파보다 복을 더 많이 받은 지파다.

(새즈믄) 아셀은 다른 아들보다 더 복을 받는다.

(쉬운말) 아셀은 아들 가운데서 복을 가장 많이 받았다.

(신세계역) 아셀은 아들들로 축복을 받는다.

(우리말) 가장 많은 복을 많이 받은 아들은 아셀이다.

(조선어) 아셀은 아들들 가운데서도 가장 큰 복을 받아라.

(천주교) 아들 가운데에서 가장 큰 복을 받은 아세르.

(킹제임스 흠정) 아셀은 자녀들로 복을 받으며

(표준새번역) 아셀지파는 다른 어느 지파보다 복을 더 많이 받은 지파다.

(한글 킹제임스) 아셀은 자손으로 더불어 복을 받으며

(현대어) 아셀은 야곱의 아들들 가운데에서 가장 기름진 땅에서 살도록 복을 받았다.

(현대인) 아셀은 그 형제들 중에 가장 많은 복을 받은 자이다.

(히브리어 직역) 아들중에 복 있는 자는 아쉐르이다.

(원문) 아셀은 아들들 가운데서 더 큰 복을 받았다.

아셀은 아들들 중에서 더 많은 복을 받고 형제들에게 환영을 받고 자기의 발에 기름을 담글 정도로 풍요로움을 누릴 것이라는 축복을 받는다. 아셀은 레아의 여종인 실바가 낳은 야곱의 여덟 번째 아들이다. 아셀은 열두 아들 중에서 두각을 드러내지 못한 아들로서 후손들 중에서도 눈에 띄는 탁월한 지도자도 없었고 열두 지파 중에서도 별 영향력이 없었다. 성경에도 아셀이나 아셀지파의 기록이 거의 없다. 사사인 기드온 시대에 적극적으로 동참한 지파라는 것과 신약시대에 아기 예수를 만났던 여 선지자 안나가 아셀 지파라는 것 이외에는 특별한 기록도 없다.

그런 점에서 아셀의 축복은 다소 의아하다. 모세가 아셀에게 축복한 내용은 "아셀에게서 나는 먹을 것은 기름진 것이라 그가 왕의 수라상을 차리리로다"(창 49:20)고 했다. 과연 여호수아 때 아셀 지파가 분배받은 지역은 블레셋 북서쪽에 있는 지중해 연안 지역으로 비옥한 평야 지대였다. 그래서 각종 좋은 소산물을 수확했고 솔로몬 시대에는 아셀 지파의 소산물이 왕의 식탁에 올랐다(왕상 5:11). 이스라엘 전역에 수확물을 공수함으로써 형제들의 기쁨이 되고 기름에 발을 담글 정도의 비옥한 곳이었다. 아셀이라는 이름의 뜻이 복, 행복을 의미한다. 성경에서 시편 1편의 복 있는 사람의 복이 아셀이다. 예수님의 팔복에서의 복도 아셀의 복이다. 모세가 "이스라엘이여 너는 행복한 사람이로다"(신 33:29) 했을 때 행복도 아셀이다. 아셀은 자신이 받은 복을 왕의 수라상에 올려서 섬기고 형제들에게 베풂으로써 복을 나누어 주었다. 비약해서 영적인 상징으로 해석하자면 왕의 수라상은 왕이신 하나님을 섬긴 것이고 형제들에게 사랑을 나누는 자, 베푸는 자로서 섬김의 모습을 드러낸다. 전형적인 예수 그리스도의 예표요 그림자이다. 아들일지라도 하나님께 순종하여 십자가의 희생과 섬김으로 인류에 구원을 베푼 예수님의 삶의 모습이 아셀을 통해 투영된다. 비록 아셀은 드러나지는 않았지만 이름도 없이 빛도 없이 조용히 섬기는 자의 삶을 산 것이다.

성경에는 이름 없이 배후에서 조용히 섬기는 자가 많다. 엘리야는 혼자 남아서 주의 일을 한다고 힘들어했으나 하나님은 무명의 7,000명을 준비하고 계셨다. 예수님을 섬겼던 수많은 무명의 여인들이 있었고, 모세의 오른팔인 아론은 잘 알지만 모세의 왼팔 훌은 알려지지 않았다. 다윗의 용사들도 이름이 있어도 후세에는 잘 모르는 사람들이고 알려지지 않은 자들이었다. 사도 바울을 도운 사람들의 명단은 로마서 16장에 가서야 조금 이름을 드러내나 우리에게 거의 알려지지 않은 사람들이다. 우리는 잘 알지 못하고 기억도 하지 못하나 하나님은 기억하시고 복을 주신다. 소자에게 물 한 그릇을 대접하는 자도 기억하시겠다고 약속하신 하나님이시다.

비록 아셀은 우리가 잘 모르지만 그가 받은 복을 볼 때 우리에게는 무명이지만 하나님께는 유명한 자인 것이다. 사람에게가 아닌 하나님께 인정받는 것이 중요하다. 드러나지 않지만 묵묵히 자신의 자리에서 주를 위해 충성하는 자들에게 하나님은 넘치는 복으로 보상하신다. 토비야 루스킨이라는 사람이 있다. 이스라엘이 국가를 되찾으면서 1984년에 이스라엘에 정착한 사람이다. 당시 사우디아라비아를 비롯한 아랍 국가에서는 석유가 발견되어 일확천금의 땅이 되었다. 오늘날에도 대규모 유전지역은 거의 아랍지역에 있다. 그런데 이스라엘에서는 한 방울의 석유도 발견되지 않았다. 성경 읽기가 일상인 루스킨은 어느 날 신명기 33장의 12지파에 대한 축복을 읽으면서 아셀 지파 지역이 발에 기름이 잠긴다는 내용을 접하고 그곳에 기름이 넘친다고 확신했다. 20년을 넘게 석유를 연구하고 탐사하던 중 드디어 그는 유전지역을 발견한다. 그 규모는 사우디아라비아의 유전보다 더 많은 양으로 밝혀졌다. 이스라엘도 석유 보유국이 된 것이다. 말씀을 그대로 믿는 자들에게는 아셀의 복이 임한다.

여호수아

16. 헤렘

히브리어 '하람'은 '진멸하다'의 뜻을 가지며 명사형은 '헤렘'이다. 구약에서 약 80회가 나오는데 이 중 27회가 여호수아에 기록되었다. 보다 더 정확히 '하람'은 '거룩한 것을 엄격히 분리하다, 완전히 바치다'라는 뜻이다. 여호수아 정복 전쟁은 단순히 인간의 전쟁이 아니라 성전이었기에 하나님과 마귀와의 전쟁을 의미한다. 가나안 땅의 우상은 마귀의 세력이기에 진멸하고 전리품은 모두 거룩한 것으로 하나님께 완전히 바쳐야 한다. 이때 진멸하여 얻은 전리품인 '헤렘'은 하나님께 바쳐진 거룩한 것으로 개인이 갖게 되면 저주가 임한다. 아간이 이를 어기고 여리고 성을 함락했을 때 일부 전리품을 갈취함으로써 아이 성의 패배를 야기했고 아간은 죽음을 당한다. 헤렘은 단순히 전쟁의 포악성을 장려하는 것이 아니라 완전히 하나님께 순종하고 신뢰한다는 절대적인 믿음의 행위를 강조한다.

헤렘의 의미를 강조하기 위해서 한글 번역은 '온전히 바치되'(수 6:17), '바친 물건'(수 6:18), '바치는 것'(수 6:18), '온전히 바친 물건'(수 7:12), '진멸하여 바치고'(수 10:28) 등으로 번역했다.

여호수아 6장 18절을 살펴보자.

(개역개정) 너희는 온전히 바치고 그 바친 것 중에서 어떤 것이든 취하여 너희가 이스라엘 진영으로 바치는 것이 되게 하여 고통을 당하게 되지 아

니하도록 오직 너희는 그 바친 물건에 손대지 말라.

(개역한글) 너희는 바칠 물건을 스스로 삼가라. 너희가 그것을 바친 후에 그 바친 어느 것이든 지 취하면 이스라엘 진으로 바침이 되어 화를 당케 할까 두려워하노라.

(공동번역) 너희는 깊이 명심하여라. 없애버리게 되어있는 것은 무엇이든 지 탐내지 말라. 없애 버리게 되어있는 것을 가지지 말라. 그랬다가는 전멸당하는 운명을 이스라엘 진영에 스스로 불러들이게 된다.

(메시지) 거룩한 저주를 받은 이 성에서 여러분은 행동에 주의하십시오. 성안에 있는 물건을 탐내지 마십시오. 저주받은 것을 취함으로써 그 저주로 이스라엘 진을 위험에 빠뜨리고 모든 사람을 괴롭게 하는 일이 없도록 조심하십시오.

(바른) 오직 너희는 진멸할 것으로부터 스스로 주의하여라. 그렇지 않고 너희가 진멸할 때 진멸할 것을 취하면 이스라엘이 진멸당하고 고통받을 것이다.

(새번역) 너희는 전멸시켜서 바치는 희생제물에 손을 댔다가 스스로 파멸당하는 일이 없도록 주의하여라. 너희가 전멸시켜서 바치는 그 제물을 가지면 이스라엘 진은 너희 때문에 전멸할 것이다.

(새즈믄) 오직 너희는 섬멸할 것에 손을 대지 말라. 너희는 탐심을 품어 섬멸할 것을 취하지 말 것이니 그리하면 너희는 이스라엘의 진영을 섬멸하여 파멸시킬 것이다.

(쉬운말) 전리품 중 어떤 것도 가지지 마시오. 이것은 이미 여호와께 바쳐진 것이므로 모두 없애버리시오. 그중 어떤 것이라도 취하여 진으로 가지고 돌아오면 그것 때문에 이스라엘 백성에게 재앙이 내릴 것이요.

(신세계역) 여러분은 반드시 멸망에 바쳐진 것을 멀리하십시오. 여러분이

욕심을 품어 멸망에 바쳐진 것 중에 얼마를 가져서 이스라엘 진영을 멸망에 바쳐진 것이 되게 하여 배척을 당하게 만들까 두렵습니다.

(우리말) 그러나 너희는 진멸시켜야 할 물건에 손대서는 안 된다. 너희가 진멸시켜야 할 물건을 하나라도 가져가 이스라엘의 진영에 저주가 내리는 문제를 일으켜서는 안 된다.

(조선어) 너희는 깊이 명심하여라. 없애버리게 되여 있는 것은 무엇이든지 탐내지 말라. 없애버리게 되여 있는 것을 가지지 말라. 그랬다가는 전멸당하는 운명을 이스라엘 진영에 스스로 불러들이게 된다.

(천주교) 너희는 완전 봉헌물에 손을 대지 않도록 단단히 조심하여라. 탐을 내어 완전 봉헌물을 차지해서 이스라엘 진영까지 완전 봉헌물로 만들어 불행에 빠뜨리는 일이 없게 하여라.

(킹제임스 흠정) 너희는 반드시 저주받은 물건으로부터 너희 자신을 멀리하라. 두렵건데 너희가 저주받은 물건 중에서 취하여 너희 자신을 저주받게 하며 또한 이스라엘 진영을 저주거리로 만들고 괴롭게 할까 하노라.

(표준새번역) 너희는 전멸시켜서 바치는 희생제물에 손을 댔다가 스스로 파멸당하는 일이 없도록 주의하여라. 너희가 전멸시켜서 바치는 그 제물을 가지면 이스라엘 진은 너희 때문에 전멸할 것이다.

(한글 킹제임스) 너희는 어찌하든 저주받은 물건으로부터 스스로 주의하여 저주받은 물건을 취해서 너희 자신도 저주받지 않도록 하고 이스라엘의 진영으로부터 저주를 받거나 고통을 당하지 않도록 하라.

(현대어) 모조리 없애버려야 할 것은 어떤 이유에서든지 남겨 두어서는 안 된다. 어찌 되었든 없애버려라. 내 말을 잊지 말아라. 절대로 흘려들어서는 안 된다. 아까운 마음이 들어 그냥 두어서는 결코 안 된다. 어찌 되었든 없애버려라. 내 말을 귀담아듣지 않고 하나라도 훔쳤다가는 이스라엘

전체에 비참한 결과가 빚어질 것이다. 따라서 없애버려야 할 것은 절대로 남겨두어서는 안 된다.

(현대인) 여러분이 전리품을 가질 생각은 아예 하지 마십시오. 이것은 이미 여호와께 바쳐진 것이므로 모두 소멸해 버려야 합니다. 여호와께 바쳐진 것이 무엇이든지 여러분이 그것을 가지면 모든 이스라엘 백성에게 재앙이 내릴 것입니다.

(히브리어 직역) 오직 너희는 너희 자신들을 그 헤렘으로부터 지켜 너희가 전멸시키고 나서 다시 그 헤렘으로부터 취하지 않도록 하라. 그리하면 너희가 이스라엘 진을 헤렘으로부터 놓아 위험에 처하게 하는 것이다.

(원문) 여러분은 전멸시켜 바치는 희생 제물에 손을 대는 일이 없도록 조심하시오. 여러분이 욕심을 내어 그것에 손을 대면 스스로 파멸 당하고 또 이스라엘 진영까지 파멸시키게 될 것이오.

그러나 한글 성경에서 진멸이라는 단어를 항상 '하렘'이나 '헤렘'을 번역한 것은 아니다. 예를 들어 "칼날로 쳐서 진멸하여"(수 11:11)에서는 '하람'을 사용했다. 그러나 문제는 같은 여호수아에서도 진멸이라는 단어를 '하람'이 아닌 다른 단어로 사용하기도 한다. 예를 들어 "진멸하기를 마치고"(수 8:24)에서는 '완수하다'라는 의미의 '타맘'이다. 또 "야빈을 진멸하였더라"(삿 4:24)에서는 '소멸시키다, 파괴하다'라는 뜻의 '카라트'를 사용했다. 그리고 "그들을 진멸하고"(출 32:10)에서는 '멸하다'라는 뜻의 '카라'를 사용했다. 다시 말해서 진멸이라는 단어가 모두 '하람'을 말하지는 않는다. 그러나 '하람'이나 '헤렘'의 특수성을 고려한다면, 특히 여호수아서는 '하람'과 '헤렘'을 집중 사용하고 있으므로 '하람'이나 '헤렘'이 아닌 단어는 진멸이라는 단어 대신에 다른 단어를 차용해야 확실히 차별되는 번역이 된다.

여호수아 8장 24절을 보자. "죽이되 그들을 다 칼날에 엎드러지게 하여 진멸하기를 마치고."

(개역개정) 죽이고 그들을 다 칼날에 엎드러지게 하여 진멸하기를 마치고

(개역한글) 죽이되 그들을 다 칼날에 엎드러지게 하여 진멸하기를 마치고

(공동번역) 다 죽었다. 그들이 한 사람도 남김없이 칼날에 쓰러지자

(메시지) 모두 죽였다···완전히 폐허로 만들었다.

(바른) 다 죽였고 그들이 칼날에 쓰러져 진멸되자

(새번역) 다 죽였다. 그들이 모두 칼날에 쓰러지자

(새즈믄) 살육하기를 끝내매 한 사람도 남김없이 칼날에 굴복하였고

(쉬운말) 다 죽였습니다. 그들 모두를 칼로 죽이고

(신세계역) 다 죽이던 때에 그들 모두가 칼날에 쓰러져서

(우리말) 다 죽였습니다. 칼날에 그들 모두 최후의 한 사람까지 쓰러졌습니다.

(조선어) 다 죽었다. 그들이 한 사람도 남김없이 칼날에 쓰러지자

(천주교) 다 죽였다. 그들이 한 사람도 남지 않고 모두 칼날에 쓰러지자

(킹제임스 흠정) 죽이되 그들이 진멸하기까지

(표준새번역) 다 죽였다. 그들이 모두 칼날에 쓰러지자

(한글 킹제임스) 죽이기를 마치고 또 그들이 칼날에 쓰러져 진멸되었을 때

(현대어) 모두 해치우고···모조리 칼로 베어 버렸다.

(현대인) 모조리 쳐 죽인 다음에···전부 죽였다.

(히브리어 직역) 죽여 모두가 완전히 칼에 쓰러졌을 때

(원문) 다 죽였다. 그들 모두가 칼에 쓰러지자

여기서 보듯이 본문의 진멸은 '하람'이 아닌 히브리어 '타맘'이다. 대부분의 한글 번역들은 '하람'과 차별화하기 위해서 진멸이라는 단어보다는 다른 단어를 사용하고 있음을 알 수 있다. '하람' 또는 '헤렘'의 신학적 특수성을 이해한다면 '진멸하여 바친 것' 내지는 '온전히 바친 것' 등으로 통일해서 번역하고 '하렘'이 아닌 경우에는 상충하지 않도록 '소멸' 등의 차별화된 단어를 사용함으로써 '하람'이나 '헤렘'의 뜻과 구별하는 것이 좋겠다.

17. 친근히 하고

여호수아 22장 5절을 보자. "너희의 하나님 여호와를 사랑하고 그의 모든 길로 행하며 그의 계명을 지켜 그에게 친근히 하고 너희의 마음을 다하며 성품을 다하여 그를 섬길지니라." 이 구절에서 하나님과의 깊은 관계를 '친근히'라는 단어로 설명한다. '친근히'는 히브리어로 '다바크'인데 '달라붙다'라는 뜻이다.

(개역개정) 그에게 친근히 하고

(개역한글) 그에게 친근히 하고

(공동번역) 그에게만 충성을 바쳐야 한다.

(메시지) 그분을 마음에 품고

(바른) 그분을 가까이하고

(새번역) 주님을 가까이하고

(새즈믄) 그를 신봉하고

(쉬운말) 주님을 가까이하며

(신세계역) 그분에게 고착하고

(우리말) 그분을 꼭 잡고

(조선어) 그에게만 충성을 바쳐야 한다.

(천주교) 그분께만 매달리면서

(킹제임스 흠정) 그분을 굳게 붙들며

(표준새번역) 주를 가까이하고

(한글 킹제임스) 그에게 밀착하며

(현대어) 그 명령을 부여잡고 살아라.

(현대인) 그분에게 충성하며

(히브리어 직역) 그에게 붙어있어

(원문) 그에게만 매달리면서

늘 하나님과 가까이하여 떠나지 않아야 한다는 것을 말하고 있다. 히브리어 '다바크'는 성경에 자주 등장하는데 다양하게 번역되는 용어 중의 하나이다. '다바크'는 '친근히 하다' 이외에 '가까이하다, 의지하다, 붙어있다. 붙좇다, 붙들다' 등으로 번역된다.

가까이하다: 오직 너희의 하나님 여호와께 가까이하기를(수 23:8).

의지하다: 네 하나님 여호와를 경외하여 그를 섬기며 그에게 의지하고 (민 10:20).

붙어 떠나지 않는: 오직 너희의 하나님 여호와께 붙어 떠나지 않은 너희는(신 4:4).

붙좇다: 룻은 그를 붙좇았더라(룻 1:14).

붙들다: 나는 어느 것도 붙들지 아니하리이다(시 101:3).

이와 같이 성경에서 많은 권면이 히브리어 '다바크'를 사용하여 하나님을 떠나지 않고 철저히 붙어 있어야 함을 가르친다.

'쉐마'라고 알려진 신명기 6장에서는 철저히 하나님께 붙어 있기 위하여 이렇게 명령한다. "오늘 내가 너에게 명하는 이 말씀을 너는 마음에 새기고 네 자녀에게 부지런히 가르치며 집에 앉았을 때에든지 길을 갈 때에든지 누워 있을 때에든지 일어날 때에든지 이 말씀을 강론할 것이며 너는 또 그것을 네 손목에 매어 기호를 삼으며 네 미간에 붙여 표로 삼고 또 네 집 문설주와 바깥문에 기록할지니라"(신 6:5-9).

예수님도 참 포도나무 가지 비유를 통해서 포도나무이신 예수님께 가지인 우리는 붙어 있어야 한다고 권면하신다. "내 안에 거하라 나도 너희 안에 거하리라 가지가 포도나무에 붙어 있지 아니하면 스스로 열매를 맺을 수 없음 같이 너희도 내 안에 있지 아니하면 그러하리라"(요 15:4). 붙어 있으면 생명을 얻지만 떨어지면 멸망이다.

왜 이렇게 철저하게 하나님께 붙어 있어야 할까? 당연히 사탄은 우리를 하나님으로부터 떨어뜨리려 갖은 미혹을 다 한다. 사탄의 별명 중 하나가 '온 천하를 꾀는 자'(계 12:9)이다. 신명기 13장에는 이스라엘 백성 중에서 거짓 선지자나 꿈꾸는 자, 혹은 가족 중에서 한 명이 또는 동료 중에서 불량배가 일어나 우상을 섬기도록 꾀는 자가 나타난다고 경고한다. "너희의 하나님 여호와께서 네게 행하라 명령하신 도에서 너를 꾀어내려고 말하였음이라"(신 13:5). 여기서 '꾀어내다'는 히브리어 '나다흐'로써 '밀어내다'라는 뜻이다. 어떤 수를 써서라도 하나님으로부터 붙어 있지 못하게 멀리 밀어내는 꾀는 자가 우리를 유혹한다는 것이다.

(개역개정) 너를 꾀어내려고 말하였음이라.

(개역한글) 너를 꾀어내려고 말하였음이라.

(공동번역) 분부하신 길에서 벗어나게 하는 자이다.

(메시지) 여러분의 하나님을 배반하라고 그자가 선동했기 때문입니다.

(바른) 그 길에서 너를 떠나게 하기 때문이다.

(새번역) 당신들을 떠나게 하는 자들입니다.

(새즈믄) 너를 떠나게 하려고 그리 말한 것이다.

(쉬운말) 명령하신 대로 살지 말라고 유혹했소.

(신세계역) 명령하신 길에서 당신을 돌아서게 하려고 하였기 때문입니다.

(우리말) 배반하게 하려고 했기 때문이다.

(조선어) 분부하신 길에서 벗어나게 하는 자이다.

(천주교) 길을 벗어나게 만들었기 때문이다.

(킹제임스 흠정) 너를 밀어내고자 하였기 때문이라.

(표준새번역) 너희를 떠나게 하는 자들이다.

(한글 킹제임스) 너를 밀어내려 하였음이라.

(현대어) 명령하신 길에서 떠나게 하면

(현대인) 명령대로 살지 못하도록 유혹하는 자들입니다.

(히브리어 직역) 여호와께 반대하여 거짓말을 하기 때문이다.

(원문) 그 길에서 멀리 떠나가게 했기 때문이오.

    사탄은 유혹하는 영이다. 하나님에게서 우리를 떠나게 하려고 갖은 미혹을 한다. "너희 가운데서 어떤 불량배가 일어나서 그 성읍 주민을 유혹하여 이르기를 너희가 알지 못하던 다른 신들을 우리가 가서 섬기자 한다 하거든"(신 13:13). 여기서 불량배는 히브리어 원어는 '벨리알'이다. 구약시대에는 '가치 없는, 무익한 자'라는 뜻으로 '불량배, 악인, 행실이 나쁜 사람' 등으로 사용되나 신약시대에는 영적 측면에서 하나님을 훼방하는 사탄을 지칭하는 용어로 사용된다. 사탄의 세력이 다른 신들을 섬기라고 유혹한다고 했는데 여기서 '유혹'은 '밀어내다, 떠나게 하다'는 뜻의 히브리어 '나다흐'이다. 사탄의 목표는 배교자를 만드는 것이다. 즉 '믿음을 버리고 변절하는 사람'(시 101:3), '믿음에서 떠나 세상으로 나아가거나 미혹하는 영과 귀신의 가르침을 따르는 사람'(딤후 4:1)을 양산하는 데 있다.

말세에는 거짓 선지자와 거짓 교사가 난무하는 시대이다. 유혹하고 꾀는 자가 사방에 널려 있다. 특히 마지막 때가 된 것을 아는 사탄은 최후의 발악을 한다. 이럴 때일수록 우리는 더욱 하나님께 밀착해야 한다. 가까이해야 한다. 친근히 해야 한다. 더욱 붙어 있어야 한다. 한마디로 '다바크'해야 한다. "나의 영혼이 주를 가까이 따르니 주의 오른손이 나를 붙드시거니와"(시 63:8). 이 구절에서 '따르니'로 번역된 히브리어가 '다바크'이다. 철저히 나의 영혼을 하나님께 가까이 따르자. 사탄의 유혹과 꾐에 넘어가 하나님에게서 멀어지지 않게 하자.

사사기

18. 팔아넘기시매

사사기는 영적 암흑기를 대변한다. 말세인 오늘날과 가장 유사한 시대라 볼 수 있다. 철저하게 하나님을 외면하고 하나님을 떠나 우상숭배에 빠지는 이스라엘을 보게 된다. 사사기에서는 하나님을 버리면 대적의 손에 넘겨버리셨다가 회개하고 돌아오면 구원자를 내세워 회복시키는 일이 반복된다.

우리는 앞에서 구원과 관련하여 하나님께서 몸값을 지불하고 소유하신, 주께서 자기의 피로 값 주고 사신 백성(출 15:16, 행 20:28, 고전 6:20)이며 하나님의 특별한 소유 또는 보배로운 백성인 세굴라(출 19:5)라고 배웠다. 하나님의 피로 값 주고 사신 존귀하고 보배로운 백성이나 하나님을 떠난 자는 가차 없이 헐값에 팔아넘기신다. 즉 우리를 값 주고 사셨지만, 무료로 팔아넘기시기도 한다. 사사기에는 대적에게 팔아넘긴다는 단어가 여러 번 나온다(삿 2:14, 3:8, 4:2, 4:9, 10:7).

사사기 2장 14절에 보면 "모든 대적의 손에 팔아넘기시매"라고 하셨다.

(개역개정) 주위에 있는 모든 대적의 손에 팔아넘기시매

(개역한글) 사방 모든 대적의 손에 파시매

(공동번역) 둘러싸고 있는 원수들 손에 팔아넘기셨으므로

(메시지) 사방의 적들에게 헐값에 팔아넘기셨다.

(바른) 주위에 있는 원수들의 손에 그들을 팔아넘기시니

(새번역) 그들을 주위의 원수들에게 팔아넘기셨으므로

(새즈믄) 주변에 있는 이스라엘의 원수의 손에 매도하니

(쉬운말) 이스라엘 백성을 주변 원수들에게 넘겨주셨으므로

(신세계역) 주위의 적들의 손에 파셨으므로

(우리말) 그들을 주변 원수들의 손에 팔아넘기셔서

(조선어) 둘러싸고 있는 원쑤들 손에 팔아넘기셨으므로

(천주교) 그들을 주위의 원수들에게 팔아넘기셨으므로

(킹제임스 흠정) 사방에 있는 그들의 원수들의 손에 그들을 파시니

(표준새번역) 그들을 주위의 원수들에게 팔아넘기셨으므로

(한글 킹제임스) 주위 적들의 손에 그들을 파셨더니

(현대어) 삼지사방에 살고 있는 원수들의 손에 넘겨주셔서

(현대인) 그들을 약탈자의 손에 넘기고

(히브리어 직역) 주위에 있는 그들의 원수들 손에 그들을 파셔서

(원문) 그들을 주변에 있는 원수들 손에 팔아넘기셨다.

팔아넘긴다는 히브리어로 '마카르'인데 말 그대로 '팔다, 매도하다'는 뜻이다. 위의 번역에서 본 것처럼 해석은 대동소이하다. 하나님이 사실 때에는 값비싼 대가를 지불하고 구입했지만 파실 때는 돈도 안 받고 헐값에 넘기신다. "주께서 주의 백성을 헐값으로 파심이여"(시 44:12). "너희가 값없이 팔렸으니"(사 52:3). 구원받은 백성은 보석과 같은 존재이나 버림받은 백성은 헐값이다. 우리의 영혼을 사고판다는 개념은 예표요 비유이나 실제 최후의 심판이 임하면 그 차이는 천국과 지옥이라는 극단적 차이를 가져온다. 있는 자는 더 받게 되고 없는 자는 있는 것조차 빼앗기게 된다.

시편 44편 12절을 비교해 보자.

(개역개정) 주께서 주의 백성을 헐값으로 파심이여 그들을 판 값으로 이익을 얻지 못하셨나이다.

(개역한글) 주께서 주의 백성을 무료로 파심이여 저희 값으로 이익을 얻지 못하셨나이다.

(공동번역) 돈벌이도 안 되는 일인데 헐값으로 당신 백성을 파셨습니다.

(메시지) 주님의 백성을 이익도 남기지 않고 헐값에 팔아넘기셨습니다.

(바른) 주께서 주의 백성을 헐값에 파셨으니 높은 값을 매기지 아니하셨습니다.

(새번역) 주님께서 주의 백성을 헐값으로 파시니 그들을 팔아 이익을 얻은 것이 아무것도 없습니다.

(새즈믄) 당신님은 당신님의 백성을 값없이 파시며 그들의 값을 흥정하지 아니 하셨습니다.

(새한글) 주님이 주의 백성을 팔아버리셨습니다, 푼돈을 받고서, 주님이 받아들이신 것이 없습니다, 그들을 파신 값으로는.

(쉬운말) 주는 주의 백성을 헐값에 파셨습니다. 아무런 이익도 없이 내다 파셨습니다.

(신세계역) 당신은 당신의 백성을 아무 값도 받지 않고 파셨는데 그들을 판 값으로 부를 얻으신 것도 아닙니다.

(우리말) 주께서 주의 백성을 헐값에 넘기시니 주께는 돈벌이도 되지 않습니다.

(조선어) 돈벌이도 안 되는 일인데 헐값으로 당신 백성을 파셨습니다.

(천주교) 당신께서 당신 백성을 헐값에 파시어 그 값으로 이익을 남기지

도 않으셨습니다.

(킹제임스 흠정) 주께서 주의 백성을 거저 파시되 그들을 판 값으로 주의 재산을 불리지는 못하시나이다.

(표준새번역) 주께서 주의 백성을 헐값으로 파시니 주의 군대가 얻을 이득이 아무것도 없습니다.

(한글 킹제임스) 주께서는 주의 백성을 무료로 파시고 그들의 값으로 주의 부유함을 늘리지 않으시나이다.

(현대어) 헐값에 주님의 백성을 팔아넘기셨습니다. 그럴지라도 별 이익을 남기지도 못하셨습니다.

(현대인) 주는 주의 백성을 헐값에 팔아넘기셨으나 그것으로 얻은 이득이 아무것도 없습니다.

(히브리어 직역) 당신께서 당신의 백성을 헐값에 파셔서 그들의 값으로 이익을 얻지 못하게 하셨습니다.

(원문) 주님께서 주님의 백성을 헐값으로 파셨으니, 높은 값을 요구하지 않으셨습니다.

하나님이 헐값에 주의 백성을 팔아 버린 이유는 죄 때문이다. "너희는 너희의 죄악으로 말미암아 팔렸고"(사 50:1). 인간은 누구도 자신의 생명을 살 수 없다. 스스로 구원할 사람은 아무도 없다. "그들의 생명을 속량하는 값이 너무 엄청나서 영원히 마련하지 못할 것임이니라"(시 49:8). 오직 하나님만 생명값을 지불할 수 있다. 구원은 하나님께만 속한 것이다. 죄는 지옥의 멸망을 가져오지만 회개하여 하나님께 겸손히 돌아오면 값 없이 무한하신 은혜로 거저 속량하신다. "너희가 값없이 팔렸으나 돈 없이 속량되리라"(사 52:3).

19. 자기의 소견에 옳은 대로

사사기를 한 마디로 규정하는 구절이 사사기 21장 25절이다. "그 때에 이스라엘에 왕이 없으므로 사람이 자기의 소견에 옳은 대로 행하였더라."

(개역개정) 사람이 자기의 소견에 옳은 대로 행하였더라.

(개역한글) 사람이 각각 그 소견에 옳은 대로 행하였더라.

(공동번역) 사람마다 제멋대로 하던 시대였다.

(메시지) 사람들은 무엇이든 자기 마음에 원하는 대로 행했다.

(바른) 사람마다 자기 보기에 옳은 대로 행하였다.

(새번역) 사람이 각기 자기의 소견에 옳은 대로 행하였더라.

(새즈믄) 사람마다 스스로 옳다고 보는 대로 행하였다.

(쉬운말) 사람들마다 자기가 하고 싶은 대로 했습니다.

(신세계역) 각 사람이 자기 눈에 옳은 일을 행하였다.

(우리말) 모두가 자기 마음대로 행동했습니다.

(조선어) 사람마다 제멋대로 하던 시대였다.

(천주교) 사람들은 저마다 제 눈에 옳게 보이는 대로 하였다.

(킹제임스 흠정) 사람마다 자기 눈에 옳은 것을 행하였더라.

(표준새번역) 사람들은 저마다 자기의 뜻에 맞는 대로 하였다.

(한글 킹제임스) 사람마다 자기 눈에 옳은 대로 행하였더라.

(현대어) 사람들마다 다 자기가 하고 싶은 대로 하고 살던 때였다.

(현대인) 사람마다 자기 생각에 좋을 대로 하였다.

(히브리어 직역) 각 사람이 자기 눈에 바른 대로 행했다.

(원문) 사람들은 자기가 보기에 올바른 대로 행하였다.

당시 이스라엘에 왕이 없던 때라 자기 멋대로 행하였다고 하지만 엄연히 왕이신 하나님이 계셨다. 왕이신 하나님의 말씀을 무시하고 스스로 높아져서 왕이 된 것이다. 대부분의 번역에서 보듯이 소견은 히브리어 원어 '아인'으로써 '눈'을 의미한다. 소견은 어떤 생각이나 의견을 말하는데 원어는 '자기 눈에 보는 대로 행했다'는 것이다. 우리의 눈은 하나님께 고정하여 하나님의 뜻을 행하여야 하건만 안목의 정욕으로 물든 인간은 자기가 왕이 되어서 교만해진 것이다. 하와가 선악과나무를 보면서 탐욕이 일어난 것과 같다. 죄와 불순종은 자기의 탐욕의 눈으로 보면서 시작한다.

사사기에서 보여 주는 탐욕은 크게 두 가지이다. 이스라엘이 타락한 결정적인 이유는 우상숭배에 빠진 이스라엘을 지도해야 할 제사장으로 지명된 레위 지파의 타락이다. 사사기 17장에 미가라는 사람이 제멋대로 집안에 신상을 만들고 요나단이라는 레위인을 매년 은 열과 의복 한 벌과 먹을 것을 주고 개인 제사장으로 고용한다. 돈 몇 푼에 제사장이 되는 시대였다. 사사기 19장에는 한 레위 사람이 첩을 두고 살다가 첩이 행음하고 고향으로 도망가자 가서 데려오다가 베냐민 지파에 속한 기브아에서 불량배들에게 집단성폭력을 당해 죽게 되어 베냐민 지파와 나머지 지파들이 서로 전쟁을 벌여서 살육하는 골육상쟁이 벌어진다. 돈과 성적 타락이 영적 암흑기의 특징이라는 것이다. 특히 제사장 지파인 레위인의 타락은 오늘날 시사하는 바가 크다. 말세에는 목회자들의 타락은 곧 돈과 성적 탐욕으로 물들게 될 것이다.

20. 사람이 어떠하면 그의 힘도 그러하니라

　이번에는 매끄럽지 못한 번역으로 도통 그 뜻이 무엇을 의미하는지 선뜻 이해하기 어려운 구절을 살펴보자. 번역하다 보면 원어가 의미하는 단어를 사용했음에도 불구하고 전체적으로 조화가 되지 않아 문맥의 뜻을 저해하는 경우가 있다. 기드온이 미디안 족속을 물리치고 도망가는 두 왕인 세바와 살문나를 추격한 끝에 잡아와서 기드온의 맏아들인 여델에게 죽이라고 명령했다. 그러나 여델은 아직 어려서 칼도 빼지 못하자 세바와 살문나가 기드온에게 이렇게 말한다. "네가 일어나 치라 사람이 어떠하면 그의 힘도 그러하니라 하니 기드온이 일어나 세바와 살문나를 죽이고"(삿 8:21).

　　(개역개정) 사람이 어떠하면 그의 힘도 그러하니라.
　　(개역한글) 사람이 어떠하면 그의 힘도 그러하니라.
　　(공동번역) 사내 대장부답게 네가 일어나 우리를 쳐라.
　　(메시지) 당신이 대장부라면 직접 하시오.
　　(바른) 힘센 남자답게 당신이 일어나 우리를 치시오.
　　(새번역) 사내 대장부답게 네가 직접 우리를 쳐라.
　　(새즈믄) 인물과 그 사람의 용기는 동등하니
　　(쉬운말) 사내가 할 일을 어린애에게 맡기지 마시오.
　　(신세계역) 사람에 따라 그 위력도 다른 법이오.

(우리말) 남자라면 자신의 용맹을 보이는 법이니 당신이 직접 일어나 우리를 상대해 보시오.

(조선어) 사내 대장부답게 네가 일어나 우리를 쳐라.

(천주교) 사람이 생긴 대로 힘도 나오는 법이요.

(킹제임스 흠정) 사람이 어떠한 것같이 그의 힘도 그러하기 때문이니라.

(표준새번역) 사내 대장부답게 네가 직접 우리를 쳐라.

(한글 킹제임스) 사람에 따라 그 힘도 그러하니라.

(현대어) "사나이답게 네가 어서 우리를 죽여라. 차라리 그게 더 떳떳하지 않느냐!"

(현대인) 내가 직접 우리를 죽여라. 어린애 손에 죽느니 차라리 네 손에 죽겠다.

(히브리어 직역) 사람이 어떠한지는 그의 힘에 달렸다.

(원문) 사람에 따라 힘도 나오기 때문이오.

즉 '사람이 어떠하면 그의 힘도 그러하니'라는 것은 사람에 따라 그 힘도 제각각이다. 어린애는 어린애의 힘이 있고 어른은 어른의 힘이 있으니 칼을 들 힘도 없는 어린애에게 맡기지 말고 어른인 네가 칼을 들어라. 또는 칼도 못 드는 어린애에게 맡기지 말고 어른인 네가 칼을 들어라. 어린애에게 불명예스럽게 죽느니 명예롭게 장수인 너에게 죽겠다.'라는 뜻이다. 본문은 원어의 단어번역에 충실했으나 문맥에 맞는 번역에는 실패했다. 차라리 이해하기 쉬운 의역이 더 좋다고 여겨진다. 때로는 직역하기보다는 의역하는 것이 문장의 완성도를 높인다.

21. 부족한 것이 없으며 부를 누리며

이번에는 반대로 지나치게 의역해서 본래의 뜻과는 전혀 다른 문장이 되는 경우이다. 사사기 18장에는 단 지파가 새롭게 거주할 땅을 알아보던 중 라이스를 점지하고 정탐하여 보니 살기 좋은 곳이라고 평가하면서 이렇게 말한다. "이에 다섯 사람이 떠나 라이스에 이르러 거기 있는 백성을 본즉 염려 없이 거주하며 시돈 사람들이 사는 것처럼 평온하며 안전하니 그 땅에는 부족한 것이 없으며 부를 누리며 시돈 사람들과 거리가 멀고 어떤 사람과도 상종하지 아니함이라"(삿 18:7). 본문 중에서 '그 땅에는 부족한 것이 없으며 부를 누리며'만을 뽑아서 다른 번역들과 비교해 보자.

> (개역개정) 그 땅에는 부족한 것이 없으며 부를 누리며
> (개역한글) 그 땅에는 권세 잡은 자가 없어서 무슨 일에든지 괴롭게 함이 없고
> (공동번역) 땅에서는 안 나는 것이 없어 아쉬운 것 없이 걱정 없이 마음 놓고 살고 있었다.
> (메시지) 아주 좋은 시절을 보내고 있었다.
> (바른) 그 땅에는 어떤 일로도 그들을 괴롭게 할 통치자도 없으며
> (새번역) 그 땅에는 어느 누구도 권력을 쥐고 그들을 해치는 자가 없었다.
> (새즈믄) 그 땅에는 겁탈하는 자나 억압하여 땅을 차지하는 자가 없었다.

(쉬운말) 다른 사람들을 두려워하지 않았고 모든 것이 넘쳐흐를 만큼 많이 있었습니다.

(신세계역) 그 땅의 일에 간섭하여 괴롭히는 압제적인 정복자가 없었으니

(우리말) 그 땅에는 아무 부족한 것이 없었으며 풍부했습니다.

(조선어) 땅에서는 안 나는 것이 없어 아쉬운 것이나 걱정 없이 마음 놓고 살고 있었다.

(천주교) 무슨 일로 남을 부끄럽게 여기는 권세도 없었다.

(킹제임스 흠정) 그 땅에 행정관이 없으므로 어떤 일에서도 그들이 모욕당하는 일이 없고

(표준새번역) 그 땅에는 어느 누구도 권력을 쥐고 그들을 해치는 자가 없었다.

(한글 킹제임스) 그 땅에는 지배하는 자가 없으므로 어떤 일에도 그들을 질책하지 않으며

(현대어) 그 땅에는 권력을 잡은 독재자가 없어 짓눌려 지내지 않아도 되었기 때문이다.

(현대인) 그들은 아무것도 부족한 것 없이 번영을 누리고 있었으며

(히브리어 직역) 그 땅에는 어떤 일로 해를 끼치는 사람들이나 권력을 쥔 사람도 없었다.

(원문) 그 땅에는 부족한 것이 하나도 없었고 풍족하였으며,

원어에는 '부족한 것이 없으며 부를 누리며'는 아예 없는 말이다. 원어를 직역하면 '그 땅에는 어떤 통치자도 차지하지 않아서 그래서 어떤 일에도 괴롭히는 일도 없다'라는 뜻이다. '지배자가 없이 평안하게 살고 있으니 큰 무력 충돌 없이 침략하기도 좋다'라는 것이다. 그런데 개역개정

성경은 원어의 내용을 통째로 없애고 '부족한 것이 없으며 부를 누리며'로 새롭게 의역했다. 뒤이어 사사기 18장 10절에 "부족함이 없느니라"는 말이 나온다. 아마도 10절에 있는 "부족함이 없다"는 내용을 유추하여 7절에서 "부족한 것이 없으며 부를 누리며"로 의역한 것으로 보여진다. 그러므로 개역개정 성경의 7절은 원문에도 없는 말을 지어 넣은 오역에 가깝다. 오히려 개역한글 성경은 원어에 충실한 번역인 데 반해 개역개정 성경은 개악에 가까운 번역을 하고 말았다. 다른 번역들과 비교 대조해 보면 더욱 뚜렷이 알 수 있다.

22. 현숙

　룻기 3장 11절의 현숙한 여자는 잠언 31장 10절의 현숙한 여인과 더불어 성경에서 2번 나오는 것으로 알려져 있다. 그러나 잠언 12장 4절의 '어진 여인'도 현숙과 동일한 히브리어 단어를 사용한 동의어이다. 현숙은 히브리어 원어로 '하일'을 번역한 것이다. '하일'이란 '힘, 능력, 덕, 부유함'이라는 뜻이다. 그중에서 현숙은 덕을 차용해서 번역한 것으로 생각된다. 사실 현숙이라는 단어는 조금 번역이 매끄럽지 않다. 한문으로 어질고 정숙하다는 의미의 현숙은 조용하고 수동적이고 전형적인 동양의 여성상을 보여 준다. 그러나 잠언 31장에서 보듯이 현숙한 여인이란 가정 경제를 적극적으로 주도하고 남편을 높이고 자녀를 잘 키우며 주변 사람을 챙기는 능력 있는 여자이다. 적극적이고 활동적이면서 능동적이면서 남에게 베풀 줄 알면서도 겸손한 여인을 말한다. 그래서 룻기 4장 11절의 유력이라는 단어도 '하일'이라는 히브리어를 사용했다. 현숙과 유력이 동의어란 것이다. 룻기 3장 11절의 현숙과 룻기 4장 11절의 유력으로 번역한 개역개정 성경과 다른 번역 성경들을 비교해 보자.

　　(개역개정) 현숙한 여자/유력하고

　　(개역한글) 현숙한 여자/유력하고

　　(공동번역) 굳센 여자/권세를 떨치고

　　(메시지) 용기 있는 여인/기둥이 되고

(바른) 현숙한 여자/유력하게 되며

(새번역) 정숙한 여인/번성하고

(새즈믄) 장한 여자/부강하며

(쉬운말) 착한 여자/권세를 떨치고

(신세계역) 탁월한 여자/진가를 증명하고

(우리말) 정숙한 여인/잘되고

(조선어) 굳센 녀자/권세를 떨치고

(천주교) 훌륭한 여인/번성하고

(킹제임스 흠정) 현숙한 여자/훌륭하게 행하고

(표준새번역) 정숙한 여인/번성하고

(한글 킹제임스) 덕망 있는 여인/유력하게 되며

(현대어) 현숙한 여인/유력한 인물

(현대인) 현숙한 여인/유력하고

(히브리어 직역) 유능한 여자/재산을 이루고

(원문) 훌륭한 여자/크게 번성하고

잠언에서 설명하는 현숙한 여인의 삶을 볼 때 유능한 여인, 능력 있는 여인 내지는 훌륭한 여인, 장한 여인 등이 더욱 어울리는 번역으로 보여진다.

룻기는 4장으로 이루어진 아주 짧은 성경이지만 사사기 시대의 영적 암흑기에서 다윗으로 넘어가는 아주 중요한 고리를 보여 주는 성경이다. 이스라엘 백성의 타락으로 영적으로 혼탁한 가운데 하나님은 이방 여인을 택해서 다윗을 낳게 하셨다. 모압 여인인 룻은 다윗의 증조모로서 구속사를 연계하는 중요한 역할을 감당한다. 룻이 아니었다면 다윗도 없고 예수님도 없는 것이다. 하나님은 타락한 이스라엘 백성은 포기하고 이방 여인을 택하셔서 구속사를 완성하신 것이다. 이것은 세계 만민을 향한 구원의 중요한 단서가 된다. 이방 여인임에도 불구하고 시어머니 나오미를 통해서 들은 하나님을 믿고 신자가 되어 과부가 되어서도 시어머니를 공경하고 집안을 일으킨 룻의 경건함과 열성, 용기, 덕이 다윗의 DNA에 뿌리 깊게 심어진 것이다. 신명기 23장 3절에 보면 "암몬 사람과 모압 사람은 여호와의 총회에 들어오지 못하리니 그들에게 속한 자는 십 대뿐 아니라 영원히 총회에 들어오지 못하리라"고 선언했다. 구약시대에는 이스라엘 백성만이 선택된 선민이고 특히 암몬과 모압 사람은 영원히 하나님의 백성이 될 수 없음에도 불구하고 모압 여인인 룻은 선택받았다. 예수 그리스도의 구원은 이방인뿐 아니라 온 세계 만민에게 구원이 임한다는 예표가 룻기이다. 또한 룻의 남편이 보아스는 아버지가 살몬인데(룻 4:21) 살몬의 아내는 라합이다(마 1:5). 즉 보아스의 어머니가 가나안 여인이자 창녀였던 라합이다. 성경에 나타나지 않았지만 여리고 성을 정탐했던 2명 중의 한 명을 살몬으로 추정한다. 이방 여인 라합과 룻이 구속사의 중요한 고리 역할을 감당한다. 하나님은 출신성분을 보지 않으시고 그 믿음을 눈여겨보신다. 아마도 보아스 본인의 성분이 이방 출신이기 때문에 이방 여인인 룻에게 관대했을 것이다. 정통 유대인이었다면 과부이자 이방 여인과의 혼인은 꿈도 꾸지 않을 것이다.

하나님은 이 모든 것을 세심하게 엮어서 구속사를 이어가신다. 성경에 나오지는 않지만 족보에 정통한 유대 랍비 전통에 따르면 나오미를 따라 오지 않고 중도 포기한 또 다른 며느리인 오르바는 블레셋 지방으로 가서 재혼하여 아들 이스비를 낳고 그 아들은 바르실래를 낳고 바르실래가 골리앗을 낳았다고 한다. 결국 오르바는 하나님의 원수 골리앗의 증조모가 된다고 한다. 역경 속에서 신앙을 끝까지 견디었던 이방 여인 룻은 다윗의 증조모가 되고 하나님을 섬기다 중간 탈락한 오르바는 원수 골리앗의 증조모가 된다는 것이다. 시간이 흘러 3대째 이르러 다윗과 골리앗이 만나서 격돌하는 장면은 룻과 오르바를 기억하게도 한다.

23. 날개와 옷자락

룻기 2장 12절에 "이스라엘의 하나님 여호와께서 그의 날개 아래에 보호를 받으러 온 네게 온전한 상 주시기를 원하노라"와 룻기 3장 9절에 "당신의 옷자락을 펴 당신의 여종을 덮으소서"에서 날개와 옷자락은 히브리어 '카나프'인데 '날개, 겉옷'을 의미하는 동의어이다.

(개역개정) 날개/옷자락

(개역한글) 날개/옷자락

(공동번역) 날개/옷자락

(메시지) 날개/날개

(바른) 날개/옷자락

(새번역) 날개/품에

(새즈믄) 날개/날개

(쉬운말) 날개/이불

(신세계역) 날개/옷자락

(우리말) 날개/옷자락

(조선어) 날개/옷자락

(천주교) 날개/옷자락

(킹제임스 흠정) 날개/옷자락

(표준새번역) 날개/품에

(한글 킹제임스) 날개/옷자락

(현대어) 품에/옷자락

(현대인) 보호/이불

(히브리어 직역) 날개/옷자락

(원문) 날개/옷자락

여기서 보듯이 두 권의 번역 성경만 두 단어를 동일하게 날개로 번역
했다. 하나님의 날개가 보아스의 날개로 현현한 것이다. 보아스는 기업
무를자(고엘)로서 구속주를 예표한다. 예수 그리스도의 은혜가 보아스를
통해 룻에게 임한 것이다. 룻이 아직 보아스를 알지 못할 때 이삭을 주우
러 어느 밭에 들어간다. "우연히 엘리멜렉의 친족 보아스에게 속한 밭에
이르렀더라"(룻 2:3). 그때 때마침 보아스가 나타난다. "마침 보아스가 베
들레헴에서부터 와서"(룻 2:4). 룻은 우연히 들렀는데 마침 보아스가 나
타난다. 이것이 필연적 우연이다. 인간의 눈에는 우연으로 보이지만 하
나님은 기가 막힌 타이밍에 룻과 보아스를 만나도록 예정하셨다. 하나
님의 날개가 룻에게 임하는 순간이다. 인생은 지나 보면 모든 것이 하나
님의 인도하심이다. 우리는 걸음을 내딛지만 그 걸음을 인도하시는 분은
하나님이시다. 머리카락도 세실 정도로 세심하신 하나님이 연출하시는
기가 막힌 타이밍을 기대하면서 믿음으로 살아가자.

사무엘상

24. 벨리알

아마도 '벨리알'이라는 단어가 가장 많이 나오는 성경이 사무엘상일 것이다. 앞에서 설명했듯이 '벨리알'은 '쓸모없음, 악함'이라는 뜻이다. 구약시대에는 불량배, 악인 등으로 불리지만 신약시대에는 그리스도와 대적하는 사탄의 세력으로 드러난다. "그리스도와 벨리알이 어찌 조화되며 믿는 자와 믿지 않는 자가 어찌 상관하며"(고후 6:15). 그러므로 구약에서의 벨리알의 등장은 사탄의 씨앗으로 볼 수 있다. 특히 사무엘상에서의 벨리알의 많은 등장은 본격적인 사탄의 공격의 서막이라 할 수 있다. 사무엘상에서 벨리알은 다양하게 번역되었다. 악한(1:16), 행실이 나쁜(2:12), 불량배(10:27, 30:22), 불량한 사람(25:17, 25:25) 등으로 번역했고 사무엘하 16장 7절에서는 사악한 자, 역대하 13장 7절에서는 잡배, 열왕기상 21장 10절에서는 불량자로 번역했다. 대부분의 번역 성경들은 벨리알을 일반명사처럼 악한 또는 불량배 등으로 번역했으나 신약시대의 마귀의 별칭인 벨리알의 특수성을 고려하여 그냥 벨리알로 번역한 성경도 있다.

사무엘상 1장 16절과 2장 12절의 벨리알을 살펴보자.

(개역개정) 악한 여자/행실이 나빠

(개역한글) 악한 여자/불량자

(공동번역) 좋지 못한 여자/망나니들

(메시지) 나쁜 여자/행실이 나빴다.

(바른) 불량한 여자/불량자들

(새번역) 나쁜 여자/행실이 나빴다.

(새즈믄) 쓸모없는 딸/무뢰한

(쉬운말) 나쁜 여자/나쁜 사람들

(신세계역) 쓸모없는 여자/쓸모없는 사람들

(우리말) 나쁜 여자/악한 사람들

(조선어) 좋지 못한 녀자/망나니들

(천주교) 좋지 않은 여자/불량한 자

(킹제임스 흠정) 벨리알의 딸/벨리알의 아들들

(표준새번역) 나쁜 여자/행실이 나빴다.

(한글 킹제임스) 벨리알의 딸/벨리알의 아들들

(현대어) 나쁜 여자/쓸모없는 자식들

(현대인) 나쁜 여자/불량배

(히브리어 직역) 불량한 여자/불량배

(원문) 나쁜 딸/행실이 나쁜 자들

'악한, 쓸모없는 이'라는 말은 히브리어로 다른 표현도 있으나 특별히 벨리알을 사용한 것은 배후에 사탄이 조종하는 영적 세력의 준동이라 본다. 특히 예수님을 예표하는 위대한 왕인 다윗의 등장을 알리는 사무엘상은 사탄의 대대적인 공격을 예고하고 있다. 예수님을 아브라함과 다윗의 자손(마 1:1)이라 표현할 정도로 아브라함과 다윗은 구속사의 변곡점이다. 특히 다윗은 예수님의 몸을 상징하는 성전을 준비했고, 평강의 터로 불리우는 예루살렘을 건축함으로써 평화의 왕이신 예수님을 상징하는 하나님의 도성을 만들었고, 영원한 왕이신 예수님을 예표하는 가장 위대한 왕이라 불렸고, 다윗의 뿌리, 다윗의 장막, 다윗의 열쇠, 다윗의 길 등 다윗은 구속 역사 가운데 가장 중요한 이정표이다.

다윗의 등장은 예수 그리스도의 오심을 알리는 구속사의 핵심이다. 이런 사실을 모를 리 없는 사탄은 자신의 세력을 총동원하여 다윗과 대적한다. 사무엘상의 벨리알의 다양한 출현은 우연이 아니다. 이어 사무엘하에서는 구약성경에서 처음으로 사탄이 등장한다. 사탄은 앞잡이들을 내세우고 늘 배후에서 대적하다가 다윗이 등장한 후부터는 본격적으로 자신이 전면에 나서서 싸우기 시작한다. 사탄이 내세운 다윗의 첫 대적이 골리앗이다.

25. 여섯 규빗 한 뼘

온 이스라엘을 두려움과 공포에 몰아넣은 블레셋 가드 출신의 거인 골리앗은 백전노장의 장수요 전쟁영웅이다. 골리앗을 묘사한 장면을 보자. "그의 이름은 골리앗이요 가드 사람이라 그의 키는 여섯 규빗 한 뼘이요"(삼상 17:4). '규빗'은 라틴어 역본인 벌게잇에서 '큐비툼'이라는 단어를 차용해서 번역한 것이다. 원어 히브리어는 '팔'을 의미하는 '암마'인데 규빗이라 번역했다. 규빗은 가운데 손가락에서 팔꿈치까지의 길이를 말하는 고대 유대인들의 길이 단위이다. 시대마다 적용되는 길이가 다른데 대개 45~50센티미터이다. 한 뼘은 손바닥 넓이를 말하는 데 반 규빗을 이른다. 45센티미터로 적용해도 6규빗은 230센티미터에 반 규빗인 22.25센티미터를 더하면 무려 292.25센티미터가 된다. 거의 3미터에 육박하는 초거인이다. 게다가 골리앗이 입은 갑옷의 무게가 놋 5,000세겔(삼상 17:5)이고 손에 든 창의 날만 600세겔이다(삼상 17:7). 1세겔이 11.42그램이니까 갑옷의 무게만 55킬로그램이고 창날의 무게만 6킬로그램이 된다. 거인 골리앗의 등장은 눈으로 보기만 해도 압도적인 두려움을 일으킨다.

(개역개정) 여섯 규빗 한 뼘
(개역한글) 여섯 규빗 한 뼘
(공동번역) 장신

(메시지) 거의 3미터나 되는

(바른) 여섯 규빗 한 뼘

(새번역) 여섯 규빗하고도 한 뼘

(새즈믄) 여섯 암마에 한 뼘

(쉬운말) 육 규빗 한 뼘

(신세계역) 여섯 큐빗하고도 한 뼘

(우리말) 6규빗이나

(조선어) 장신

(천주교) 여섯 암마하고도 한 뼘

(킹제임스 흠정) 육 큐빗 한 뼘

(표준새번역) 여섯 규빗하고도 한 뼘

(한글 킹제임스) 여섯 큐빗과 한 뼘

(현대어) 여섯 규빗하고도 한 뼘

(현대인) 3미터나 되는

(히브리어 직역) 육 암마와 한 뼘

(원문) 6규빗 한 뼘

여기서 보듯이 규빗이라고 번역하기도 하고 라틴어 원래 음역인 큐빗이라고 번역한 곳도 있다. 히브리어 원어대로 암마라고도 번역하기도 하고 장신이나 아예 3미터라고 번역한 성경도 있다. 또한 규빗이라 번역하고 아래 주석에 별로도 암마라고 기재하기도 한다(개역개정 성경은 암마라고 별도로 주석을 명기했다).

성경에서 거인의 출현은 상당한 중요성이 있다. 거인의 첫 출현은 네피림이다. "당시에 땅에는 네피림이 있었고 그 후에도 하나님의 아들들이 사람의 딸들에게로 들어와 자식을 낳았으니 그들은 용사라 고대에 명성이 있는 사람들이었더라"(창 6:4). 하나님의 아들들이 사람의 딸들과 결혼해서 낳은 것이 거인족이라는 것이다. 많은 사람들이 하나님의 아들들을 천사로 해석한다. 고대 신화에서는 종종 천사와 사람이 결혼하는 이야기가 나오고 특히 욥기에서 천사를 하나님의 아들들이라고 표현했기 때문이다(욥 1:6). 그러나 예수님이 부활에 대하여 직접 설명하시기를 장가나 시집가지 않는 하늘에 있는 천사들과 같이 된다고 하셨다(마 22:30). 비록 천사들이 사람의 모습으로 현현하기도 하지만 인간처럼 결혼해서 자식을 낳는 존재는 아니라는 것이다. 따라서 하나님의 아들들은 택함 받은 거룩한 계보인 셋의 후손이고 사람의 딸들은 하나님을 떠나 인본주의 국가를 창설한 가인 후손의 딸들로 보는 것이 옳다. 이들이 섞이면서 이들 중 거인 족속이 출현한다.

고대사회는 육체적 힘이 곧 권력이고 능력이다. 노아의 홍수 심판 이전의 인간사회의 모습은 포악함이 땅에 가득 찼다고 했다(창 6:11-13). 포악은 폭력을 의미한다. 홍수 이전에 거인이 폭력으로 사람들을 학대하고 살상하며 권력을 지배하던 악한 시대였다. 이를 보고 하나님은 심판을 결심하셨다(창 6:13). 거인이야말로 하나님의 나라를 망가뜨리는 사탄의 선봉장이다.

하나님이 세상을 물로 심판하신 후에 노아를 선택하셔서 새롭게 하나님의 나라를 건설한다. 그 이후 바벨탑 사건으로 온 인류가 언어가 나눠지고 뿔뿔히 흩어지게 하신다. 때가 차서 하나님은 하란에 거주하던 아브라함을 믿음의 조상으로 선택하시고 부르셔서 가나안으로 가게 하신다. 아브라함이 가나안에 들어와 이곳저곳을 떠돌아다니다가 결국 정착한 곳이 헤브론이다. 헤브론이 어떤 곳인가? "야곱이 기럇아르바의 마므

레로 가서 그의 아버지 이삭에게 이르렀으니 기럇 아르바는 곧 아브라함과 이삭이 거류하던 헤브론이더라"(창 35:27). 헤브론의 옛 명칭이 기럇 아르바인데 아르바는 거인 족속인 아낙 자손의 조상이다(수 14:15, 15:13). 결국 헤브론은 거인 족속인 아낙 자손의 땅이다. 하나님은 두려움과 공포의 사탄을 상징하는 거인족의 땅인 헤브론으로 아브라함을 인도하신 것이다. 아브라함은 거인을 두려워하지 않고 하나님을 믿고 담대히 거인족이 우굴거리는 헤브론에서 자리 잡고 아브라함, 이삭, 야곱 3대가 정착하여 살았다.

애굽에서 400여 년이 흐르고 지도자 모세의 인도하에 이스라엘 백성은 출애굽하여 광야로 들어간다. 출애굽한 후 광야에서 약 2년이 지나고 하나님이 약속하신 젖과 꿀이 흐르는 땅을 알아보기 위해 열두 정탐꾼을 모세가 보낸다. 여호수아와 갈렙을 제외한 열 명의 정탐꾼 보고는 다음과 같다. "이스라엘 자손 앞에서 그 정탐한 땅을 악평하여 이르되 우리가 두루 다니며 정탐한 땅은 그 거주민을 삼키는 땅이요 거기서 본 모든 백성은 신장이 장대한 자들이며 거기서 네피림 후손인 아낙자손의 거인들을 보았나니 우리는 스스로 보기에도 메뚜기 같으니 그들이 보기에도 그와 같았을 것이라"(민 13:32-33).

하나님이 주신 가나안 땅을 정탐해 보니 젖과 꿀이 흐르는 풍족하고 좋은 땅은 맞는데 거주민이 하필 거인들이다. 네피림의 후손인 거인 아낙 자손들을 보고 혼비백산하여 밤새 하나님을 원망하고 통곡한다. 하나님을 믿지 못하고 거인을 두려워한 1세대 광야 세대는 38년을 더 광야에서 방황하다 여호수아와 갈렙을 제외하고 모두 죽는다. 당시 가나안 땅은 거인들이 지배했던 곳이다. "이전에는 에밈사람이 거기 거주하였는데 아낙 족속과 같이 강하고 많고 키가 크므로 그들을 아낙족속과 같이 르바

임이라 불렀으나 모압 사람은 그들을 에밈이라 불렀으며… 암몬족속은
그들을 삼숨밈이라 일컬었으며"(신 2:10-11, 20). 아낙, 르바임, 에밈, 삼
숨밈은 모두 거인족을 지칭하는 명칭이다. 가나안 땅을 점령하면서 처음
전쟁을 벌여 무찌른 왕이 헤스본 왕 시혼과 바산 왕 옥이다. 바산 왕 옥을
묘사한 구절을 보자. "르바임 족속의 남은 자는 바산 왕 옥뿐이었으며 그
의 침상은 철 침상이라 아직도 암몬 족속의 랍바에 있지 아니하냐 그것을
사람의 보통 규빗으로 재면 그 길이가 아홉 규빗이요 너비가 네 규빗이니
라"(신 3:11). 이스라엘이 물리친 바산 왕 옥은 르바임 족속 곧 거인 족속
이고 그가 사용한 철로 된 침대가 길이가 4미터 10센티미터, 폭이 1미터
82센티미터이다. 아모스 선지자는 "이들 아모리 족속은 키가 백향목 높
이고 상수리 나무와 같이 강하다"고 했다(암 2:9). 제아무리 거인이라 해
도 전쟁은 하나님께 속한 것이다. 하나님을 믿고 나아가면 사탄은 도망
간다.

하나님의 백성이 있는 곳에 항상 거인은 존재한다. 의도적으로 하나님
은 사탄을 허용한다. 신앙이란 하나님의 부르심과 그에 대한 응답이다.
그래서 하나님은 우리를 시험하신다. 이것이 죄가 들어오기 전에 에덴동
산에 선악과나무와 사탄을 허용하신 이유이다. 아브라함을 거인의 땅에
들여보낸 이유요, 이스라엘 백성을 광야의 거인들과 맞서게 하는 이유이
다. 하나님을 순종하는지 불순종하는지, 눈에 보이는 거인을 두려워하는
지 보이지 않는 하나님을 믿고 나아가는지 항상 시험하신다. "이 사십 년
동안 네게 광야 길을 걷게 하신 것을 기억하라 이는 너를 낮추시며 너를
시험하사 네 마음이 어떠한지 그 명령을 지키는지 지키지 않는지 알려 하
심이라"(신 8:3). 사탄, 거인, 악인 모두 하나님의 뜻을 이루는데 사용되는
것이다. "여호와께서 온갖 것을 그 쓰임에 적당하게 지으셨나니 악인도

악한 날에 적당하게 하셨느니라"(잠 16:4).

예수님을 예표하는 다윗도 사탄의 상징인 거인 골리앗을 대적한다. 창과 칼이 아닌 매끄러운 돌 다섯 개를 들고 나가 싸운다(삼상 17:40). 만군의 여호와의 이름으로 나가 맞서 싸운다. 왜 5개의 돌을 준비했을까? 블레셋 가드에는 거인이 골리앗만 있는 것이 아니었다. 나중에 다윗의 용사들이 4명의 가드의 거인들을 물리친다. "이 네 사람 가드의 거인족의 소생이 다윗의 손과 그의 부하들의 손에 다 넘어졌더라"(삼하 21:22). 가드에는 총 5명의 거인들이 있었기에 다윗은 돌 5개를 준비하고 나선 것이다. 돌은 예수님을 상징한다. 훗날 바벨론 왕인 느부갓네살이 꿈에 거대한 신상을 보고 다니엘이 해몽을 한다. 거대한 신상은 열국을 의미하는데 돌 하나가 나타나 모두 무너뜨린다. 사탄의 세력인 세상의 열국 거인은 산 돌이신 예수님에 의해서 멸절되고 결국 하나님의 나라가 세워지게 될 것이다.

예수님도 요한에게 세례를 받으신 후 곧바로 광야에서 시험을 받으신다. 하나님의 사람은 모두 하나님께 시험을 받아야 하므로 인간으로 오신 예수님도 예외가 아니다. 예수님은 다윗처럼 말씀으로 사탄을 물리치신다. 오늘 우리도 천국 가기 전에 광야를 거쳐 가야 한다. 이스라엘 백성이 그런 것처럼, 예수님이 그런 것처럼, 광야에서 사탄의 상징인 거인을 만나게 되어 있다. 그래서 스데반 집사는 광야를 광야교회라 불렀다(행 7:38). 거인들이 우글거리는 광야에서 교회를 통해 하나님의 이름으로 거인들을 물리쳐야 하는 시험이 우리에게 주어진 것이다. 하나님의 나라에 들어가려면 많은 환난을 겪어야 하고 여러 가지 시험을 당하게 된다. 끝까지 견디는 자가 구원을 받는다. 순종하는 자만이 시험을 이긴다.

26. 순종이 제사보다 낫고

사울 왕은 순종하지 않아 왕위를 빼앗기고 다윗에게 왕위가 넘어간다. 먼저 받은 복을 빼앗긴 것이다. 장자권을 멸시한 에서는 야곱에게 복을 빼앗기고, 아버지의 침상을 더럽힌 르우벤도 장자권을 요셉에게 빼앗기고, 하나님의 선민으로 선택받은 이스라엘도 불순종하여 이방인에게 복음을 빼앗긴다. 배신한 가룟 유다도 직분을 빼앗겨 맛디아에게 넘어간다. 불순종하면 복은 빼앗긴다. "하나님의 나라를 너희는 빼앗기고 그 나라의 열매 맺는 백성이 받으리라"(마 21:43). "먼저 된 자가 나중 되고 나중 된 자가 먼저 된다"(마 20:16). 받은 복을 순종하여 지키는 것이 중요하다.

하나님의 말씀을 멸시하고 불순종한 사울에게 사무엘은 이와 같이 호통친다. "사무엘이 이르되 여호와께서 번제와 다른 제사를 그의 목소리를 청종하는 것을 좋아하심 같이 좋아하시겠나이까 순종이 제사보다 낫고 듣는 것이 숫양의 기름보다 나으니"(삼상 15:22).

> (개역개정) 여호와께서 번제와 다른 제사를 그의 목소리를 청종하는 것을 좋아하심 같이 좋아하시겠나이까? 순종이 제사보다 낫고 듣는 것이 숫양의 기름보다 나으니
>
> (개역한글) 여호와께서 번제와 다른 제사를 그 목소리 순종하는 것을 좋아하심 같이 좋아하시겠나이까? 순종이 제사보다 낫고 듣는 것이 수양의

기름보다 나으니

(공동번역) 야훼께서 당신의 말씀을 따르는 것보다 번제나 친교제 바치는 것을 더 기뻐하실 것 같소? 순종하는 것이 제사드리는 것보다 낫고 그분 말씀을 명심하는 것이 염소의 기름기보다 낫소.

(메시지) 하나님께서 원하시는 것이 보여주기 위한 공허한 제사 의식이겠습니까? 그분께서 원하시는 것은 그분의 말씀을 잘 듣는 것입니다. 중요한 것은 듣는 것이지 거창한 종교 공연을 무대에 올리는 것이 아닙니다.

(바른) 여호와께서 번제와 다른 제사를 여호와의 음성을 듣는 것같이 기뻐하시겠습니까? 순종이 제사보다 낫고 듣는 것이 숫양의 기름보다 낫습니다.

(새번역) 주님께서 어느 것을 더 좋아하시겠습니까? 주님의 말씀에 순종하는 것이겠습니까? 아니면 번제나 화목제를 드리는 것이겠습니까? 잘 들으십시오. 순종이 제사보다 낫고 말씀을 따르는 것이 숫양의 기름보다 낫습니다.

(새즈믄) 여호와가 자기의 음성을 순종하는 것만큼 태우는 제물과 희생제물을 기뻐하시느냐? 진실로 순종은 희생제물보다 승하며 귀담아듣는 것이 숫양의 기름보다 낫다.

(쉬운말) 여호와를 더 기쁘시게 할 것이 무엇이겠소? 태워 드리는 제물인 번제물과 그 밖의 제사요? 아니면 순종이요? 하나님께 순종하는 것이 제사보다 낫소. 하나님의 말씀을 듣는 것이 숫양의 기름을 바치는 것보다 낫소.

(신세계역) 여호와께서 번제물과 희생 제물을 여호와의 목소리에 순종하는 것만큼 좋아하십니까? 보십시오. 순종하는 것이 희생제물보다 낫고 주의를 기울이는 것이 숫양의 기름보다 낫습니다.

(우리말) 여호와께서 여호와의 음성을 순종하는 것보다 번제와 다른 제사들을 기뻐하실 것 같소? 순종이 제사보다 낫고 귀 기울이는 것이 숫양의 기름보다 낫소.

(조선어) 여호와께서 당신의 말씀을 따르는 것보다 번제나 화목제 바치는 것을 더 기뻐하실 것 같소? 순종하는 것이 제사드리는 것보다 낫고 그분 말씀을 명심하는 것이 염소의 기름기보다 낫소.

(천주교) 주님의 말씀을 듣는 것보다 번제물이나 희생 제물 바치는 것을 주님께서 더 좋아하실 것 같습니까? 진정 말씀을 듣는 것이 제사 드리는 것보다 낫고 말씀을 명심하는 것이 숫양의 굳기름보다 낫습니다.

(킹제임스 흠정) 주께서 번제 헌물과 희생물을 주의 목소리에 순종하는 것보다 더 좋아하시겠나이까? 보소서 순종이 희생 헌물보다 낫고 귀를 기울이는 것이 숫양의 기름보다 나으니

(표준새번역) 주께서 어느 것을 더 좋아하시겠습니까? 주의 말씀에 순종하는 것이겠습니까? 아니면 번제나 화목제를 드리는 것이겠습니까? 잘 들으십시오. 순종이 제사보다 낫고 말씀을 따르는 것이 숫양의 기름보다 낫습니다.

(한글 킹제임스) 주께서 번제와 희생제를 주의 음성에 복종하는 것만큼 크게 기뻐하시나이까? 보소서 복종하는 것이 희생제물보다 낫고, 경청하는 것이 숫양의 기름보다 낫나이다.

(현대어) 여호와께서 무엇을 더 좋게 보실지 스스로 판단해 보시오. 자신의 명령에 따르는 것보다 번제물이나 화목제물을 더 좋게 생각하실 것 같소? 똑똑히 들으시오. 당신이 여호와의 말씀을 듣고 순종하면 그보다 더 좋은 제물이 없을 것이오.

(현대인) 여호와께서 번제와 그 밖의 제사드리는 것을 순종하는 것보다

더 좋아하시겠소? 순종하는 것이 제사보다 낫고 여호와의 말씀을 듣는 것이 수양의 기름보다 더 나은 것이요.

(히브리어 직역) 여호와께서 올림제물들과 희생제물들을 여호와의 소리를 듣는 것만큼 기뻐하시겠습니까? 보십시오. 듣는 것이 희생제물보다 낫고 경청하는 것이 숫양의 기름보다 나으니

(원문) 여호와의 말씀을 듣는 것보다 번제물이나 희생제물을 바치는 것을 여호와께서 더 좋아하시겠습니까? 보십시오, 순종이 제사보다 낫고 듣는 것이 숫양의 기름보다 낫습니다.

여기서 보듯이 대부분의 번역은 대동소이하다. 다만 본문에서 청종과 순종은 '듣다'라는 히브리어 '샤마'이고 '듣는 것'은 히브리어 '카쇼브'를 번역한 것이다. 순종이란 말씀을 듣는 것인데 들은 말씀대로 행동하는 것이다. 개역개정 성경에서 '샤마'를 순종이나 청종이라 번역한 것은 나름 원어에 충실한 노력의 결과이다. 히브리어 '카쇼브'는 귀를 기울여 듣다 내지는 주의해서 듣는다는 경청하다의 뜻이다. 반면 히브리어 '샤마'는 행동을 포함한다. 그래서 샤마를 순순히 따른다는 순종이나 이른 대로 잘 듣고 좇음이라는 청종으로 번역했다. 샤마는 단지 듣는 것이 아니기 때문이다.

샤마는 들은 말씀을 그대로 실천한다는 응답을 요구한다. 그런 점에서 경청과 차별화하여 순종과 청종을 사용한 것은 좋은 번역이다. 누차 강조하지만 신앙은 하나님의 부르심에 응답하는 것이다. 반드시 실천해야 한다. '이스라엘아 들으라'고 시작하는 쉐마도 말씀을 듣고 그대로 실천하라는 명령이다. 말씀을 손목에 매어 기호를 삼고 미간에 붙여 표로 삼으라고 권면한다. 손은 행동을 의미하며 미간은 머리를 의미하는 지적

활동을 의미한다. 즉 머리보다 손이 먼저라는 것이다. 순종은 곧 믿음이다. 믿는 자에게 최상의 시험은 순종이다. 듣는 마음은 성령으로 마음이 부드럽게 된 것이요 불순종하는 것은 마음이 강퍅하기 때문이다. 솔로몬이 어떤 왕보다도 더한 지혜와 부귀를 하나님께 받은 이유도 듣는 마음을 구했기 때문이다. "듣는 마음을 종에게 주사 주의 백성을 재판하여 선악을 분별하게 하옵소서"(왕상 3:9). 그러므로 듣는 마음 곧 순종은 복을 여는 열쇠이다.

27. 벽에 오줌 싸는 자

번역하다 보면 문자 그대로 옮겼을 때 읽기가 불편한 경우가 생긴다. 그럴 때는 직접적인 표현을 삼가고 완곡어법을 사용하여 불쾌감을 상쇄하는 보다 우회적인 용어로 표현한다.

사무엘상 25장 22절 "내가 그에게 속한 모든 남자 가운데 한 사람이라도 아침까지 남겨두면"이 그런 예에 속한다. 본문에서 '남자'는 문자 그대로 번역하면 '벽에 오줌 싸는 자'이다.

(개역개정) 모든 남자 가운데 한 사람이라도

(개역한글) 모든 것 중 한 남자라도

(공동번역) 사내 녀석들을 하나라도

(메시지) 못된 무리 가운데 한 사람이라도

(바른) 모든 사람들 중 한 사내라도

(새번역) 남자들

(새즈믄) 벽을 향하여 소변 보는 자

(쉬운말) 가족 중 한 사람이라도

(신세계역) 담벼락에 오줌을 누는 자

(우리말) 모든 남자

(조선어) 사내 녀석들을 하나라도

(천주교) 벽에 오줌을 누는 자

(킹제임스 흠정) 담에다 소변보는 자

(표준새번역) 남자들

(한글 킹제임스) 담벼락에 오줌 누는 어떤 자

(현대어) 그 녀석의 패거리 중 단 한 사내라도

(현대인) 한 사람이라도

(히브리어 직역) 벽에 소변 누는 자

(원문) 그에게 속한 모든 사람들 가운데서 한 사람이라도

　　본문은 다윗이 나발의 짐승 떼를 도적으로부터 잘 지켜 주고 보호한 후에 일말의 대가를 요구했는데 나발이 거절하자 분노하면서 나발 집안의 남자를 멸절시키겠다고 선언한 말이다. 다윗이 화가 나서 나발의 집안 가운데 서서 벽에 오줌 싸는 자는 모두 죽이겠다고 공언한 것이다. 격앙된 다윗의 어조를 강조해서 남자를 지칭하는 벽에 오줌 싸는 자라고 칭했는데 독자가 읽기에 거북하기에 그냥 남자로 의역한 성경도 있다. 서서 벽에 오줌 싸는 자라는 표현은 보다 극적인 효과를 전달해서 다윗의 격앙된 감정을 느끼게 해 준다. 반면 남자들이라고 번역하면 일반적인 서술이라 하겠다.

28. 사신 우상

　지나친 번역은 안 하느니만 못할 수가 있다. 오히려 역효과를 가져올 수 있기 때문이다. 개역한글 성경과 개역개정 성경에 유독 이해할 수 없는 번역이 하나 있다. 너무나도 낯선 단어이기도 해서 그 뜻이 애매모호하다. 사무엘상 15장 23절을 보자. "이는 거역하는 것은 점치는 죄와 같고 완고한 것은 사신 우상에게 절하는 죄와 같은 것이라." 이 구절에서 사신 우상이라는 표현이 있는데 다른 번역들과 비교해 보자.

　(개역개정) 사신 우상

　(개역한글) 사신 우상

　(공동번역) 우상

　(메시지) 죽은 조상

　(바른) 우상

　(새번역) 우상

　(새즈믄) 드라빔

　(쉬운말) 우상

　(신세계역) 드라빔

　(우리말) 우상

　(조선어) 우상

　(천주교) 우상

(킹제임스 흠정) 우상

(표준새번역) 우상

(한글 킹제임스) 우상

(현대어) 우상

(현대인) 우상

(히브리어 직역) 트라핌

(원문) 우상

히브리어 원어로는 '테라핌'인데 주로 '우상'이나 '드라빔'으로 번역된다. '테라핌'은 구약시대에 가족 신의 신상인데 가정의 수호신이나 점치는 일에 사용된 우상이다. 야곱의 아내인 라헬이 자기의 아버지가 모시던 드라빔을 훔쳐 나온 이야기가 창세기에 기록되어 있고(창 31장), 사사기에 미가라는 사람이 에봇과 드라빔을 만든 이야기도 있으며(삿 17장), 다윗의 아내인 미갈이 소유한 드라빔이 있었고(삼상 19:16) 호세아 3장 4절과 스가랴 10장 2절에서도 드라빔이 나온다. 대개는 드라빔을 그대로 사용하거나 우상으로 번역하는데(삼상 19:16과 겔 21:21은 드라빔을 우상으로 번역함) 위의 구절에서만 사신 우상으로 번역해서 혼동을 야기한다. 사신이라는 말도 죽은 신을 말하는 사신(死神)이 아니고 사신(邪神)이라 하여 간사할 '사'를 써서 재앙을 가져오는 요사한 귀신이라는 뜻이다. 요사한 귀신 우상이라는 말인데 아무리 봐도 납득이 안 간다. 드라빔, 가족 수호신 또는 우상으로만 번역해도 될 것을 지나치게 사족을 붙여서 오히려 알지 못할 단어가 되어 버렸다.

또 사무엘하 3장 29절에 백탁병자라는 말이 있다. 역시 성경에 딱 한 번 언급하는데 유출병을 말한다. 성기를 통해서 불순한 분비물이 나오는 모든 유출병자를 일컫는 말이다. 레위기에서는 이런 병자를 부정한 것으로 간주하여 많은 언급을 하고 있는데 모두 유출병자라고 번역했다. 그런데 유독 사무엘하에서만 백탁병자로 번역한 것은 일관성도 문제이거니와 너무 낯선 단어로 인해 이해가 어려운 번역이 되었다.

사무엘하

29. 사탄

사무엘하는 예수님의 완벽한 모형인 다윗의 이야기다. 하나님의 나라 건설을 위한 하나님의 경륜이 다윗을 통해서 모습을 갖춘다. 다윗은 하나님의 도성인 예루살렘을 건축하고 하나님의 임재의 상징인 언약궤를 모셔 오고 예배를 주관하는 제사장들을 조직하여 제사 제도를 확립한다. 본격적으로 사탄이 전면에 드러나는 것도 사무엘하이다. 사탄은 다윗을 쓰러뜨리기 위해서 대대적인 전쟁을 벌인다. 이스라엘 역사상 전쟁에서 한 번도 패하지 않은 유일한 장수가 다윗이다. 위대한 지도자인 여호수아도 가나안 정복 전쟁 중 아이성에서 한 번 패배한 데 반해 다윗은 전쟁에서 모두 승리한다. 한글 성경에 따르면 사탄이 처음 등장한 것이 역대상 21장 1절에 다윗의 인구조사를 충동시킨 것이 사탄이라고 명시한다. 그러나 히브리어 원어를 보면 사무엘하에서 사탄이라는 단어가 처음 등장한다. 사무엘하 19장 22절을 보자. "다윗이 이르되 스루야의 아들들아 내가 너희와 무슨 상관이 있기에 너희가 오늘 나의 원수가 되느냐."

(개역개정) 너희가 오늘 나의 원수가 되느냐?

(개역한글) 너희가 오늘 나의 대적이 되느냐?

(공동번역) 오늘 이 일에 끼어들어서 내 뜻을 막으려 하오?

(메시지) 어찌하여 이토록 고집스럽게 싸우기를 좋아하느냐?

(바른) 오늘 나의 대적이 되려고 하느냐?

(새번역) 너희가 오늘 나의 원수가 되느냐?

(새즈믄) 오늘 너희가 내게 사탄 노릇을 하며

(쉬운말) 그대들은 오늘 나와 원수가 되려 하고 있소.

(신세계역) 그대들이 오늘 나의 대항자가 되려고 하오?

(우리말) 내 일에 왜 나서서 오늘 너희가 내 대적이 되려고 하느냐?

(조선어) 오늘 이 일에 끼여들어서 내 뜻을 막으려 하오?

(천주교) 오늘 그대들이 나의 반대자가 되려 하오?

(킹제임스 흠정) 너희가 이날 나의 대적이 되려 하느냐?

(표준새번역) 나의 일에 나서서 오늘 나의 대적이 되느냐?

(한글 킹제임스) 너희가 오늘 나에게 대적이 된단 말이냐?

(현대어) 너희가 왜 오늘같이 좋은 날 나의 대적이 되려고 하느냐?

(현대인) 오늘 너희가 나의 대적이 되려고 하느냐?

(히브리어 직역) 참으로 너희가 오늘 내 적대자가 되려느냐?

(원문) 오늘 내 대적이 되려고 하느냐?

거의 대부분의 한글 번역들이 원수나 대적으로 번역했지만 히브리어 원어는 '사탄'이다. 스루야의 아들들이 사탄이라는 것이 아니라 그 배후가 사탄의 준동이라는 것이다. 단순히 원수나 대적이었다면 히브리어로 원수 혹은 대적을 의미하는 '오예브'를 사용하거나(삼하 12:14, 18:32, 22:1, 22:4, 22:18, 22:38, 22:41, 22:49) 또는 '짜르'(삼하 24:13)를 사용했을 것이다. 본문에서 사탄이라고 적은 것은 일점일획도 틀림이 없는 성령의 감동으로 성경에 기록한 것이다. 본문의 배경은 압살롬의 반역을 평정하고 돌아오면서 자신을 저주했던 시므이를 죽이라고 스루야의 아들들이 선동하는 내용이다. 그러나 이 모든 일이 밧세바를 범한 자신의 죄로 인해 하나님께서 일으키신 것이기에 순순히 받아들여야지 개인적인 보복을 가하는 것은 하나님께 반기를 드는 일과 같다는 것이다. 이러한 사탄의 충동질에 넘어가서는 안 된다는 것이 다윗의 주장이다. 스루야의 아들들의 주장은 배후에 사탄의 부추김이 있다는 것을 다윗은 인지했다. 자기를 죽이려 했던 악한 사울 왕도 하나님이 기름 부으신 왕이기에 두 번이나 죽일 기회가 있었지만, 개인적인 복수를 실행에 옮기지 않은 다윗이다. 하나님이 하시는 일에 대해서는 철저히 순종한 것이다. 이번 반역 사태도 하나님이 주도하시는 일이기에 묵묵히 수용한 것이다.

다윗은 아들 압살롬의 반역으로 충격을 받았지만 가장 큰 배신감과 절망감은 바로 최고의 책사였던 아히도벨의 배반이다. 아히도벨은 다윗왕의 최고 참모로서 모사였다(대상 27:33). 국가의 중차대한 일이 생기면 아히도벨의 조언에 의지했다. "아히도벨이 베푸는 계략은 사람이 하나님께 물어서 받은 말씀과 같은 것이라"(삼하 16:23). 다윗은 아히도벨의 조언을 하나님께서 주시는 응답으로 받아들일 정도로 신뢰했다. 이렇게 신뢰하던 사람이 자신을 배반하고 모반에 가담한 것은 하나님이 아니고서는 일어날 수 없다고 생각했다. 그 이유는 밧세바에게 저지른 범죄와 연관되어 있는데 우리야의 아내 밧세바는 엘리암의 딸이다(삼하 11:3). 그 엘리암이 아히도벨의 아들이었다(삼하 23:34). 즉 밧세바는 아히도벨의 아들인 엘리암의 딸로서 아히도벨의 손녀가 된다. 그리고 우리야는 아히도벨의 손녀사위가 된다. 우리야는 다윗의 30인 용사에 들어가는 충성스러운 부하였다(삼하 23:39). 아히도벨에게 있어서는 다윗은 충실한 부하인 손녀사위를 고의로 죽이고 자신의 손녀를 강탈한 악한 왕인 것이다.

아히도벨은 이런 악한 왕을 하나님이 세우신 왕이라고 받아들일 수 없었다. 사탄은 곧바로 아히도벨의 마음에 들어간 것이다. 시편의 고백에서 다윗은 이렇게 말한다. "내가 신뢰하여 내 떡을 나눠 먹던 나의 가까운 친구도 나를 대적하여 그의 발꿈치를 들었나이다"(시 41:9). 이 구절은 아히도벨의 배신을 염두한 것으로 본다. 이런 아히도벨이 자기의 계략을 압살롬이 받아들이지 않자 스스로 목매어 죽는다(삼하 17:23). 성경 최초의 고의적 자살을 보여 준다. 아히도벨의 자살까지 언급한 것은 구속사에서 중요한 예표가 된다. 훗날 예수님께서 가룟 유다의 배신을 두고 이렇게 말씀하신다. "내 떡을 먹는 자가 내게 발꿈치를 들었다"(요 13:18). 예수님이 직접 선택한 12명의 제자 중 한 명인 가룟 유다의 배신을 다윗의 시편 41편 9절을 인용하여 말씀하신 것이다. 가장 신뢰했던 제자가 사탄의 유혹에 넘어간 것이다. "열둘 중의 하나인 가룟인이라 부르는 유다에게 사탄이 들어가니"(눅 22:3). 그리고 가룟 유다는 자살한다. 아히도벨이 완벽한 가룟 유다의 예표가 되는 것이다. 이런 점에서 사무엘하의 사탄의 등장은 우연이 아니다. 이 모든 사건의 배후엔 사탄이 조종한 것이다. 그렇기에 사무엘하의 사탄의 등장은 무시할 수 없는 하나님의 경륜을 드러낸다.

다윗은 누구보다 사탄의 존재를 잘 알고 있었다. 저주의 내용이 가장 많은 다윗의 탄식시가 시편 109편이다. 이 시에서 다윗은 이렇게 고백한다. "악인이 그를 다스리게 하시며 사탄이 그의 오른쪽에 서게 하소서"(시 109:6). 그리고 이 시편에서 대적이 3번 등장하는데(109:4, 19, 29) 모두 히브리어 '사탄'으로 기록했다. 이 시는 사람에 대한 저주의 시가 아니라 원수 마귀에 대한 저주의 시다. 사탄의 존재와 공격을 다윗은 인식하고 있었고 그래서 늘 하나님을 의지했던 것이다.

30. 뽕나무 꼭대기에서 걸음 걷는 소리

때로는 한글 성경의 번역만으로는 원어의 의미를 알 수 없어서 부연 설명이 필요한 때도 있다. 사무엘하 5장 24절을 보자. "뽕나무 꼭대기에서 걸음 걷는 소리가 들리거든 곧 공격하라."

(개역개정) 뽕나무 꼭대기에서 걸음 걷는 소리가 들리거든 곧 공격하라.

(개역한글) 뽕나무 꼭대기에서 걸음 걷는 소리가 들리거든 곧 동작하라.

(공동번역) 그 바카나무 숲 위에서 발소리가 나거든 곧 진격하여라.

(메시지) 나무들 사이로 발소리가 들리면 나와서 칠 준비를 하여라.

(바른) 뽕나무 숲 꼭대기에서 행진하는 소리를 들으면 너는 곧 진격해라.

(새번역) 뽕나무 밭 위쪽에서 행군하는 소리가 나거든 너는 곧 진격하라.

(새즈믄) 네가 바카 숲 상공에서 발자국 소리를 듣거든 그때에 공격하라.

(쉬운말) 뽕나무 밭머리에서 행군하는 소리가 들리거든 즉시 공격하라.

(신세계역) 바카나무 꼭대기에서 행군하는 소리가 들리거든 그때에 너는 단호하게 행동하여라.

(우리말) 뽕나무 꼭대기에서 행군하는 소리가 들리면 바로 재빨리 나아가라.

(조선어) 박하향 나무숲 우에서 발소리가 나거든 곧 진격하여라.

(천주교) 발삼 향나무 꼭대기에서 발걸음 소리가 들리거든 그때 습격하여라.

(킹제임스 흠정) 뽕나무 수풀 꼭대기에서 누군가가 가는 소리를 듣거든 재빨리 움직이라.

(표준새번역) 뽕나무 밭 위쪽에서 행군하는 소리가 나거든 너는 곧 진격하라.

(한글 킹제임스) 뽕나무들 꼭대기에서 걸어가는 소리를 듣거든 그때에 행동을 개시하라.

(현대어) 바카나무의 가랑잎에서 행군하는 발자국 소리가 나거든 그때 나가 싸워라.

(현대인) 뽕나무 꼭대기에서 행군하는 발자국 소리가 들리거든 너는 즉시 공격을 개시하라.

(히브리어 직역) 네가 뽕나무 숲 꼭대기에서 발자국 소리를 들을 때 공격하라.

(원문) 네가 뽕나무 숲 꼭대기에서 발자국 소리를 듣게 되면 즉시 공격하라.

본문에서 사용된 걸음 걷는 소리는 히브리어로 '쩨아다'인데 '행진'이라는 뜻이다. 군인들이 보조를 맞추어 행진하는 소리를 말한다. 뽕나무 꼭대기에서 하나님의 군대가 행군하는 소리를 듣거든 진격하라는 것이다. 하나님의 군대가 먼저 움직이면 따라나서라는 것이다.

성경은 천군 또는 만군 등 수많은 군대를 의미하는 단어를 사용한다. 만군의 여호와란 세상을 창조하시고 다스리시는 초월적인 힘과 권세를 지닌 분이라는 뜻이지만 어원적으로 이스라엘 군대의 총사령관, 천사로 이루어진 하늘 군대 즉 천군의 총사령관이라는 의미도 있다. 야곱이 하나님의 군대를 만난 곳을 기념하여 '마하나임'이라는 지명을 정했다(창 32:2). '마하나임'은 두 진영 또는 하나님의 군대들이라는 뜻이다. 엘리야가 승천할 때 불 수레와 불 말이 나타났고(왕하 2:11), 엘리사가 사환의 눈을 열어서 불 말과 불 병거가 산에 가득한 것을 보여 주었고(왕하

6:17), 아람 군대에게 하나님의 군대의 병거와 말소리를 들리게 해서 도망가게 하셨고(왕하 7:6), 예수님도 열두 군단의 천사군대를 보낼 수 있다고(마 26:53) 말씀하셨다.

성경에는 하나님의 군대가 여러 번 등장한다. 본문도 하나님께서 하나님의 군대를 출동시켜 뽕나무 위에서 행군하며 블레셋 군대를 선제공격하니 뒤따라오라고 다윗에게 이른 말이다. 다윗이 전쟁에서 백전백승한 이유가 하나님의 군대가 앞서서 싸우셨기 때문이다. 다윗은 인간의 말과 칼을 의지하지 않고 하나님을 의지하고 전쟁했기에 과감히 말의 발목 힘줄을 끊기도 했다(삼하 8:4). 원래 말의 발목 힘줄을 끊는다는 것은 말을 사용하지 못하도록 해서 상대의 군대 전력을 약화시키기 위한 것이다. 그러나 다윗은 인간적이고 세상적인 수단에 의지하지 않고 오직 하나님의 능력만을 의뢰하겠다는 믿음으로 말의 발목 힘줄을 끊은 것이다. 전쟁은 하나님께 속한 것이고 하나님이 당신의 군대로 앞서서 싸우시기 때문이다.

31. 사람의 법이니이다

사무엘하 7장 19절은 난해한 구절이다. "주 여호와여 주께서 이것을 오히려 적게 여기시고 또 종의 집에 있을 먼 장래의 일까지도 말씀하셨나이다 주 여호와여 이것이 사람의 법이니이다." 하나님께서 다윗에게 영원히 왕위를 견고하게 준다고 약속하신 후 다윗이 감격해서 한 말이다. 그런데 "이것이 사람의 법이니이다"는 문맥상 이해가 되지 않는다.

(개역개정) 주 여호와여 이것이 사람의 법이니이다.

(개역한글) 주 여호와여 인간의 규례대로 하셨나이다.

(공동번역) 야훼 나의 주님께서는 종 다윗의 심정을 너무나 잘 알고 계십니다.

(메시지) 이 모든 것 앞에서 감히 제가 무슨 말을 할 수 있겠습니까?

(바른) 이것이 어찌 사람에게 주실 약속이겠습니까?

(새번역) 주 나의 하나님 이것이 어찌 주님께서 사람을 대하시는 일상적인 방법이겠습니까?

(새즈믄) 이것을 인생의 법칙으로 정하셨습니까?

(쉬운말) 인류의 대강령을 주셨습니까?

(신세계역) 오 주권자인 여호와여 이것이 인간을 위해 주어진 법입니다.

(우리말) 이것이 주께서 사람을 대하시는 방법입니까?

(조선어) 여호와 나의 주님께서는 종 다윗의 심정을 너무나 잘 알고 계십

니다.

(천주교) 주 하느님 이 또한 사람들을 위한 가르침이 되기를 바랍니다.

(킹제임스 흠정) 주 하나님이여 과연 이것이 사람의 방법이니이까?

(표준새번역) 주 나의 하나님 이것이 어찌 주께서 사람을 대하시는 일상적인 방법이겠습니까?

(한글 킹제임스) 오 주 하나님 이것이 인간의 방식이니이까?

(현대어) 그런 관대하심이 어찌 인간의 표준과 비교할 수 있겠습니까?

(현대인) 주님 제가 더 이상 무슨 말씀을 주께 드릴 수 있겠습니까?

(히브리어 직역) 이것이 사람을 위한 토라입니다. 주 여호와시여.

(원문) 이것이 사람들을 위한 가르침이 되기를 바랍니다.

본문에서 '법'이라는 말은 히브리어로 '토라'이다. '토라'는 모세오경을 지칭하는 용어이지만 기본 뜻은 '법칙, 규례, 방식'이라는 뜻이다. 하나님이 다윗에게 약속한 장래에 다윗의 왕위가 영원히 지속된다는 응답으로 한 고백이다. 만약 하나님의 약속에 대해 감격에 겨운 감탄문이라면 '인간의 방식(법)으로는 불가능한 것이기에 이런 약속은 인간의 방식이 아니기에 놀랍습니다'도 되고 '하나님이 인간의 방식(법)으로는 생각할 수 없는 약속을 주시니 감사합니다'도 된다. 의문문으로 표현한다면 '이런 약속이 어찌 인간의 방식(방법)이겠습니까' 내지는 '이 약속이 어찌 인간의 방법(방식)이라 할 수 있겠습니까'도 된다. 기원문이라면 '하나님의 약속이 인간의 법칙(규례)이 되기를 바랍니다' 내지는 '인간의 법칙(규례)으로 삼아주시니 감사합니다'도 된다. 어찌 됐든 본문은 하나님의 약속의 말씀에 대한 다윗의 감사와 감격의 응답이다.

역사적으로 다윗의 왕위가 영원히 지속되지는 않았다. 솔로몬 이후 남북으로 갈라졌고 북이스라엘은 앗수르에 망하고 남유다도 바벨론에 망해서 다윗 왕가도 더 이상 존재하지 않게 되었다. 하나님의 약속은 인간의 왕위를 의미한 것이 아니라 오실 메시야 예수 그리스도의 영원한 왕위를 예언하신 것이다. 오실 메시야는 다윗의 후손이요 다윗의 왕으로 오시기 때문이다. 다윗 사후 약 천 년이 지나서 예수 그리스도는 이 땅에 하나님 나라의 왕으로 오셨다. 그리고 예수님의 왕권은 영원히 지속된다. 하나님의 약속은 실현된 것이다.

열왕기상

32. 듣는 마음

열왕기상은 솔로몬과 엘리야가 주요 등장인물이다. 어느 날 솔로몬의 꿈속에서 하나님이 나타나 소원을 말해 보라고 묻자 듣는 마음을 달라고 요청한다. 열왕기상 3장 9절을 살펴보자. "누가 주의 이 많은 백성을 재판할 수 있사오리까 듣는 마음을 종에게 주사 주의 백성을 재판하여 선악을 분별하게 하옵소서."

(개역개정) 듣는 마음을 주사

(개역한글) 지혜로운 마음을 종에게 주사

(공동번역) 명석한 머리를 주시어…흑백을 잘 가려낼 수 있게 해 주십시오.

(메시지) 하나님의 음성을 듣는 마음을 주셔서

(바른) 지혜로운 마음을 주셔서

(새번역) 선과 악을 분별할 수 있게 해 주시기를

(새즈믄) 순종하는 마음을 주시고

(쉬운말) 옳고 그름을 가려 판결할 수 있는 지혜를 주십시오.

(신세계역) 순종하는 마음을 주셔서

(우리말) 옳고 그름을 가려내는 마음을 주셔서

(조선어) 명석한 머리를 주시어…흑백을 잘 가려낼 수 있게 해 주십시오.

(천주교) 듣는 마음을 주시어

(킹제임스 흠정) 깨닫는 마음을 주사

(표준새번역) 선과 악을 분별할 수 있게 해 주시기를

(한글 킹제임스) 명철한 마음을 주시어

(현대어) 주님의 가르치심을 항상 느끼고 들을 수 있는 총명한 마음을 제게 주셔서

(현대인) 지혜로운 마음을 나에게 주소서

(히브리어 직역) 선과 악을 깨닫도록 듣는 마음을 주십시오.

(원문) 듣는 마음을 주셔서

   본문에서 '듣는 마음'은 히브리어는 '라브 샤마'로서 '듣는 마음, 순종하는 마음'을 뜻한다. 솔로몬이 듣는 마음을 달라고 간청하자 하나님은 "네가 사람들이 일반적으로 구하는 부귀나 장수나 원수 멸망 등의 소원이 아니라 듣고 분별하는 지혜를 구하였으니"(삼상 3:11)라고 대답하셨다. 듣는 마음을 지혜와 동일시하신 것이다. 같은 내용을 역대하에서는 듣는 마음이 아니라 지혜와 지식을 달라고(대하 1:10) 요청한 것으로 묘사하고 있다. 결국 듣는 마음이란 하나님의 지혜와 지식이라는 것이다. "이 요청에 대한 하나님의 반응이 놀랍다. 솔로몬이 이것을 구하매 그 말씀이 주의 마음에 든지라"(왕상 3:11). '주의 마음에 든지라'는 히브리어 원어로는 '주의 눈에 좋게 보였다'이다. 하나님을 기쁘시게 했다는 것이다. 하나님은 솔로몬의 요청에 감동을 받으시고 역사상 전무후무한 복을 주게 된다. "네 앞에도 너와 같은 자가 없었거니와 네 뒤에도 너와 같은 자가 일어남이 없으리라"(왕상 3:12). 게다가 구하지도 않은 부귀와 영광도 보너스로 받는다. 하나님의 약속대로 솔로몬은 전에도 없었고 후에도 없을 복을 받음으로 인간의 역사를 통틀어 가장 최고의 왕으로 추앙받으며 일약 두각을 나타낸다.

도대체 하나님의 지혜를 구한 것이 어떤 의미이길래 하나님을 감동시키고 전무후무한 복을 받게 된 것일까? 하나님의 속성을 말할 때 하나님은 지혜로우시고(롬 16:27), 지혜가 무궁하시며(시 147:5), 능력과 지혜이신(단 2:20, 욥 12:16) 분이시다. 그리스도는 하나님의 능력이요 하나님의 지혜(고전 1:24)이시고, 성령님은 지혜의 영이시다(사 11:1, 엡 1:17). 성부 성자 성령 삼위일체 하나님이 지혜이시다. 솔로몬이 지혜를 구한 것은 세상의 지혜가 아닌 지혜이신 하나님을 구한 것이다. 하나님이 네 소원이 무엇이냐? 구하라고 했을 때 솔로몬은 지혜이신 하나님을 구한 것이다. 극적으로 표현하자면 "하나님을 저에게 주십시오."라고 말한 것이다. 성경에는 소원을 비는 이야기들이 많이 있다. 엘리사는 갑절의 영감을 구했고, 야곱은 축복하지 않으면 보내지 않겠다고 말했고, 모세는 하나님의 영광을 보여 달라고 구했고, 여호수아는 태양을 멈춰 달라고 구했고, 바디매오는 예수님께 눈을 뜨게 해 달라고 구했다. 하나님을 달라고 요청한 사람은 솔로몬이 유일했다. 이러한 전무후무한 요구에 하나님은 감동하시고 전무후무한 복으로 응답하셨다.

게다가 하나님은 솔로몬에게 넓은 마음을 주셨다. "하나님이 솔로몬에게 지혜와 총명을 심히 많이 주시고 넓은 마음을 주시되 바닷가의 모래 같이 하시니"(왕상 5:29). 개념적으로 서술한다면 지혜는 성공을 극대화하고 실패를 최소화하는 능력이며, 총명은 문제의 핵심을 인식하는 것이고, 넓은 마음은 방대한 지혜와 지식으로 넓은 이해의 폭을 말한다. 넓은 마음은 또한 상대방을 공감하고 이해하는 수용성 있는 마음이다. 넓은 마음의 반대말은 좁은 마음이 아니다. 굳은 마음 즉 강퍅한 마음이다. 돌 같이 딱딱한 마음은 말씀을 받아들이지도 못하고 상대의 마음을 이해하지도 못한다. 반면에 하나님의 성령님이 임하시면 새 마음과 새 영을 주

서서 살같이 부드러운 마음이 임해 지혜와 지식의 폭이 넓어져서 모든 것을 수용하는 넓은 마음이 된다. 지혜는 부귀와 장수와 번영과 성공도 가져온다. 부귀가 내게 있고 장구한 재물과 공의도 그러하니라(잠 8:18). 솔로몬은 범접할 수 없는 지혜와 지식을 소유했고, 사물이든 사람이든 무엇이든지 이해할 수 있는 넓은 지식과 수용할 수 있는 넓은 마음을 소유했고, 타의 추종을 불허하는 부귀와 영광을 얻었다. 하나님을 가지면 모든 것을 가지는 것이다. 오늘도 하나님은 물어보신다. "내가 네게 무엇을 줄꼬 너는 구하라"(왕상 3:5). 우리는 하나님을 구하자. 하나님을 주십시오.

33. 마음에 든지라

들는 마음을 구한 솔로몬의 요청에 하나님은 이렇게 반응하신다. "솔로몬이 이것을 구하매 그 말씀이 주의 마음에 든지라"(왕상 3:11).

(개역개정) 이것을 구하매 그 말씀이 주의 마음에 든지라.

(개역한글) 이것을 구하매 그 말씀이 주의 마음에 맞은지라.

(공동번역) 이러한 솔로몬의 청이 야훼의 마음에 들었다.

(메시지) 주 하나님께서 솔로몬의 대답을 기뻐하셨다.

(바른) 이렇게 구한 것이 주께서 보시기에 선하셨다.

(새번역) 이렇게 청한 것이 마음에 드셨다.

(새즈믄) 주님은 그것을 좋게 보시고

(쉬운말) 주께서는 솔로몬이 지혜를 달라고 하자 기뻐하셨습니다.

(신세계역) 이 일이 여호와의 눈에 기쁨이 되었으니

(우리말) 주께서 기뻐하셨습니다.

(조선어) 이러한 솔로몬의 청이 여호와의 마음에 들었다.

(천주교) 주님 보시기에 좋았다.

(킹제임스 흠정) 이것을 구하매 주께서 그 말을 기쁘게 여기시니라.

(표준새번역) 이렇게 청한 것이 마음에 드셨다.

(한글 킹제임스) 그 말이 주를 기쁘시게 한지라.

(현대어) 여호와께서는 그것을 합당하게 여기시고 기뻐하셨다.

(현대인) 솔로몬이 지혜를 구하므로 여호와께서는 기뻐하시며

(히브리어 직역) 그 말이 주님의 눈에 좋았다.

(원문) 이에 하나님께서는 솔로몬이 이렇게 구한 것이 마음에 드셨다.

　본문은 히브리어로 직역하면 '하나님의 눈에 좋았다'이다. 하나님께서 솔로몬에게 부어 주신 복을 미루어 볼 때 하나님의 기쁨과 감동은 상상 이상인 것이다. 현세에서 누릴 수 있는 복을 모두 받은 성경 인물은 솔로몬 이외에 없다. 사실 아브라함도 복에 복을 받아서 믿음의 조상이 되었지만 현세에서는 그리 녹록한 삶을 살진 않았다. 그것은 모세도 마찬가지이고 다윗도 그렇다. 거의 대부분의 성경 인물들은 현세에서 많은 시련과 고통을 감내해야 했다. 그에 반해서 솔로몬은 평생을 지혜와 부귀와 명예와 영광을 한 몸에 받았다. 하나님을 깜짝 놀라게 할 정도로 감동을 준 솔로몬을 보시고 하나님은 흐뭇해하셨다.

　신약시대에도 예수님에게 감동을 준 사람이 두 명 있다. 예수님께서 큰 믿음의 소유자라고 칭찬하셨다. 바로 가버나움의 백부장과 수로보니게 여인이다. 먼저 자신의 종이 병이 들자 예수님이 직접 오실 필요 없이 말씀만 하시면 낫게 된다는 믿음을 가진 백부장이다. 예수님이 얼마나 감동을 받으셨는지 이렇게 말씀하신다. "예수께서 놀랍게 여겨 내가 진실로 너희에게 이르노니 이스라엘 중 아무에게서도 이만한 믿음을 보지 못하였노라"(마 8:10).

(개역개정) 예수께서 놀랍게 여겨 내가 진실로 너희에게 이르노니 이스라엘 중 아무에게서도 이만한 믿음을 보지 못하였노라.

(개역한글) 예수께서 들으시고 기이히 여겨 좇는 자들에게 이르시되 내가

진실로 너희에게 이르노니 이스라엘 중 아무에게서도 이만한 믿음을 만나보지 못하였노라.

(공동번역) 이 말을 들으신 예수께서는 감탄하시며 오는 사람들에게 이렇게 말씀하셨다. 정말 어떤 이스라엘 사람에게서도 이런 믿음을 본 일이 없다.

(메시지) 예수께서 크게 놀라시며 말씀하셨다. 하나님을 알고 그분이 일하시는 방식을 훤히 알아야 마땅한 이스라엘 백성 중에서도 이렇게 단순한 믿음은 아직 보지 못했다.

(바른) 예수께서 들으시고 놀라시며 따라오는 자들에게 말씀하셨다. 내가 진정으로 너희에게 말한다. 내가 이스라엘 가운데 아무에게서도 이런 믿음을 본 적이 없다.

(새번역) 예수께서 이 말을 들으시고 놀랍게 여기셔서 따라오는 사람들에게 말씀하셨다. 나는 지금까지 이스라엘 사람 가운데서 아무에게서도 이런 믿음을 본 일이 없다.

(새한글) 예수님이 들으시고는 놀랍게 여기셨다. 그리고 따라오는 사람들에게 말씀하셨다. 아멘 여러분에게 말합니다. 이스라엘 가운데 아무한테서도 이처럼 대단한 믿음을 만나 본 적이 없습니다.

(쉬운말) 예수님께서 이 말을 들으시고 놀라시며 따라오던 사람들에게 말씀하셨습니다. 내가 진정으로 말한다. 나는 지금까지 이스라엘에서 이같이 큰 믿음을 가진 사람을 본 적이 없다.

(신세계역) 예수께서 그 말을 들으시고 크게 크게 놀라 자기를 따라오는 사람들에게 말씀하셨다. 여러분에게 진실을 말하는데 나는 이스라엘 가운데 아무에게서도 이렇게 큰 믿음을 본 적이 없습니다.

(우리말) 예수께서 이 말을 듣고 놀랍게 여겨 따라온 사람들에게 말씀하

셨습니다. 내가 진실로 너희에게 말한다. 이스라엘에서도 아직까지 이렇게 큰 믿음을 본 적이 없다.

(조선어) 이 말을 들으신 예수께서는 감탄하여 따라오는 사람들에게 이렇게 말씀하셨다. 지금까지 내가 이스라엘 사람들 가운데서 이런 믿음을 본 일이 없다.

(천주교) 이 말을 들으시고 예수님께서는 감탄하시며 당신을 따르는 이들에게 이르셨다. 내가 진실로 너희에게 말한다. 나는 이스라엘의 그 누구에게서도 이런 믿음을 본 일이 없다.

(킹제임스 흠정) 예수님께서 이 말을 들으시고 놀랍게 여기사 따르는 자들에게 이르시되 진실로 내가 너희에게 이르노니 이스라엘에서 이렇게 큰 믿음을 내가 결코 보지 못하였노라.

(표준새번역) 예수께서 이 말을 들으시고 놀랍게 여기셔서 따라오는 사람들에게 말씀하셨다. 내가 진정으로 너희에게 말한다. 나는 지금까지 이스라엘 사람 가운데서는 아무에게서도 이런 믿음을 본 적이 없다.

(필립스) 예수가 이 말을 듣고 깜짝 놀랐다. 예수는 자신을 따르던 이들에게 이렇게 말했다. 장담하건대 이런 믿음은 이스라엘에서도 보지 못했습니다.

(한글 킹제임스) 예수께서 이 말을 들으시고 놀라워하시며 따르는 사람들에게 말씀하시기를 진실로 내가 너희에게 말하노니 이스라엘 중에서 이처럼 큰 믿음을 본 적이 없노라 하시니라.

(헬라어 직역) 예슈아께서 이 말을 들으시고 놀라시며 따르는 자들에게 말씀하셨다. 아멘 내가 너희에게 말한다. 이스라엘 안에서 이렇게 큰 믿음을 본 적이 결코 없다.

(현대어) 그 백부장의 말에 감탄하신 예수께서는 군중을 향해 이렇게 말

씀하셨다. 이스라엘 온 땅에서 나는 이만한 믿음을 가진 사람을 본 일이 없다.

(현대인) 예수님은 이 말에 놀라시며 따라온 사람들에게 말씀하셨다. 내가 분명히 말하지만 이스라엘 온 땅에서 이만한 믿음을 가진 사람을 만나 보지 못하였다.

(회복역) 예수님께서 들으시고 감탄하셨다. 그리고 따르는 사람들에게 말씀하셨다. 내가 진실로 여러분에게 말합니다. 이스라엘에 있는 그 어떤 사람에게서도 이렇게 큰 믿음을 보지 못하였습니다.

(원문) 이 말을 들으시고 예수님께서는 놀라워하셨고 그를 따르는 자들에게 이렇게 말씀하셨다. "진실로 나는 너희에게 말한다. 나는 이스라엘 사람 가운데서 그 누구에게도 이런 믿음을 본 일이 없다."

본문에 '이만한 믿음'에서 '이만한'은 헬라어로 '토수토스'이며 '매우 많은, 큰, 거대한, 대단한'이라는 뜻이다. 얼마나 예수님이 감탄했는지 깜짝 놀라시며 백부장을 이스라엘 사람 가운데 처음 보는 큰 믿음의 소유자라고 칭찬하셨다. 솔로몬처럼 백부장도 예상치 못한 놀라운 믿음의 고백이 하나님을 감격하게 한다. 우리도 하나님의 마음을 냉수처럼 시원하게 해 드리는 고백을 해 보자. 스바냐의 고백인 너로 말미암아 즐거이 부르며 기뻐하시게 하자(습 3:17). 하나님이 너무 놀라고 기뻐서 웃으며 노래하시는 모습을 안겨드리자.

그러나 기쁨도 잠시 솔로몬은 이방 여인들을 아내로 맞이하면서 우상을 숭배함으로써 치명적인 죄를 짓게 된다. 받은 복에 취해서 교만한 것인지 본인은 이방 여인들과 통혼해도 절대 우상숭배하지 않을 자신이 만만해서였든지 여성 편력에 빠지게 된다. 후궁이 700명이요, 첩이 300명일 정도로 많은 여인들을 거느리면서 솔로몬의 마음이 하나님을 떠나게 된다.

"솔로몬이 마음을 돌려 이스라엘 하나님 여호와를 떠나므로"(왕상 11:9). 하나님에게서 마음이 떠나자 듣는 마음과 넓은 마음은 사라지게 된다. 인간의 약점을 잘 알고 있는 사탄은 이 틈새를 놓치지 않는다. 다윗 때부터 본격적으로 전면에 나섰던 사탄이 솔로몬을 유혹하여 하나님을 돌아서게 한다. 열왕기상 11장은 솔로몬이 타락하는 내용을 기술하고 있는데 그 배후가 사탄임을 드러낸다. 에돔 사람 하닷과 엘리아다의 아들 르손이 대적자로 나타나는데(왕상 11:14, 11:23, 11:25) 한글로는 '대적'으로 번역했지만 히브리어 원어는 '사탄'이다. 사탄이 뒤에서 그들을 조종한 것이다. 받은 복을 잃거나 빼앗기지 않는 게 얼마나 어렵고 중요한지 깨닫는다. 성경에서는 솔로몬이 우상숭배하여 타락한 이야기로 막을 내리기에 과연 회개했느냐 여부가 초미의 관심사이기도 했다. 그러나 말년에 기록한 전도서를 보면 뒤늦게 하나님께로 돌아왔음을 알 수 있다.

34. 너희가 어느 때까지 둘 사이에 머뭇머뭇하려느냐

번역 성경을 읽다 보면 참으로 생동감 있게 전달하는 문장을 발견한다. 단어의 적절한 선택이 독자에게 크게 도움을 주는 경우가 많다. 이 또한 번역의 묘미이기도 하다.

열왕기상에서는 엘리야의 사역도 무시할 수 없다. 엘리야는 선지자의 대표로, 세례요한의 예표로, 에녹과 더불어 유이하게 죽지 않고 승천한 인물로서, 수많은 기적을 일으킨 선지자로 알려져 있다. 모세가 율법을 대표한다면 엘리야는 선지자를 대표한다. 이 두 명은 변화 산성에서 예수님과 만나 대화를 나눔으로써 그 대표성을 드러낸다. 그러나 아무래도 엘리야 하면 갈멜산에서의 바알 제사장들과의 대결이 가장 인상 깊다. 이미 북이스라엘은 우상으로 찌든 상태였고 고독하게 홀로 사역을 감당하는 엘리야를 보게 된다. 바알 제사장들과의 결투를 앞두고 엘리야는 이스라엘 백성에게 하나님과 바알 중에 선택하라고 촉구한다. "너희가 어느 때까지 둘 사이에서 머뭇머뭇하려느냐 여호와가 만일 하나님이면 그를 따르고 바알이 만일 하나님이면 그를 따를지니라"(왕상 18:21).

(개역개정) 너희가 어느 때까지 둘 사이에서 머뭇머뭇하려느냐?

(개역한글) 너희가 어느 때까지 두 사이에서 머뭇머뭇하려느냐?

(공동번역) 여러분은 언제까지 양다리를 걸치고 있을 작정입니까?

(메시지) 여러분은 언제까지 팔짱만 끼고 있을 셈입니까?

(바른) 너희는 언제까지 양쪽 사이에서 머뭇거릴 셈이냐?

(새번역) 여러분은 언제까지 양쪽에 다리를 걸치고 머뭇거리고 있을 것입니까?

(새즈믄) 너희는 언제까지 두 목다리를 짚고 절뚝거리려는가?

(쉬운말) 여러분은 언제까지 바알과 여호와 두 사이에서 머뭇거리고 있으렵니까?

(신세계역) 여러분은 언제까지 다른 두 의견 사이에서 절뚝거리고 있을 것입니까?

(우리말) 너희가 이 둘 사이에서 얼마나 더 머뭇거리겠느냐?

(조선어) 여러분은 언제까지 량다리를 걸치고 있을 작정입니까?

(천주교) 여러분은 언제까지 양다리를 걸치고 절뚝거릴 작정입니까?

(킹제임스 흠정) 너희가 어느 때까지 두 의견 사이에서 머뭇거리려느냐?

(표준새번역) 여러분은 언제까지 양쪽에 다리를 걸치고 머뭇거리고 있을 것입니까?

(한글 킹제임스) 너희가 얼마나 더 두 의견 사이에서 지체하려느냐?

(현대어) 여러분은 언제까지 이리저리 흔들릴 작정입니까?

(현대인) 당신들은 언제까지 마음을 정하지 못하고 망설이고 있을 작정이오?

(히브리어 직역) 언제까지 당신들은 두 개의 목발 사이에서 절뚝거리고 있을 것이오?

(원문) 여러분은 언제까지 두 개의 다른 의견들 사이에서 절뚝거리고 있으려고 하십니까?

본문에서 '머뭇머뭇하다'는 히브리어 '파싸흐'로써 '주저하다, 절뚝거리다'라는 뜻이다. 하나님과 바알 사이에서 갈팡질팡하느냐는 질책이다.

'머뭇거리다'의 사전적 정의는 '일이나 행동 따위를 선뜻 결단하여 행하지 못하고 자꾸 망설이다'는 것이다. 한글 번역에서 머뭇머뭇을 두 번 반복함으로써 멈칫거리는 생생한 행태를 잘 그리고 있다. 엘리야가 지적한 것은 양다리 신앙이다. 실제로 이스라엘 백성은 하나님도 섬기지만 바알도 섬긴다는 것이다.

하나님을 떠나는 우상숭배도 문제지만 더 교묘한 우상숭배는 하나님도 섬기면서 우상신도 섬기는 것이다. 이미 솔로몬을 통해서 이 혼합신앙의 위험성을 보았다. 솔로몬이 하나님을 안 믿은 것이 문제가 아니라 다른 우상도 허용했다는 것이 심각한 결과를 초래한다는 것이다. 북이스라엘이 앗수르에 멸망당하고 사마리아에 이방인들이 거주하면서 기묘한 혼합신앙이 퍼졌다. 자기들이 들여온 우상도 섬기면서 동시에 하나님을 섬겼기 때문이다. "이와 같이 그들이 여호와도 경외하고 또한 어디서부터 옮겨왔든지 그 민족의 풍속대로 자기의 신들도 섬겼더라"(왕하 17:33). 이들은 비록 우상을 섬겼지만 동시에 하나님도 믿었다. 그러면 믿음이 있는 것인가? 없는 것인가? 혼합신앙은 본인의 신앙이 문제가 되지 않는다고 생각한다. 왜? 하나님을 믿고 있기 때문이다. 비록 우상도 섬기지만 하나님을 믿으니 문제가 없다는 식이다.

예수님이 말씀하셨다. "주여 주여 하는 자마다 다 천국에 들어 갈 것이 아니요"(마 7:21). 주님이라고 부르고 있기에 주님을 섬기고 있기에 천국에 들어갈 수 있다고 착각하지 말라는 것이다. 주님도 섬기면서 다른 신을 섬긴다면 그것은 불신앙보다 더 악한 것이다. 본인은 하나님의 신앙을 가지고 있다고 믿기 때문에 회개할 기회조차 없다. 기독교는 근본적으로 배타적이다. 하나님 외에는 다른 신은 없다. 유일신 사상이기에 아무리 하나님을 믿어도 동시에 다른 신을 믿는다면 그것은 하나님을 멸시하고 업신여기는 중차대한 죄요 악이다.

오늘날 신앙을 오염시키는 대표적인 것이 종교 다원주의이다. 그것은 모든 종교는 동등하며 그 나름대로 종교적인 진리가 있다는 태도이다. 어디서 많이 본 것 같지 않은가? 이미 엘리야가 지적하고 사마리아에서 싹튼 혼합신앙과 결을 같이한다. 종교 간의 대화니 예수만이 구원이 있는 것이 아니라는 둥 모로 가도 서울만 가면 되듯이 종교는 추구한 목표가 같다는 둥 혼합신앙을 설파하고 있다. 외골수적인 기독교는 시대에 맞지 않는 닫힌 사고방식이라고 비판하며 왜곡한다. 다른 종교도 품으라는 것이다. 물론 모든 사람과 화평하고 서로 사랑하며 지내야 한다. 믿지 않는 불신자라 할지라도 무조건 배척할 필요는 없다. 엄연히 그들도 구원의 대상이기에 잘 지내야 한다. 그러나 신앙을 팔아먹으면서까지 유대 관계를 형성하라는 것이 아니다. 하나님 외에 다른 신은 없다는 절대 유일신 믿음을 포기하면서까지 교제하라는 것이 아니다. 이웃과의 좋은 관계를 유지하기 위해서 서로 양보하고 타협해야 한다. 그러나 신앙의 본질적인 부분은 절대 용납해서는 안 된다. 절대 배타적이어야 한다. 하나님 외에는 다른 신은 없다. 17세기 신학자인 루터퍼스 멜데니우스가 외쳤다. "본질적인 것에는 일치를, 비본질적인 것에는 자유를, 그리고 모든 것에는 사랑을." 이웃을 사랑하며 비본질적인 부분들은 양보하고 타협하라. 그러나 본질적인 유일신 사상은 양보와 타협의 대상이 아니다.

지금도 엘리야의 생생한 목소리가 우리 귀에 들려온다. 너희가 언제까지 머뭇머뭇하겠느냐? 하나님이냐? 다른 신이냐? 둘 다는 없다. 하나만 선택하라.

열왕기하

35. 암곰 둘이 나와서 아이들 중의 사십이 명을 찢었더라

때로는 번역할 때 적절한 단어를 선택하지 못해서 문장 내용을 오해하게 만드는 경우가 있다. 번역에 있어서 적합한 단어를 신중하게 고르는 게 얼마나 중요한지 깨닫게 된다.

열왕기하는 북이스라엘과 남유다의 멸망을 다룬다. 하나님을 불순종하고 저버린 자들의 징계와 심판을 묘사한다. 등장하는 왕들마다 족족 우상을 숭배하고 타락한 모습은 심판이 임하기 전의 우울하고 암울한 스토리로 꽉 차 있다. 그 중 북이스라엘의 신앙회복을 위해 사력을 다한 엘리사 선지자를 빼놓을 수 없다. 그런데 엘리사의 사역 중에서 받아들이기 힘든 사건이 하나 있다. 엘리사를 대머리라고 놀린 아이들을 저주해서 무려 42명이나 암곰에게 물려 죽는 사건이다. 아무리 주의 종을 비방하는 것이 악한 짓거리라 해도 아이들을 대량 학살한 기사는 눈살을 찌푸리게 한다. 열왕기하 2장 23절을 살펴보자. "엘리사가 거기서 벧엘로 올라가더니 그가 길에서 올라갈 때에 작은 아이들이 성읍에서 나와 그를 조롱하여 이르되 대머리여 올라가라 대머리여 올라가라 하는지라."

> (개역개정) 작은 아이들이 성읍에서 나와 그를 조롱하여 이르되 대머리여 올라가라 대머리여 올라가라 하는지라.
> (개역한글) 젊은 아이들이 성에서 나와서 저를 조롱하여 가로되 대머리여 올라가라 대머리여 올라가라 하는지라.

(공동번역) 아이들이 성에서 나와서 대머리야 꺼져라 대머리야 꺼져라 하며 놀려대었다.

(메시지) 어린아이들이 성읍에서 나와 어이 대머리 늙은이야 저리 꺼져라 대머리야 하며 그를 조롱했다.

(바른) 어린아이들이 그 성에서 나와 말하기를 대머리야 올라가라 대머리야 올라가라 하며 그를 놀려대므로

(새번역) 어린아이들이 성읍에서 나와 그를 보고 대머리야 꺼져라 대머리야 꺼져라 하고 놀려댔다.

(새즈믄) 성읍에서 소년들이 나타나 대머리가 지나간다 대머리가 지나간다 하며 엘리사를 놀려댔다.

(쉬운말) 어린아이들이 성에서 나와 엘리사를 놀려대며 말했습니다. 가거라 이 대머리야 가거라 이 대머리야.

(신세계역) 그 도시에서 나온 작은 소년들이 그를 조롱하며 그를 향하여 대머리야 올라가라 대머리야 올라가라 하고 계속 말하였다.

(우리말) 젊은 아이들 몇몇이 성에서 나와 엘리사를 놀려 대며 말했습니다. 대머리야 올라가거라 대머리야 올라가거라.

(조선어) 아이들이 성에서 나와서 대머리야 꺼져라 대머리야 꺼져라 하며 놀려대였다.

(천주교) 어린아이들이 성읍에서 나와 대머리야 올라가라 대머리야 올라가라 하며 그를 놀려댔다.

(킹제임스 흠정) 길에서 올라갈 때에 어린아이들이 도시에서 나와 그를 조롱하여 이르되 대머리여 올라가라 대머리여 올라가라 하므로

(표준새번역) 어린아이들이 성읍에서 나와 그를 보고 대머리야 꺼져라 대머리야 꺼져라 하고 놀려댔다.

(한글 킹제임스) 성읍에서 어린아이들이 나와서 그를 조롱하며 말하기를 대머리야 올라가라 대머리야 올라가라 하는지라.

(현대어) 성읍 밖으로 나와서 놀던 아이들이 그를 뒤쫓아오면서 조롱하였다. 대머리야 더 빨리 가라 대머리야 더 빨리 가라.

(현대인) 성에서 아이들이 나와 그를 조롱하며 대머리야 꺼져라 대머리야 꺼져라 하고 소리를 질러댔다.

(히브리어 직역) 어린아이들이 그 성에서 나와 그를 놀리며 말했다. 대머리야 올라가라 대머리야 올라가라.

(원문) 그가 벧엘로 올라가는 길에서 어린아이들이 성읍에서 나와 그를 보면서 "대머리야! 올라가라, 대머리야! 올라가라" 하면서 그를 놀려댔다.

먼저 이 구절에서 문제가 되는 단어는 작은 아이들이다. 다른 성경에서도 어린아이들, 아이들, 또는 소년들로 번역함으로써 어린이로 오해할 소지가 다분하다. 그런데 히브리어 원어는 '나아르'인데 유년기에서 청년기까지의 청소년을 이르는 말인데 주로 젊은이 또는 청년으로 사용된다. 엘리사의 사환 게하시(왕하 4:12)에서 사환 즉 하인이 히브리어 '나아르'이다. 또 그 청년(왕하 6:17)에서 청년은 히브리어 '나아르'이다. '나아르'는 어린아이보다는 청년을 지칭한다는 것을 알 수 있다. 개역한글 성경이나 우리말 성경이 정확하게 번역을 옮겼다고 할 수 있다.

그리고 본문의 청년들이 벧엘 성읍에서 나왔다고 했다. 벧엘이 어떤 곳인가? 여로보암이 북이스라엘을 세우면서 예루살렘에 예배하러 가는 것을 막기 위해 벧엘과 단에 금송아지 우상을 설치하고 절기도 마음대로 정하고 일반인 제사장들을 고용해서 제사를 지내고 있던 우상숭배지이다. 엘리사 시대에는 벧엘은 이미 우상의 근거지로 전락했다. 호세아 선지자는 벧엘을 '벧아웬'으로 부르며 벧아웬으로 올라가서 제사하지 말라고 경고했다(호 4:15). '벧아웬'은 '악인의 집 또는 우상의 집'이라는 별칭이다. 이미 벧엘은 우상의 집이다. 아모스 선지서는 하나님께서 벧엘의 제단들을 벌주신다고(암 3:15) 예언했다.

실제로 훗날 요시야왕이 벧엘 제단을 완전히 파괴한다. "벧엘에 세운 제단과 산당을 왕이 헐고 또 그 산당을 불사르고 빻아서 가루를 만들며 또 아세라 목상을 불살랐더라"(왕하 23:15). 본문에서 청년들이 벧엘에서 나와서 엘리사를 조롱했다는 것은 엘리사가 어떤 선지자인지를 알고 있다는 것이다. 엘리야가 850명이나 되는 바알과 아세라 제사장들을 갈멜산에서 죽였고 그 제자인 엘리사도 우상숭배자를 척결한다는 것을 알고 있었다. 벧엘에서 나와 엘리사를 조롱한 젊은이들은 바알과 아세라 우상을 섬기거나 벧엘 제사장 견습생으로 엘리야와 엘리사에게 반감과 적대감을 가지고 있었다. 마침 엘리사가 벧엘로 올라가자 벧엘의 견습생이던 청년들은 집단으로 모여서 엘리사에게 악담과 저주를 퍼붓는 장면이다. 엘리야가 승천한 이후에 '엘리사 너도 하늘로 올라가 버려라 내지는 사라져 버려라'라고 대적하는 것이다. 그러므로 이 장면은 선지자에게 조롱하는 어린이들을 죽이는 것이 아니라 조직적으로 하나님께 대적하고 주의 종을 멸시하는 우상숭배자들을 하나님께서 심판하시는 내용이다.

번역하는 단어를 신중히 선택하지 않으면 오해를 불러일으킨다. 주의 종을 조롱했다고 어린아이들 42명을 멸절시킨 잔인한 하나님이 되어 버린 것이다. 본문은 엘리야에게 대적한 850명의 우상숭배자를 진멸시킨 것처럼 엘리사에게 집단적으로 대적하는 우상숭배자를 심판하시는 제2의 갈멜사건으로 기록될 만하다.

36. 매인 자도 없고 놓인 자도 없고

이번 구절은 문맥상 뜻이 전달되지 않는 경우를 보려 한다. 다양한 해석이 가능한 문장이라는 것이다. 열왕기하 14장 26절이다. "이는 여호와께서 이스라엘의 고난이 심하여 매인 자도 없고 놓인 자도 없고 이스라엘을 도울 자도 없음을 보셨고." 여기서 '매인 자와 놓인 자'의 의미가 불분명하다. 여러 가지의 해석이 가능하기 때문이다. 다른 번역을 살펴보자.

(개역개정) 이는 여호와께서 이스라엘의 고난이 심하여 매인 자도 없고 놓인 자도 없고 이스라엘을 도울 자도 없음을 보셨고

(개역한글) 이는 여호와께서 이스라엘의 고난이 심하여 매인 자도 없고 놓인 자도 없고 이스라엘을 도울 자도 없음을 보셨고

(공동번역) 이스라엘의 고생이 막심한 것을 야훼께서 눈여겨보셨던 것이다. 이스라엘 백성은 종이나 자유인이나 할 것없이 고생하고 있으며 도와줄 이도 없었다.

(메시지) 하나님께서는 이스라엘의 괴로움을 그 쓰라린 시련을 다 아셨다. 종이든 일반 백성이든 예외가 없었고 구원의 희망은 어느 곳에도 보이지 않았다.

(바른) 이는 여호와께서 이스라엘의 고난이 매우 심하여 매인 자나 놓인 자가 끊어졌고 이스라엘을 도울 자도 없는 것을 보셨고

(새번역) 주님께서 이스라엘의 고난이 너무 심하여 매인 사람이나 자유로

운 사람이나 할 것 없이 한 사람도 남아있지 않아 이스라엘을 돕는 사람이라고는 아무도 없는 것을 보셨다.

(새즈믄) 실로 여호와는 이스라엘에 어려움이 막심함을 보셨으니 이스라엘에는 매인 자도 놓인 자도 돕는 자도 없었다.

(쉬운말) 여호와께서는 모든 이스라엘 백성이 큰 고통을 당하는 것을 보셨습니다. 이스라엘에 종이나 자유자나 남아있는 사람이 없었으며 도와줄 사람은 단 한 명도 남지 않았습니다.

(신세계역) 여호와께서 이스라엘의 몹시 심한 괴로움을 보셨기 때문이니 무력한 자도 무가치한 자도 없었고 이스라엘을 돕는 자도 없었다.

(우리말) 여호와께서 이스라엘의 고통이 얼마나 심한지 보신 것입니다. 종이나 자유인이나 이스라엘을 돕는 사람이 없었습니다.

(조선어) 이스라엘의 고생이 막심한 것을 여호와께서 눈여겨보셨던 것이다. 이스라엘 백성은 종이나 자유인이나 할 것 없이 고생하고 있으며 도와줄 이도 없었다.

(천주교) 종이든 자유인이든 이스라엘을 도와주는 이 없이, 그들이 매우 쓰라리게 고생하는 것을 주님께서 보셨던 것이다.

(킹제임스 흠정) 이는 주께서 이스라엘의 고난이 매우 심하여 갇힌 자도 없고 남은 자도 없고 이스라엘을 도울 자도 없음을 보셨음이라.

(표준새번역) 주께서는 이스라엘의 고난이 너무 심하여 매인 사람이나 자유로운 사람이나 할 것 없이 한 사람도 남아있지 않아 이스라엘을 돕는 사람이라고는 아무도 없는 것을 보셨다.

(한글 킹제임스) 이는 주께서 이스라엘의 고통이 매우 심한 것을 보셨기 때문이니 누구 하나 닫을 자가 없고 남아있는 자도 없으며 이스라엘을 위하여 돕는 자도 없음이었더라.

(현대어) 그 당시 이스라엘은 완전히 멸망할 위기에 이르러 온 백성이 모두 죽게 되었으나 그들을 도와줄 사람이 아무도 없었다.

(현대인) 여호와께서는 모든 이스라엘 사람들이 고통당하는 것과 그들을 도와줄 자가 없는 것을 보시고

(히브리어 직역) 참으로 여호와께서 이스라엘의 괴로움이 매우 심한데도 매인 자나 풀린 자나 이스라엘을 도울 자가 없음을 보셨다.

(원문) 여호와께서는 이스라엘이 심하게 고생하고 있지만 매인 사람이나 놓임 받은 사람이나 이스라엘을 도와줄 사람이 아무도 없는 것을 보셨다.

먼저 본문에서 '매인 자'는 히브리어 '아짜르'로 '묶다, 억제하다'이고, '놓인 자'는 히브리어 '아자브'로 '늦추다, 떨어지다'에서 파생된 것이다. '매인 자'는 '갇힌 자, 종'으로 번역이 가능하고, '놓인 자'는 '남은 자, 풀린 자, 자유인' 등이 가능하다. 해석은 세 가지가 가능하다. 첫째, 종이든 자유인이든 남아 있는 자가 없다는 것과 둘째, 종이든 자유인이든 모두 고생하고 있다는 것, 그리고 셋째로, 종이든 자유인이든 도와줄 사람이 없다는 것이다. 의미는 전달이 되나 번역이 제각각인 문장이기도 하다. 본문은 죄악에 물든 이스라엘이지만 무기력한 그들을 불쌍히 여기시고 도와주시는 하나님의 마음을 보여 주기도 한다. 악한 왕인 여로보암 2세가 다스릴지라도 당장 구원의 여망이 안 보이고 멸절당할 위기에 몰린 이스라엘을 위해서 영토를 회복시켜서 회개의 기회를 연장해 주신 것이다.

실제 역사적으로 여로보암 2세가 통치할 때가 북이스라엘 역사에서 가장 번성한 시대이기도 했다. 영토도 확장했고 경제적으로도 번성했다. 어쩌면 하나님이 베푸신 마지막 기회였지만 북이스라엘은 끝내 돌아오지 않았다. 여로보암 2세 이후 왕들이 모반을 일삼으면서 왕조가 여러 차

레 바뀌다가 불과 50년도 안 되어서 앗수르에게 멸망당하고 북이스라엘
은 역사 속에서 사라진다.

37. 율법 책을 발견하였노라

열왕기서는 북이스라엘과 남유다 왕국의 왕들의 행적을 교차적으로 보여 준다. 북이스라엘이 BC 721년에 앗수르에 정복당하고 남유다는 BC 586년에 바벨론에 멸망하기까지의 역사를 통해 하나님을 버리고 우상숭배한 이스라엘의 결국을 보여 준다. 수많은 왕들이 교체되면서 하나님의 거룩한 백성은 철저히 신앙을 내동댕이쳐 버렸고 하나님의 성전은 유린당했다. 악한 왕들이 넘치는 중에서도 몇몇 선한 왕들은 신앙을 개혁하고 유지하려 애썼다. 남유다 왕국의 3대 선왕인 여호사밧, 히스기야, 요시야가 그들이다. 얼마나 시대의 신앙이 타락했는지를 상징하는 사건이 요시야 때 발생한다. 요시야가 성전을 수리하다가 율법 책을 발견한다. 열왕기하 22장 8절을 보자. "대제사장 힐기야가 서기관 사반에게 이르되 내가 여호와의 성전에서 율법 책을 발견하였노라 하고 힐기야가 그 책을 사반에게 주니 사반이 읽으니라."

> (개역개정) 내가 여호와의 성전에서 율법 책을 발견하였노라.
> (개역한글) 내가 여호와의 성전에서 율법 책을 발견하였노라.
> (공동번역) 야훼의 전에서 법전을 찾았다.
> (메시지) 내가 방금 하나님의 길을 일러주는 하나님의 계시의 책을 발견했습니다.
> (바른) 내가 여호와의 전에서 율법 책을 발견했다.

(새번역) 주님의 성전에서 율법책을 발견하였다.

(새즈믄) 내가 여호와의 성전에서 율법서를 발견하였다.

(쉬운말) 내가 여호와의 성전에서 율법 책을 발견했소.

(신세계역) 이 율법 책을 내가 여호와의 집에서 발견하였습니다.

(우리말) 내가 여호와의 성전에서 율법 책을 발견했습니다.

(조선어) 여호와의 전에서 법전을 찾았다.

(천주교) 내가 주님의 성전에서 율법서를 발견하였소.

(킹제임스 흠정) 내가 주의 집에서 율법 책을 발견하였노라.

(표준새번역) 주의 성전에서 율법책을 발견하였다.

(한글 킹제임스) 내가 주의 전에서 율법 책을 발견하였노라.

(현대어) 성전에서 여호와의 율법책이 발견되었습니다.

(현대인) 내가 성전에서 여호와의 율법 책을 발견하였습니다.

(히브리어 직역) 토라 책을 내가 여호와의 집에서 발견했습니다.

(원문) "내가 여호와의 성전에서 율법 책을 발견하였소"

본문에서 율법 책은 히브리어 '토라'로써 모세오경을 말한다. 성전에서 잃어버린 율법 책이 발견되었다는 것은 그동안 율법 없이, 율법의 내용도 모르고 제사를 지냈다는 것이다. 그만큼 우상숭배에 찌들었다는 방증이지만 율법 없는 형식적인 제사를 오랫동안 지켜 왔다는 것이다. 하나님은 이 같은 타락을 예상하시고 모세오경 특히 신명기를 통해 쉐마교육을 실시해서 율법을 자녀에게 가르치고, 집에 앉을 때든지, 길을 갈 때든지, 누워있을 때든지, 일어날 때든지 언제나 묵상하고 손목에 기호를 삼고 미간에 붙여 표로 삼으라고 명령하셨다(신 6:4-9). 다윗도 주의 율법을 주야로 묵상하라고 했다(시 1:2).

다윗 이후 이러한 율법 교육은 사라지고 말았다. 말씀 없는 시대가 도래한 것이다. 형식적인 제사만 남았다. 특히 하나님은 왕들에게 늘 율법 책을 옆에 두고 읽으라고 명령하셨다. "그가 왕위에 오르거든 이 율법서의 등사본을 레위 사람 제사장 앞에서 책에 기록하여 평생에 자기 옆에 두고 읽어 그의 하나님 여호와 경외하기를 배우며 이 율법의 모든 말과 이 규례를 지켜 행할 것이라"(신 17:18-19). 이 명령도 유명무실하게 되었다. 요시야가 율법 책을 발견한 후 율법의 내용을 처음 알게 된 것이 그 근거이다. 요시야 이전까지 왕들 옆에 있어야 할 율법 책이 존재하지 않았다는 것이다. 또 모세는 율법 책을 언약궤 곁에 두라고 지시했다. "이 율법 책을 가져다가 너희 하나님 여호와의 언약궤 곁에 두고"(신 31:26). 지성소안 언약궤 옆에 있어야 할 율법 책이 어느 날 사라졌다가 대제사장 힐기야가 발견하고 요시야에게 보고한 것이다.

언약궤 옆에 있어야 할 율법 책은 왜 사라지게 된 것일까? 아마도 선왕인 히스기야 때까지는 존재했었을 것이다. 그러다 히스기야 이후 악한 왕인 므낫세와 아몬이 율법 책을 폐기할까 두려워했던 일부 제사장이 숨겨 놓은 것으로 추정한다. 므낫세의 치리 기간인 55년과 아몬의 치리 기간인 2년 총 57년에다 요시야 치리 18년째 발견했으니까 약 75년 동안 성전에서 율법 책은 사라지고 없었다는 말이 된다. 요시야는 율법 책을 읽고 거기에 예언된 온갖 저주의 말씀에 충격을 받고 개혁을 단행한다. 온 백성에게 율법의 말씀을 들려주고 모든 우상을 타파하고 율법에 명시된 대로 유월절을 지킨다. 얼마나 율법대로 정확히 지켰는지 사사시대 이후에 이렇게 하나님의 규례대로 유월절을 지킨 적이 없다고 기록하고 있다. "사사가 이스라엘을 다스리던 시대부터 이스라엘 여러 왕의 시대와 유다 여러 왕의 시대에 이렇게 유월절을 지킨 일이 없었더니"(왕하

23:22). 모세의 율법을 철저히 실천한 왕은 요시야가 전무후무했다고 성경은 평가한다. "요시야와 같이 마음을 다하며 뜻을 다하며 힘을 다하여 모세의 모든 율법을 따라 여호와께로 돌이킨 왕은 요시야 전에도 없었고 후에도 그와 같은 자가 없었더라"(왕하 23:25).

그럼에도 불구하고 요시야도 자녀교육만큼은 실패했다. 1세대가 지나기도 전에 그의 아들들인 여호아하스, 여호야김, 시드기야가 차례로 왕위를 물려받다가 결국 바벨론에 멸망한다. 처절한 종교개혁을 단행해서 하나님의 마음을 설레게 했던 요시야지만 불과 1세대 만에 하나님을 버리고 우상숭배로 돌아서게 되어 하나님의 준엄한 심판을 피하지 못한다. 앞에서 언급한 대로 하나님은 자녀교육의 중요성을 쉐마를 통해 명령하셨다. 열왕기서는 다윗의 길을 따르고 여로보암이나 아합의 길을 따르지 말 것을 여러 차례 반복한다. 다음 세대까지 신앙이 전수되기가 어렵다는 것이다. 하나님은 아브라함과 이삭과 야곱의 하나님이라 불린다. 예수님은 이 뜻을 단지 조상들의 하나님을 지칭하는 것이 아니라 지금도 살아 계셔서 역사하시는 하나님임을 설명하셨다. 과거의 죽은 조상들의 하나님이 아니라 조상들은 부활하여 지금도 살아서 하나님과 함께 하시기에 영원하신 살아 계신 하나님이시다. 그러나 다른 의미로 3대 신앙의 중요성을 강조한다고 생각한다. 사실 3대만 신앙이 전수되어도 그 집안은 복된 가족이다. 아브라함, 이삭, 야곱의 3대 신앙은 결국 4대 요셉에 가서는 여호와 복이 넘쳐났다. 여호와의 복이 그가 머무는 집마다 부어졌고 하는 일마다 만사형통했다. 반면에 열왕기서에서는 3대 선왕들마저도 신앙 전수에 실패했음을 보여 준다. 여호사밧의 아들 여호람은 바알 숭배자인 이세벨의 딸인 아달랴와 혼인하여 적극적인 우상숭배자가 되었고 형제들을 모두 살해한 악한 왕이었다. 히스기야의 아들인 므낫세는 성전에 우상 제단을 설치하고 이사야 선지자를 톱으로 죽이는 등의 철저한 우상숭배자였다. 요시야의 아들들인 여호아하스, 여호야김, 시드기야도 우상숭배와 선지자들을 핍박하다 바벨론에 의해 나라가 망하고 포로로 끌려가는 신세가 되었다. 역대 선왕들조차도 3대는커녕 2대도 유지 못 하는 신앙 전수의 실패는 자녀교육의 중요성을 시사한다.

성경 전체적으로도 3대 신앙을 유지한 것은 아브라함, 이삭, 야곱 이외에 디모데 정도가 손꼽힐 정도이다. 외할머니 로이스와 어머니 유니게의 신앙을 전수한 디모데는 바울이 아들처럼 사랑했던 순수하고 경건한 교회지도자 였다. 3대 신앙의 중요성은 말씀을 권면하는 데에서 잘 나타난다. 사도 요한은 '아비들아, 청년들아, 아이들아' 하면서 3대를 언급해서 권면했고(요일 2:12-14), 요엘 선지자도 늙은 자들은 자녀에게 그 자녀는 후세에게 말씀을 전하라고 권하였다. 늙은 자들아 너희는 들을지어다… 너희는 이 일을 너희 자녀에게 말하고…그 자녀는 후세에 말할 것이니라 (욜 1:2-3). 3대를 전수하라는 권고이다. 요엘은 성령이 만민에게 부어질 것을 예언하면서 자녀들, 늙은이, 젊은이 3대를 언급했다(욜 2:28).

최근에 목회데이터연구소가 명목상 이름뿐인 그리스도인이라는 조사 결과를 발표했다. 기독교인 4명 중 1명이 명목상 크리스천이고 이들 중 절반 이상이 구원의 확신도 없다고 답했다. 이 조사에 대해 김선일 교수는 기독교를 받아 들인지 3세대를 거쳐 4세대에 이르면 명목상 기독교인들이 널리 분포되는 탈기독교화 현상이 가속화된다고 분석했다. 한국교회의 암울한 전망을 받아들이면서 남은 신앙인들만이라도 신앙 전수 교육에 목숨을 걸어야 한다. 교회마다 노령화로 인하여 노인들만 남은 교회가 늘어가고 있다. 문제는 노령화가 아니다. 신앙이 전수되지 않아 아이들과 젊은이들이 교회에서 찾아보기가 힘들어지고 교회학교가 문을 닫는 교회가 즐비하다. 다음 세대에는 과연 교회가 유지될는지 낙관적으로 보기는 어렵다. 지금이라도 남은 자들이 자녀들의 신앙교육에 몰두해야 한다. 안타까운 한국교회의 현실을 보면서 아브라함과 이삭과 야곱의 하나님을 더욱 부르짖게 된다. 말씀 없는 형식적인 예배가 판쳤던 열왕기의 시대가 바로 오늘날의 우리 모습이다.

역대상

38. 느디님 사람들

바벨론 포로 귀환 때 이스라엘로 돌아와 정착한 사람 중에 느디님이라는 집단이 눈길을 끈다. 역대상에 처음 소개되는 이들을 주목해 보자. 역대상 9장 2절이다. "그들의 땅 안에 있는 성읍에 처음으로 거주한 이스라엘 사람들은 제사장들과 레위 사람들과 느디님 사람들이라."

(개역개정) 이스라엘 사람들은 제사장들과 레위 사람들과 느디님 사람들이라.

(개역한글) 이스라엘 제사장들과 레위 사람과 느디님 사람들이라.

(공동번역) 이스라엘 일반민 일부와 사제들과 레위인들과 성전의 막일군들이었다.

(메시지) 이스라엘 사람은 제사장과 레위인과 성전 봉사자들이었다

(바른) 이스라엘 제사장들과 레위 사람과 느디님 사람들이었다.

(새번역) 이스라엘 사람과 제사장과 레위 사람과 성전 막일꾼들이다.

(새즈믄) 이스라엘 사람들과 제사장과 레위인 및 성전의 종복 노릇을 하였다.

(쉬운말) 이스라엘 제사장들과 레위 사람들과 성전에 있던 종들이었습니다.

(신세계역) 이스라엘 사람들 제사장들 레위 사람들 느디님이었다

(우리말) 몇몇 이스라엘 제사장들과 레위 사람들과 느디님 사람들이었습니다.

(조선어) 이스라엘 백성 일부와 제사장들과 레위 사람들과 성전의 막일군들이었다.

(천주교) 이스라엘 백성과 사제들과 레위인들과 성전 막일꾼들이다.

(킹제임스 흠정) 이스라엘 사람들과 제사장들과 레위 사람들과 느디님 사람들이라.

(표준새번역) 이스라엘 사람과 제사장과 레위 사람과 성전 막일꾼들이다.

(한글 킹제임스) 이스라엘인들과 제사장들과 레위인들과 느디님인들이었더라.

(현대어) 제사장들이 레위 사람들과 성전 막일꾼들과

(현대인) 일부 이스라엘 사람들 제사장들 레위 사람들 그리고 성전 봉사자들이었다.

(히브리어 직역) 이스라엘 사람들과 제사장들과 레뷔인들과 성전 막일꾼들이었고

(원문) 이스라엘 사람들과 제사장들과 성전 일꾼들이다.

'느디님(네투님)'은 '주다'라는 뜻의 히브리어 '나탄'에서 파생된 말로 직역하면 '주어진 자들'인데 성전 봉사를 하는 사람을 일컫는다. 원래는 제사장을 도와 성전에서 봉사를 하는 레위 사람을 지칭했다. 성경에서 '온전히 맡겨진 자들'(민 3:9)로 번역했다. 이들이 '느디님(네투님)'이다. 즉 느디님은 포로 귀환 전부터 성전 봉사자를 지칭하여 사용하던 용어였다. 그런데 레위인 이외에 이방인 전쟁포로들 중에서 뽑힌 성전에서 막일하는 노예들이 생기면서 주로 이들을 지칭하는 용어로 사용하게 된다. 그래서 성전 막일꾼, 성전 봉사자들, 종들이라고 번역했다. 성전 노예들의 기원은 이방인 전쟁포로들 중에서 강제로 성전에서 노역시킨 것에서 유

래한다. 이들의 후손이 대대로 성전에서 거룩한 일을 하는 집단으로 인정되어 바벨론 포로 귀환 후에는 제사장, 레위인들과 성전사역에 힘쓰는 중요한 사람들이 되었다. 전쟁포로에서 성전 사역자로 탈바꿈한 하나님의 은혜를 받은 사람들이다. 이는 죄인이 구원받아 의인이 되고 지옥 백성이 변하여 천국 백성이 되고 멸망 받을 사람이 하나님 나라의 백성이 되는 구원의 예표를 가장 잘 보여 주는 대표적인 사람들이다.

여호수아가 정복 전쟁을 수행하던 중 기브온 족속이 먼 나라에서 온 것처럼 속여서 화친을 맺어 멸망을 모면하지만 대신에 대대손손 성전의 노예가 되어 봉사하게 된다. "그러므로 너희가 저주를 받나니 대를 이어 종이 되어 다 내 하나님의 집을 위하여 나무를 패며 물을 긷는 자가 되리라"(수 9:23). 또 모세가 미디안 족속을 진멸하고 포로로 사로잡은 사람들 1만 6천 명 중에서 32명을 성전 노예로 바친다. "사람이 만 육천 명이라 그 중에서 여호와께 공물로 드린 자가 삼십이 명이니"(민 31:40). 이와 같이 전쟁포로들 중에서 일부 사람을 뽑아서 성전의 노예로 부렸다. 이들이 느디님 사람들이다.

기브온 족속과 관련하여 한 가지 사건을 기억해야 한다. 다윗의 시대에 3년이나 지속되는 기근이 있었다(삼하 21:1). 그 원인을 알아보니 하나님께서 사울 왕이 기브온 사람들을 학살한 이유 때문이라고 알려 주셨다. 비록 기브온 사람들은 가나안 족속으로 거짓으로 속였을지라도 화친을 맺은 관계이기에 진멸할 수 없었다. 그러나 사울이 이스라엘에 자신의 열심을 보여 주기 위해 대대적인 학살을 감행했다(삼하 21:2). 그런데 놀라운 사실은 사울 자신이 기브온 족속 출신이라는 것이다(대상 9:35-39). 기브온의 조상이 여히엘이고 사울은 여히엘의 후손이다. 사울은 베냐민 지파 출신으로 알려졌지만 기브온의 조상 여이엘이 베냐민 지파 구역에 살게 되면서 베냐민 지파에 편입하게 된 것이다. 결국 사울이 왕이 되면서 자신의 출신 성분을 희석시키고자 동족인 기브온 사람들을 멸망 시키려 했던 것이다. 하나님께서는 맹세로 조약한 것을 어기는 것도 문제를 삼았지만 더 악한 것은 자신의 명예와 출세를 위하여 자신의 동족을 멸살시키려 한 사실을 간과하지 않으신 것이다. 이런 이유로 사울의 자손 7명을 속죄 제물로 바친 후에야 기근에서 벗어날 수 있었다. 성전에서 봉사를 감당했던 기브온 사람들이 사울이 시도한 진멸의 위기를 극복하고 포로 귀환 후에 성전의 거룩한 일을 감당하는 자로 인정받은 것은 주의 일을 수고한 자를 절대 잊지 않으시는 하나님의 보호하심과 보상이 있기 때문이다.

39. 3년 기근 vs 7년 기근? 157만 vs 130만?
600세겔 vs 50세겔?

이번에는 숫자의 진실에 관한 것이다. 사무엘하와 역대상에 기록된 동일한 사건에 대해서 숫자를 다르게 묘사했다. 이것은 성경의 신빙성과 관련된 문제이기에 아주 중요하다. 사무엘하에서는 하나님의 징계로써 기근을 7년으로 서술하지만 역대상에서는 3년으로 기록했다. 사무엘하에서는 다윗의 군대 수를 130만으로 역대하에서는 157만으로 기록했다. 그리고 아라우나 타작마당의 구입 가격을 사무엘하에서는 50세겔로 반면에 역대상에서는 600세겔에 구입한 것으로 기록했다. 단순히 기록의 오류인가? 아니면 다른 의미가 있는 것일까?

일점일획도 틀림이 없는 성경으로 믿는다면 단순히 기록자의 오류로 치부하기에는 그 권위가 너무 손상된다. 철저한 규명이 필요하다.

먼저, 7년과 3년 기근에 대한 문제를 살펴보자. 다윗이 인구조사를 감행함으로써 하나님께 징계를 받게 되어 세 가지 중 하나를 선택하라는 요구를 받게 된다. 사무엘하에 따르면 7년 기근, 3개월 원수에 쫓겨 다님 그리고 3일간의 전염병을 하나님은 제시한다(삼하 24:13). 그러나 역대상 21장 12절에서는 7년이 아니라 3년이라고 기록하고 있다. 어느 것이 진실일까? 결론적으로 둘 다 맞는 서술이라 할 수 있다. 앞서 본 것처럼 이미 3년간의 기근이 진행 중이었다. "다윗의 시대에 해를 거듭하여 삼 년 기근이 있으므로"(삼하 21:1). 그리고 인구조사를 하면서 약 1년간의 기간이 지났다. "그들 무리가 국내를 두루 돌아 아홉 달 스무날 만에 예루살렘에 이르러"(삼하 24:8). 이미 기근이 4년 차에 접어든 상황이었다. 그러므로 앞으로 당할 기근 기간이면 3년이 맞고 총 기간으로 하면 7년이 맞다.

둘째, 인구조사 결과에 따르면 사무엘하에서는 130만으로 보고한(삼하 24:9) 반면 역대상에서는 157만으로 기록하고 있다(대상 21:5). 27만 명의 차이가 생긴다. 두 가지 해석이 가능하다. 첫째 해석은 27만 명의 차이는 상비군을 계산에 넣지 않은 것이다. 이스라엘에는 12지파가 각 반열로 24,000명씩 총 288,000명의 상비군이 있었는데(대상 27:1) 이를 제외했기에 전체 군대의 차이가 생긴 것이다. 둘째 해석은 한글 번역 성경의 오류에 기인한다. 사무엘하에서는 이스라엘에서 80만 명과 유다에서 50만 명 총 130만 명으로 계산했다.

하지만 역대상에서는 전체 이스라엘(유다 포함)이 157만 명이 아닌 110만 명이고 그중에서 유다가 47만 명이라는 것이다(이스라엘 110만에다 유다 47만을 더해서 157만이 아니라 전체 이스라엘이 110만인데 그중 유다 지파가 47만이라는 것이다). 실제로 사무엘상이 130만 명, 역대상이 110만 명으로 20만 명을 적게 기록한 것이다. 그 이유는 레위와 베냐민 지파의 숫자를 계수하지 않았기 때문이다. "요압이 왕의 명령을 마땅치 않게 여겨 레위와 베냐민 사람은 계수하지 아니하였더라"(대상 21:6). 그러므로 제외된 레위 지파와 베냐민 지파 20만 명을 합치면 사무엘하와 역대상 모두 130만 명으로 동일하다. 이렇게 보는 이유는 역대상의 전체 합을 157만 명으로 보았을 때 레위와 베냐민 지파를 제외했는데도 사무엘상의 130만 명보다 숫자가 더 많은 것이 앞뒤가 안 맞기 때문이다.

역대상 21장 5절을 살펴보자.

(개역개정) 이스라엘 중에 칼을 뺄 만한 자가 백십만 명이요 유다 중에 칼

을 뺄 만한 자가 사십칠만 명이라.

(개역한글) 이스라엘 중에 칼을 뺄 만한 자가 백십만이요 유다 중에 칼을 뺄 만한 자가 사십칠만이라.

(공동번역) 칼을 쓸 수 있는 군인이 이스라엘에는 백십만이 있었고 유대에는 사십칠만이 있었다.

(메시지) 군사가 1,100,000명이었고 그 가운데 유다가 470,000명을 차지했다.

(바른) 이스라엘 중에서 칼을 뺄 만한 자가 백십만 명이었고 유다 중에서 칼을 뺄 만한 자가 사십칠만 명이었다.

(새번역) 온 이스라엘에는 백십만이 있고 유다에는 사십칠만이 있었다.

(새즈믄) 이스라엘 전국에 칼을 쓰는 자가 백십만 명이고 유다에 칼을 쓰는 자는 사십칠만 명이었다.

(쉬운말) 이스라엘에는 칼을 쓸 수 있는 사람이 모두 백십만 명이었고 유다에는 사십칠만 명이 있었습니다.

(신세계역) 온 이스라엘은 칼을 뽑는 남자가 백십만 명에 이르렀고 유다는 칼을 뽑는 자가 사십칠만 명에 이르렀다.

(우리말) 이스라엘에서 칼을 다룰 줄 아는 용사들은 110만 명이고 유다에는 47만 명이 있었습니다.

(조선어) 칼을 쓸 수 있는 군인이 이스라엘에는 110만이 있었고 유대에는 47만이 있었다.

(천주교) 온 이스라엘에서 칼을 다룰 수 있는 장정이 백십만 명 유다에서 칼을 다룰 수 있는 장정이 사십칠만 명이었다.

(표준새번역) 칼을 빼서 다룰 수 있는 사람이 온 이스라엘에는 백십만이 있고 유다에는 사십칠만이 있었다.

(킹제임스 흠정) 이스라엘 중에서 칼을 빼는 자가 백십만 명이요, 유다 중에서는 칼을 빼는 자가 사십칠만 명이었더라.

(한글 킹제임스) 이스라엘 전체에 칼을 뺄 수 있는 자가 일백십만 명이요, 유다에서 칼을 뺄 수 있는 자가 사십칠만 명이더라.

(현대어) 지금 칼을 들고 나가 싸울 수 있는 사람이 이스라엘만 110만 명이 됩니다. 또 유다 사람 47만 명이 있습니다.

(현대인) 전쟁에 나가 싸울 수 있는 사람이 이스라엘에서 110만 명이며 유다에서 47만 명이었다.

(히브리어 직역) 온 이스라엘에는 칼을 빼는 사람이 백십만 명이 있었고 예후다에는 칼을 빼는 사람이 사십칠만 명이 있었다.

(원문) 이스라엘에서는 칼을 빼서 쓸 수 있는 용사가 110만 명, 유다에서는 47만 명이었다.

본문은 히브리어 원어에서는 전체를 뜻하는 '콜'이라는 단어가 이스라엘 앞에 있다. 개역개정 성경에서는 생략했지만 다른 몇몇 성경들은 확실히 번역하고 있다. 이 부분을 넣어서 번역하면 전체 이스라엘이 110만 명이고 그중에 유다 지파가 47만 명이 된다. 결국 쟁점은 전체 숫자를 157만 명으로 보느냐 110만 명으로 보느냐인데 110만 명이 옳은 것 같다. 그 이유는 앞서 설명했듯이 레위와 베냐민 지파가 제외된 숫자이기에 적은 수인 110만 명이 더 설득력이 있다. 그리고 사무엘기 저자는 이스라엘을 북왕조로 유다를 남왕조로 지칭하지만 역대기는 북이스라엘을 아예 제외하고 기술하고 있는 데다 다윗 시대는 통일왕국이기에 굳이 이스라엘과 유다를 나누지 않는다. 다만 유다는 유다 지파를 의미한다. 그런 점에서 전체 이스라엘이 110만 명이고 그중 유다 지파가 47만 명으로 보는 것이 더 설득력이 있다. 또한 157만 명으로 주장하는 사람은 27만 명의 차이를 상비군으로 이해한다지만 상비군은 288,000명으로 역시 차이가 있다.

마지막으로 600세겔과 50세겔에 관한 것이다. 이는 비교적 간단하다. 사무엘하에서 아라우나 타작마당 구입비는 정확히 은 50세겔이다(삼하 24:24). 타작마당과 소값을 말한다. 은 50세겔이면 오늘날 가치로 은 1세겔이 일반 노동자 4일 품삯이다. 금 세겔은 은의 15배이다. 그러니까 하루 품삯을 10만 원으로 계산하면 50세겔은 약 2천만 원이 된다. 반면 역대상에 기록된 600세겔은 금 600세겔이다(대상 21:25). 오늘날로 평가하면 약 36억 원에 해당하는 고액이다. 은 50세겔은 타작마당과 소값이지만 금 600세겔은 터값으로 기록되어 있다(대상 21:25). 즉 터 전체의 가격이다. 성전을 짓기 위한 전체 터값으로 금 600세겔로 구입한 것이다.

40. 아름답고 거룩한 것으로

이번에는 관용어구를 각자 다르게 번역함으로써 혼동을 야기하는 경우이다. 관용적으로 표현하는 것은 일관성을 가져야 하는데 각기 다르게 번역함으로써 오히려 뜻이 정확히 전달되지 않는 경우가 있다. 역대상 16장 29절을 살펴보자. "여호와의 이름에 합당한 영광을 그에게 돌릴지어다 제물을 들고 그 앞에 들어갈지어다 아름답고 거룩한 것으로 여호와께 경배할지어다."

(개역개정) 아름답고 거룩한 것으로

(개역한글) 아름답고 거룩한 것으로

(공동번역) 야훼의 이름 위엄차시다.

(메시지) 그분의 거룩하심을 옷 입고

(바른) 아름답고 거룩한 것으로

(새번역) 거룩한 옷을 입고

(새즈믄) 성스러운 옷을 입고

(쉬운말) 아름답고 거룩한 것으로

(신세계역) 거룩한 단장을 하고서

(우리말) 아름답고 거룩한 것으로

(조선어) 여호와의 이름 위엄차시다

(천주교) 거룩한 차림을 하고

(킹제임스 흠정) 거룩함의 그 아름다움으로

(표준새번역) 거룩한 옷을 입고

(한글 킹제임스) 거룩함의 그 아름다움으로

(현대어) 그분이 영화롭게 나타나시면 모두 엎드려

(현대인) 거룩한 옷을 입고

(히브리어 직역) 존귀한 성소에서

(원문) 거룩한 옷차림을 하고

　　본문에서 히브리어 '하다라'는 '장식, 아름다운 영광'이며, '코데쉬'는 '거룩한 물건, 장소, 거룩함'이라는 뜻이다. 직역하면 '아름다운 영광의 거룩 또는 거룩한 장식'이다. 여러 번역에서 보듯이 '아름다운 거룩함'으로 내지는 '거룩함의 아름다움'이라 표현하기도 하지만 '거룩한 장식' 즉 '거룩함의 옷을 입고'로도 번역한다. 개역개정 성경도 마찬가지이다. 위 구절에서는 '아름답고 거룩한 것으로'라고 번역했지만 다른 곳에서는 '거룩함의 옷을 입고'(시 29:2)라고 번역한 곳도 있다. 그 외 '아름답고 거룩한 것으로'(시 96:9) 또는 '거룩함으로 영광스러우며'(출 15:11)라고도 번역했다. 관용구답게 아름답고 거룩한 것으로 번역하는 것이 통일성이 있어 보인다.

　　하나님은 아름답고 거룩하시다. 성령님도 거룩하시다. "영광의 영 곧 하나님의 영이 너희 위에 계심이라"(벧전 4:14). 예수님도 거룩하시다. 예수님은 하나님의 영광의 광채시다(히 1:3). 하나님의 거룩한 영광은 변화산성에서 변화되신 예수님의 모습에서 극대화된다. "기도하실 때에 용모가 변화되고 그 옷이 희어져 광채가 나더라"(눅 9:29). 하나님은 거룩하시니 우리도 거룩함으로 그의 존전에 나아가야 한다. 대제사장의 화려한 옷이 그 영광을 드러낸다. 훗날 우리가 하나님을 뵈올 때 우리도 영광으로 변화되어 해같이 빛을 발할 것이다. 그러므로 이 땅에 사는 동안 아직 육신의 장막을 벗기 전에 주님께 나아갈 때마다 거룩한 옷을 입고 거룩한 것으로 주님께 나아가야 한다. 하나님의 성전인 우리는 몸도 헌물도 거룩하게 준비하고 하나님을 맞이해야 한다. 하나님의 임재가 있는 예배는 모든 성도가 극도의 경건한 자세로 임해야 한다.

역대하

41. 산에서 벌목하게 하였고

개역개정 성경의 가장 큰 문제 중 하나는 일관성이 없는 것이라 여러 번 지적했다. 이번에도 번역의 오류를 지적하고자 한다. 역대하 2장 18절이다. "그중에서 칠만 명은 짐꾼이 되게 하였고 팔만 명은 산에서 벌목하게 하였고 삼천 육백 명은 감독으로 삼아 백성들에게 일을 시키게 하였더라."

(개역개정) 산에서 벌목하게 하였고

(개역한글) 산에서 벌목하게 하였고

(공동번역) 산에서 돌 떠내는 일을 시켰다.

(메시지) 산에서 채석하는 일꾼으로

(바른) 산에서 벌목하게 하였으며

(새번역) 산에서 벌목하게 하였고

(새즈믄) 산의 벌목공으로

(쉬운말) 산에서 돌을 캐낼 사람

(신세계역) 산에서 채석하는 사람으로

(우리말) 산에서 돌을 캐는 일꾼으로 삼고

(조선어) 산에서 돌 뜨는 일을 시켰다.

(천주교) 산에서 돌을 떠내게 하였다.

(킹제임스 흠정) 산에서 나무 베는 자가 되게 하였으며

(표준새번역) 산에서 돌을 떠내게 하였다.

(한글 킹제임스) 산에서 벌목하는 사람으로 정하고

(현대어) 산에서 돌을 뜨게 하고

(현대인) 산에서 돌을 뜨는 일을 시켰으며

(히브리어 직역) 산에서 채석하는 채석공으로

(원문) 산에서 돌을 떠내게 했고,

나무를 베는 벌목공과 돌을 떠내는 채석공은 다르다. 그럼에도 어떤 곳에서는 벌목공으로 다른 곳에서는 채석공으로 기록하고 있어서 혼동을 야기한다. 역대하 2장 2절에서는 "산에서 돌을 떠낼 자 팔만 명"이라 하고 역대하 2장 18절에서는 "팔만 명은 산에서 벌목하게 하였고"라고 각각 다르게 번역했다. 히브리어 '하짜브'는 '나무 또는 돌을 베다, 자르다'는 뜻이기에 벌목공도 되고 채석공도 가능하다. 문제는 일관성으로 채석공으로 번역했으면 끝까지 채석공으로 번역하든지 벌목공으로 번역했으면 계속 벌목공으로 번역해야 하는데 같은 성경에서 벌목공으로 때로는 채석공으로 다르게 번역하는 게 문제다. 개역개정 성경을 살펴보면 '산에서 돌을 뜨는 자'(왕상 5:15), '산에서 돌을 떠낼 자'(대하 2:2), '산에서 벌목하게 하였고'(대하 2:18) 등으로 다르게 번역한 것이 눈에 띈다. 물론 성전을 건축하면 돌이나 나무 모두 필요한 것이기에 채석공과 벌목공이 모두 있었을 것이다. 그러나 예루살렘 성전은 기본적으로 나무가 아닌 돌이 주요 재료이다. 돌로 지은 성전이기 때문이다. 예수님도 성전을 바라보시면서 돌 위에 돌 하나도 남지 않을 것이라고 예언하셨다. 돌을 떠내고 다듬는 작업이 주요 일이기에 이런 기록도 남아 있다.

"이 성전은 건축할 때에 돌을 그 뜨는 곳에서 다듬고 가져다가 건축하였으므로 건축하는 동안에 성전 속에서도 방망이나 도끼나 모든 철 연장

소리가 들리지 아니하였으며"(왕상 6:7). 15만 명의 일꾼들이 주로 하는 일이 돌을 떠내고 다듬고 운반하는 일임을 알 수 있다. 그리고 백향목과 잣나무 등을 벌목하는 일은 두로 왕 히람에게 부탁해서 보내 달라고 솔로몬은 요청했다. "시돈 사람처럼 벌목을 잘하는 자가 없나이다"(왕상 5:6). 벌목은 주로 시돈 사람들이 하고 바다로 보냈다. 솔로몬은 그 대가로 밀 2만 고르와 맑은 기름 20고르를 해마다 보냈다. 성전과 궁전 공사가 끝난 다음에는 갈릴리 땅의 20개 성읍을 히람 왕에게 주기도 했다(왕상 9:11). 이렇게 볼 때 이스라엘 일꾼들은 주로 채석공임을 알 수 있다. 역대하 2장 18절은 일관성을 유지하고 주요 내용을 미루어 보아 산에서 벌목하는 일보다는 산에서 돌을 떠내는 일로 개정하는 것이 옳다.

42. 감독할 자 삼천 육백 명을 뽑고

역대하에도 숫자가 다르게 기록한 곳이 있다. 성전 건축에 필요한 일꾼들을 짐꾼 칠만 명과 돌을 떠낼 자를 팔만 명 그리고 공사 감독할 자로 3,600명을 뽑았다. "솔로몬이 이에 짐꾼 칠만 명과 산에서 돌을 떠낼 자 팔만 명과 일을 감독할 자 삼천 육백 명을 뽑고"(대하 2:2). 그런데 동일한 내용을 담고 있는 열왕기상에서는 감독관을 3,300명으로 기록했다. "이외에 그 사역을 감독하는 관리가 삼천 삼백 명이라"(왕상 5:16). 감독관을 역대기에서는 3,600명으로, 열왕기에서는 3,300명으로 각각 서술했다. 이 역시 기록자의 오류일까? 좀 더 자세히 내막을 알아보자.

먼저 역대하에서는 감독관을 3,600명을 뽑았고 그 위에 총감독관이 250명이 더 있었다. "솔로몬 왕의 공장을 감독하는 자들이 이백 오십 명이라"(대하 8:10). 총 합계를 따져보면 이방인으로 구성된 짐꾼 7만 명, 채석공 8만 명, 감독관 3,600명, 총감독관 250명을 더해서 15만 3,850명이다. 이외에 이방인 아닌 이스라엘 역군이 3만 명이 더 참여했다. "이에 솔로몬 왕이 온 이스라엘 가운데서 역군을 불러일으키니 그 역군의 수가 삼만 명이라"(왕상 5:13). 결국 건축에 참여한 총수는 18만 3,850명이다.

한편 열왕기상에서는 총감독관을 550명으로 기록했다. "솔로몬에게 일을 감독하는 우두머리로 오백 오십 명이 있어 일하는 백성을 다스렸더라"(왕상 9:23). 그러니까 열왕기서는 이방인 짐꾼 7만 명과 채석공 8만 명(왕상 5:15), 감독관 3,300명(왕상 5:16), 총감독관 550명, 그리고 이스라엘 역군 3만 명을 더해서 총수가 18만 3,850명이 된다.

결론적으로 열왕기상이나 역대하 모두 총수는 같다. 다만 열왕기상은 감독관 3,300명과 총감독관 550명으로 구분한 것이고, 역대하는 감독관 3,600명과 총감독관 250명으로 조직과 계급구성을 달리할 뿐이다. 아마도 역대기는 이방인 총감독관을 현장 감독관으로 집어넣어 계산한 것으로 보인다.

한 가지 지적할 것은 총감독관을 역대하에서는 공장을 감독하는 자로 표현한 것이다. "솔로몬 왕의 공장을 감독하는 자들이 이백 오십 명이라"(대하 8:10).

> (개역개정) 공장을 감독하는 자들이
>
> (개역한글) 공장을 감독하는 자가
>
> (공동번역) 감독할 책임자
>
> (메시지) 건축공사를 책임지는 관리가 되었는데
>
> (바른) 관리들을 감독하는 자들
>
> (새번역) 일을 지휘한 관리 책임자들은
>
> (새즈믄) 임명한 장수들은
>
> (쉬운말) 어떤 사람들은 아주 중요한 관리가 되었습니다.
>
> (신세계역) 백성을 감독하는 현장 감독들이었다.
>
> (우리말) 계획한 일을 맡아 감독하는 사람은
>
> (조선어) 감독할 책임자
>
> (천주교) 지방관들로서 백성을 관리하던
>
> (킹제임스 흠정) 관원들이 되매
>
> (표준새번역) 일을 지휘한 관리 책임자들은

(한글 킹제임스) 관원들의 우두머리들인데

(현대어) 전국의 지방 행정을 위하여 감독관으로 세운 사람들은

(현대인) 사역꾼들의 업무를 감독하게 하였다.

(히브리어 직역) 고관

(원문) 감독한 관리 책임자들은

　본문에서 히브리어는 '우두머리, 수령'을 뜻하는 '싸르'와 '관리자'를 뜻하는 '네찌브'가 사용되었다. 총감독관 내지는 총관리자라는 뜻인데 개역한글 성경이나 개역개정 성경은 뜬금없이 '공장을 감독하는 자'로 번역하여 문맥을 해치고 있다. 어느 성경도 공장으로 번역한 곳은 한 군데도 없다. 공장이라는 단어가 풍기는 뉘앙스가 당시 상황을 고려하지 않은 잘못된 선택으로 보여진다. 더욱 이해가 안 가는 것은 같은 사건을 기록한 열왕기상에서는 감독하는 우두머리라고 번역했는데 갑자기 공장 감독자로 다르게 번역할 이유가 있을까? "솔로몬에게 일을 감독하는 우두머리 오백 오십 명이 있어 일하는 백성을 다스렸더라"(왕상 9:23). 감독하는 우두머리로 번역한 것을 역대하에서는 공장을 감독하는 자로 다르게 번역한 것이다. 동일한 단어를 일관성 있게 번역하지 않기에 생기는 헤프닝이다. 공장을 감독하는 자라는 생뚱맞은 표현보다는 차라리 감독하는 우두머리로 통일하는 것이 나아 보인다.

43. 허무한 신

솔로몬 사후 부하였던 여로보암이 르호보암을 배반하고 이스라엘 10개 지파를 이끌고 북이스라엘 왕조를 건설한다. 예루살렘 성전으로 제사하러 몰려가는 상황을 걱정하던 여로보암은 단과 벧엘에 가짜 제단을 만들고 송아지 형상의 하나님 우상을 만들고 레위 지파가 아닌 일반 백성 중에 제사장을 뽑아 세우고 나름의 절기도 새로 신설한다. 마치 출애굽 이후 이스라엘 백성이 금송아지를 만들고 하나님이라고 섬겼던 것처럼 자신들이 만든 금송아지를 하나님으로 섬겼다. 성경에는 우상이 두 종류가 있다. 이방인들이 섬기는 다른 신이 있고, 하나님이라고 부르지만 성경의 하나님이 아닌 가짜 하나님이 있다. 여로보암이 만든 신이 이스라엘의 하나님이라고는 부르지만 하나님이 결코 아니다. 그러한 하나님 아닌 하나님, 거짓 하나님, 가짜 하나님을 허무한 신으로 번역했다.

"누구를 막론하고 어린 수송아지 한 마리와 숫양 일곱 마리를 끌고 와서 장립을 받고자 하는 자마다 허무한 신들의 제사장이 될 수 있도다"(대하 13:9).

(개역개정) 허무한 신들의 제사장
(개역한글) 허무한 신의 제사장
(공동번역) 허수아비 사제
(메시지) 하나님 아닌 거짓 우상들의 제사장

(바른) 헛된 신의 제사장

(새번역) 허수아비 신의 제사장

(새즈믄) 하나님이 아닌 신의 제사장

(쉬운말) 하나님도 아닌 헛된 신들의 제사장

(신세계역) 신이 아닌 것들의 제사장

(우리말) 헛된 신의 제사장

(조선어) 허수아비 제사장

(천주교) 신이 아닌 것들의 사제

(킹제임스 흠정) 신들이 아닌 자들의 제사장

(표준새번역) 허수아비 신의 제사장

(한글 킹제임스) 신들이 아닌 것들의 제사장

(현대어) 신도 아닌 온갖 우상의 제사장

(현대인) 우상에 불과한 너희 신들의 제사장

(히브리어 직역) 하나님 아닌 것의 제사장

(원문) 헛된 신의 제사장

   본문에서 허무한 신은 히브리어 '로-엘로힘'을 번역한 것이다. '로'는 부정어 Not이고 엘로힘은 하나님이다. 직역하면 '하나님 아닌 것' 또는 '신이 아닌 것'이 된다. 그런데 개역개정 성경은 동일한 단어를 다르게 번역했다. 신 아닌 것(렘 2:11, 5:7, 16:20), 하나님이 아닌 것(신 32:21), 신이 아니다(왕하 19:18, 사 37:19), 참 신이 아니(호 8:6), 허무한 신(대하 13:9). 도대체 일관성을 찾아볼 수가 없다.

   이 단어들은 우상을 뜻하기에 '허무한 신'으로 번역이 가능하다. 하지만 '허무한 것'이라는 히브리어 단어는 '헤벨(헛됨, 공허)'이나 '쇼브(무익,

헛됨)' 등이 사용된다. 우상을 헛된 것이라고 번역한 곳은 예레미야 18장 15절과 열왕기하 17장 15절인데 각각 '헤벨'과 '쇠브'를 사용했다. 따라서 '로-엘로힘'을 허무한 신으로 번역한 것은 차별성 면에서 신중하지 못한 것이다.

게다가 일반적으로 다른 이방신들을 호칭할 때 바알과 아세라, 밀감, 몰렉 등 각자의 이름이 있는 우상은 다른 신, 새로운 신, 하나님 아닌 것 (신 32:17-20)으로 부를 수 있다. 그러나 여로보암의 예처럼 '로-엘로힘'은 이방의 다른 신이 아니라 이스라엘의 하나님이라 믿고 부르는 호칭을 말한다. 스스로 여호와 하나님을 믿는다고 여기지만 실제로 하나님은 그들을 버리셨다. 자신은 구원을 받았다고 믿지만 실제로 구원받지 못한 사람들이 부르는 하나님이다.

주여 주여 한다고 천국에 들어가는 것이 아니다. 자신들은 하나님으로 부르지만 하나님이 인정하지 않는 하나님이다. 아브라함의 자손이라고 모두 아브라함의 자손이 되는 것은 아니다. 이름만 여호와 하나님이라 부른다고 모두 하나님의 자녀가 되는 것은 아니다. 호세아에서는 이스라엘 백성을 '로암미'라 부르겠다고 선포했다. '암미'는 백성이고 '로암미'는 '백성이 아닌 자'이다. 스스로 하나님의 백성이라 여기지만 하나님은 백성으로 여기지 않겠다는 것이다. "여호와께서 이르시되 그의 이름을 로암미라 하라 너희는 내 백성이 아니요 나는 너희 하나님이 되지 아니할 것임이니라"(호 1:9). 이 구절에서 너희 하나님이 되지 않을 것이라는 히브리어로 '로-에흐예'인데 '여호와가 아닌 자'라는 뜻이다. 너희는 여호와 하나님이라고 부르지만 나는 너희에게 여호와 하나님이 되지 않을 것이라는 선언이다. 이스라엘 백성은 하나님께 선택된 선민이고 구원받은 백성이라 여기지만 하나님은 인정하지 않겠다는 것이다.

오늘날도 마찬가지이다. 예수 그리스도를 믿는다고 하지만 명목상의 기독교인에게는 '로-엘로힘'에 불과하다. 예수를 믿는다고 하지만 회개도 없고, 구원의 확신도 없고, 믿음의 신앙 고백도 없으며, 진리에 대한 순종도 없고, 헌신도 없으면서 교회만 다닌다고 하나님의 자녀가 되고 천국에 가는 것이 아니다. 그들이 믿는 것은 여호와 하나님이 아니라 '로-엘로힘'이요 '로-에흐예'이다. 성경에서 말하는 참 하나님을 알고 믿어야 한다. 창조주요 구속주이시며 성부 성자 성령 삼위일체이신 유일하신 하나님을 믿고 오직 예수 그리스도만이 길이요 진리요 부활이심을 믿는 자들만이 참 하나님을 섬긴다.

에스라

44. 참 신

에스라는 신앙재건의 시작은 말씀 회복과 예배임을 강조한다. 학자로서 말씀을 연구하고 가르치며 제사장으로써 예배 회복에 앞장섰다. 1차 포로 귀환 때 스룹바벨의 지도하에 성전 건축에 모든 힘을 쏟아 예배가 우선임을 보여 준다면 2차 포로 귀환 때는 에스라의 지도하에 말씀을 가르치는 일에 주력한다. 3차 포로 귀환 때는 느헤미야의 지도하에 성벽을 건축함으로써 보호와 유지가 생명임을 보여 준다. 에스라는 제일 먼저 우리가 믿는 참되신 하나님을 알아야 한다고 믿었다. 에스라 1장 3절을 살펴보자. "이스라엘의 하나님은 참 신이시라."

(개역개정) 이스라엘의 하나님은 참 신이시라.

(개역한글) 이스라엘의 하나님은 참 신이시라.

(공동번역) 그 하느님은 유대 나라 예루살렘에 계시는 분이시니

(메시지) 하나님 이스라엘의 하나님 예루살렘의 하나님

(바른) 그분은 예루살렘에 계시는 참 하나님이시다.

(새번역) 그곳에 계신 하나님

(새즈믄) 그는 예루살렘에 계시는 하나님이시다.

(쉬운말) 너희는 예루살렘에 계신 이스라엘의 하나님

(신세계역) 그분은 참 하느님이시니

(우리말) 그분은 예루살렘에 계시는 하나님이시다.

(조선어) 그 하나님은 유대 나라 예루살렘에 계시는 분이시니

(천주교) 그분은 예루살렘에 계시는 하느님이시다.

(킹제임스 흠정) 그분은 하나님이시오.

(표준새번역) 그곳에 계신 하나님

(한글 킹제임스) 그는 참 하나님이시니라.

(현대어) 이스라엘의 하나님 여호와는 예루살렘에 계시니

(현대인) 그는 예루살렘에 계시는 하나님이시다.

(히브리어 직역) 그는 예루살라임에 계시는 하나님이시다.

(원문) 그는 예루살렘에 계신 하나님이시다.

　'참 신'이라는 단어는 히브리어 '하엘로힘'을 번역한 것이다. 히브리어로 하나님은 '엘' 또는 '엘로힘'이라 한다. 엘로힘 앞에 '하'는 영어의 The를 의미하는 정관사이다. 영어로 하면 The God이 된다. 한글로는 '그 하나님' 또는 '참 하나님'이다. 사실 '하엘로힘'은 구약성경에 엄청나게 많이 반복되는 단어이다. 엘로힘과 차별성을 두고 번역해야 할 단어인데 어쩐 일인지 한글 번역 성경에는 그다지 구별해서 사용하는 성경이 거의 없다. 신세계역 성경만이 배타적으로 '하엘로힘'을 '참 하느님'이라고 구별해서 사용할 뿐이다. 개역개정 성경은 유일하게 위 구절에서만 '하엘로힘'을 '참 신'이라 번역한 것이다. 본문의 구절은 문장 뒷부분에 '예루살렘에 계신 그 하나님이시다'인데 개역개정 성경에서는 이 문장만 앞으로 빼내어 '하나님은 참 신이다'라고 번역했다. 이는 대단히 파격적인 진술이다. 성경의 핵심을 잘 파악한 번역이라 본다. 앞에서 언급했듯이 우상이란 이방신 즉 다른 신을 의미하지만 '로-엘로힘'은 자신들 멋대로 만든 가짜 하나님 즉 '하나님 아닌 것'이다. 성경의 하나님을 믿노라고 입으로는

부르고 예배하지만 형식적이고 명목상의 기독교인이 부르는 가짜 하나님이다. 진정으로 참 하나님을 모르고 하나님의 지식이 없는 채로 입으로는 믿으나 마음과는 거리가 먼 '로암미' 즉 가짜 기독교인들이다. 이와는 반대로 하나님의 친 백성이 부르는 하나님이 바로 참 신, 곧 참 하나님이시다. 참고적으로 호세아 8장 6절에 '참 신이 아니니'라고 했는데 여기서 '참 신이 아니니'는 '로-엘로힘'이다. '하엘로힘'과는 다르다.

원어 성경에서 '엘로힘'이 아닌 '하엘로힘'으로 쓰여진 단어를 몇 가지 살펴보자. "오직 네 하나님 여호와는 하나님이시요"(신 7:9), "삼백 년을 하나님과 동행하며"(창 5:22), "그는 하나님과 동행하였으며"(창 6:9), "아브라함이 이에 하나님께 아뢰되"(창 17:18), "내 조부 아브라함과 아버지 이삭이 섬기던 하나님"(창 48:15), "요셉이 그들에게 이르되 나는 하나님을 경외하노니"(창 42:18) 등이 모두 '엘로힘' 하나님이 아니라 그 하나님 즉 참 하나님인 '하엘로힘'이다.

신약성경도 마찬가지이다. 헬라어로 하나님은 '데오스'이다. 신약성경에서 하나님은 대부분 '데오스'를 사용하지만 정관사(The)를 넣어 '호 데오스(The God)' 즉 '그 하나님, 참 하나님'이라고 사용된 구절이 있다. "찬송하리로다 하나님 곧 우리 주 예수 그리스도의 아버지께서 그리스도 안에서 하늘에 속한 신령한 복을 우리에게 주시되"(엡 1:3). 이 구절에서 하나님은 '호 데오스'가 쓰였다.

> (개역개정) 찬송하리로다 하나님
> (개역한글) 찬송하리로다 하나님
> (공동번역) 우리 주 예수 그리스도의 아버지 하느님께 찬양을 드립니다.
> (메시지) 하나님은 얼마나 찬송 받으실 분이신지요.

(바른) 우리 주 예수 그리스도의 아버지 하나님을 찬양하자.

(새번역) 우리 주 예수 그리스도의 아버지이신 하나님을 찬양합시다.

(새한글) 찬양받으시기를 빕니다. 하나님이시오.

(쉬운말) 우리 주 예수 그리스도의 아버지 되시는 하나님께 찬양을 드립니다.

(신세계역) 우리 주 예수 그리스도의 하느님 아버지께서 찬송받으시기를 빕니다.

(우리말) 하나님 곧 우리 아버지와 주 예수 그리스도의 아버지를 송축합니다.

(조선어) 우리 주 예수 그리스도의 아버지 하나님께 찬양을 드립니다.

(천주교) 하느님께서 찬미 받으시기를 빕니다.

(킹제임스 흠정) 하나님 곧 우리 아버지와 주 예수 그리스도의 아버지를 찬송하리로다.

(표준새번역) 우리 주 예수 그리스도의 하나님 아버지께 찬양을 드립니다.

(필립스) 하나님을 찬양을 드립니다.

(한글 킹제임스) 우리 주 예수 그리스도의 하나님 아버지는 복되시도다.

(헬라어 직역) 우리 주 마쉬아흐 예슈아의 아버지이신 하나님을 찬양합시다.

(현대어) 우리 주 예수 그리스도의 아버지 되시는 하나님께 한없는 찬양을 드립니다.

(현대인) 우리 주 예수 그리스도의 아버지 하나님께 찬양을 드립니다.

(회복역) 우리 주 예수 그리스도의 하나님 곧 우리 주 예수 그리스도의 아버지께 찬양을 드립니다.

(원문) 우리 주 예수 그리스도의 아버지 하나님께서 찬양받으시기를 빕니다.

아쉽게도 보다시피 '호 데오스'를 참 하나님이라고 번역한 곳은 한 군데도 없다. 반면에 참 하나님 또는 참 신이라고 번역한 구절이 있다. "이스라엘에는 참 신이 없고"(대하 15:3). 이 구절에서 '참 신'은 위에서 설명한 '하엘로힘'이 아니고 '엘로힘 에멧' 즉 '진실하신 또는 진리이신 하나님'이라는 뜻이다. "오직 여호와는 참 하나님이시오"(렘 10:10). 이 구절도 '참 하나님'은 '엘로힘 에멧'이다. 신약성경에서도 "참 하나님"(요 17:3, 요일 5:20)에서 '참'은 헬라어 알레디노스(히브리어 '에멧'인 진실하신, 진리이신)를 번역한 것이다.

결론적으로 '하엘로힘'(그 하나님), '로-엘로힘'(하나님이 아닌), '엘로힘 에멧'(진실하신 하나님)을 모두 '참 신'으로 번역했기에 원어가 주는 깊은 의미를 전달하지 못하고 있다. 다음에 성경을 개정할 때는 이와 같은 부분을 고려하여 개역하기를 소망한다.

45. 학자, 학사, 율법 학자, 서기관

역시 이번에도 일관성이 결여된 단어를 살펴보려고 한다. 에스라를 학자(스 7:11), 율법 학자(스 7:21), 또는 학사(느 8:1)라고 불렀다, 히브리어로 '싸파르'인데 서기관(느 13:13)이라고도 한다. 같은 단어를 다르게 번역한 것이다. 에스라 7장 11절, 느헤미야 8장 1절, 에스라 7장 21절, 느헤미야 13장 13절을 각각 어떻게 번역했는지 한글 번역본을 살펴보자.

(개역개정) 학자/학사/율법 학자/서기관

(개역한글) 학사/학사/율법의 학사/서기관

(공동번역) 선비/선비/선비/선비

(메시지) 학자/학자/학자/서기관

(바른) 서기관/서기관/서기관/서기관

(새번역) 학자/학자/학자/서기관

(새즈믄) 서기관/서기관/서기관/서기관

(쉬운말) 율법 학자/학자/율법 학자/서기관

(신세계역) 필사자/필사자/필사자/필사자

(우리말) 서기관/서기관/서기간/학사

(조선어) 선비/선비/선비/선비

(천주교) 학자/율법 학자/서기관

(킹제임스 흠정) 서기관/서기관/서기관/서기관

(표준새번역) 학자/학자/학자/서기관

(한글 킹제임스) 서기관/서기관/서기관/서기관

(현대어) 서기관/서기관/서기관/서기관

(현대인) 학자/율법 학자/서기관/서기관

(히브리어 직역) 서기관/서기관/서기관/서기관

(원문) 서기관/학자/율법 학자/서기관

이 번역들을 보면 학자, 학사, 율법 학자, 서기관, 필사자, 선비 등으로 다양하게 번역되었음을 알 수 있다. 일관성 있게 번역한 성경도 꽤 있다. 그런데 유독 개역개정 성경만 같은 단어를 모두 다르게 번역했다. 학자, 학사, 서기관, 율법 학자도 모자라 서기라고 번역한 곳도 있다(대하 34:13). 누차 강조하지만 개역개정 성경은 일관성이 너무 없다. 예수님 당시의 신약시대에도 이들은 율법 학자나 서기관으로 불리기에 율법 학자나 서기관으로 통일해서 번역했으면 신약시대와도 연계될 텐데 군이 서기, 학자나 학사로 번역해서 용어만 난무하는 꼴이 되었다. 일관성을 위해서라도 용어가 정리될 필요가 있어 보인다. 한편 이들 서기관은 율법에 정통하여 가르치거나 해석하는 일을 맡은 사람인데 지도자인 에스라가 주도했다. 에스라는 정통 율법 학자로서 유대교의 근간을 세웠고 회당도 창설하는 등 율법 학자 또는 서기관이 실세가 되는 역할을 감당했다. 에스라의 의도는 순수하고 의지는 뜨거웠다. 왕조시대에 히스기야 왕이 율법 책을 발견하면서 온 백성에게 율법을 가르치고 준행한 것처럼 에스라도 하나님의 말씀을 회복하는 데 주력했다. 여호와의 율법을 연구하여 준행하며 이스라엘에게 가르치려는 게 목적이었다(스 7:10). 말씀의 회복이 신앙의 회복이라 믿었다. 문제는 그 후에 일어난다.

에스라 이후로 이들 서기관들은 지도자 계급이 되어 이스라엘을 주도적으로 이끄는데 율법 자체보다는 율법해석에 매달리다 결국 진리에서 벗어나는 대표적인 그룹이 된다. 예수님이 가장 혹독하게 비판했던 자들이기도 했다. 성경을 아는 자들이 오히려 성경을 가리게 하는 자들이 되어 지식의 열쇠는 가졌으나 자신도 못 열고 남도 못 들어가게 하는 위선적인 자들이었다. 권력에만 도취하여 예수님을 적대했던 사탄의 세력이 되고 만 것이다.

마치 중세 시대 교회의 암흑기를 떠올리게 한다. 신부들이 성경을 독점하여 평신도는 성경을 읽지도 못하고 소지하지도 못하게 했다. 그저 신부들이 가르치는 내용만 따를 뿐이었다. 서기관처럼 중세 시대의 신부들은 성경에서 벗어난 자의적이고 엉뚱한 해석으로 마리아 숭배, 연옥설, 면죄부 판매 등을 부추겼다. 이때 말씀을 회복하려는 종교개혁자들의 투쟁으로 개신교가 나타났고 오직 말씀만을 가르쳤다. 평신도가 말씀을 쉽게 접할 수 있게 성경 번역과 출판 기술의 발달로 성경은 급속도로 전파되게 되었다.

오늘날에는 세계 최고의 베스트셀러가 성경일 정도로 성경을 보유하지 않는 곳이 없을 정도이다. 성경을 누구나 읽을 수 있는 시대가 되었지만 서기관이나 중세 시대의 신부들처럼 자기들 멋대로 자의적으로 해석하는 사람들이 생겼다.

말세에는 서기관 같은 말씀을 왜곡하고 멋대로 해석하는 거짓 선지자, 거짓 교사, 이단들이 교회 안에 난무하게 된다.

말씀은 양날의 칼과 같다. 성경을 읽지 않아 말씀의 무지로 망할 수도 있지만 성경을 너무 읽어 자의적으로 해석하면서 망할 수도 있다. 세계 최고의 베스트셀러로 누구나 성경을 읽을 수 있으나 소유만 할 뿐 읽지 않는 신자가 더 많다. 반대로 성경을 자의적으로 해석해서 자기만의 이단적인 주장을 가르치는 자들로 인해 교회를 멍들게 한다. 지금도 얼마나 많은 이단들이 떳떳하게 비성경적인 진리를 퍼뜨리고 있는지 우리는 경험하고 있다.

46. 지극히 선하므로

이번에는 원어에도 없는 단어를 추가해서 해석한 경우를 보자. "주는 지극히 선하시므로 그의 인자하심이 이스라엘에게 영원하시도다"(스 3:11).

(개역개정) 주는 지극히 선하시므로

(개역한글) 주는 지선하시므로

(공동번역) 야훼님 어지셔라.

(메시지) 진실로 하나님은 선하십니다.

(바른) 여호와는 선하시며

(새번역) 주님은 어지시다.

(새즈믄) 여호와는 선하시다

(쉬운말) 여호와는 선하시며

(신세계역) 그분은 선하시며

(우리말) 여호와는 선하시니

(조선어) 여호와님 어지셔라.

(천주교) 주님께서는 어지시다.

(킹제임스 흠정) 그분께서 선하시며

(표준새번역) 주님은 어지시다.

(한글 킹제임스) 그는 선하시고

(현대어) 여호와께서 우리에게 좋은 일을 베풀어 주셨다.

(현대인) 여호와는 선하시며

(히브리어 직역) 참으로 그는 선하시니

(원문) 참으로 주님은 매우 선하시다.

다른 성경과 비교할 때 개역개정 성경만 '선하시므로' 앞에 '지극히'라는 말을 첨가했다. 원어에는 없는 단어를 추가한 것이다. 만약 이 구절이 유일하게 한 번만 등장하는 구절이라면 첨가해도 관계가 없다. 그러나 주는 선하시다는 용어는 관용구처럼 성경 전체에서 반복된다. 그러나 어디에도 지극히 선하사라고 쓰여진 구절은 없다. 예를 들어 보자. 주는 선하사(시 86:5, 시 119:18), 주는 선하시니(시 100:5), 주는 선하시고(시 25:8), 선하시므로(시 52:9) 등이다. 본문에서만 '지극히 선하사'라고 번역할 이유가 없다. '지극히'라는 용어를 추가함으로써 이 구절만 하나님의 선하심이 강조되는 듯하게 보이지만 여타 관용구처럼 '주는 선하시다'라는 말에 불과하다. 지나친 번역은 오히려 역효과를 낸다. 앞에서 설명한 안식일 중의 안식일이라는 번역과 마찬가지로 이 구절만 하나님의 선하심이 강조되는 듯한 오해를 일으킨다.

느헤미야

47. 주의 선한 영을 주사 그들을 가르치시며

느헤미야는 너무나 철저히 파괴된 채 방치된 예루살렘 성벽을 재건하면서 오로지 하나님의 도우심만 믿고 사역을 완수한다. 하나님의 전적인 개입이 아니었다면 할 수 없는 일이었기에 선하신 하나님의 긍휼하심에 기댈 수밖에 없었다. 성경에서 성령님의 별칭은 많다. 여호와의 영, 아버지의 성령, 아들의 영, 영원하신 성령, 약속의 성령, 은혜의 성령, 진리의 영, 생명의 성령, 영광의 영, 보혜사 등으로 묘사된다. 바람, 불, 비둘기, 기름, 인(도장), 생수 등으로 비유되기도 한다.

느헤미야는 독특하게 성령님을 선한 영으로 소개한다. 성령님의 가르치심과 인도하심으로 조상들이 광야 생활을 보낼 수 있었다고 고백한다. 느헤미야 9장 20절을 보자. "주의 선한 영을 주사 그들을 가르치시며 주의 만나가 그들의 입에서 끊어지지 않게 하시고 그들의 목마름을 인하여 그들에게 물을 주어."

> (개역개정) 주의 선한 영을 주사 그들을 가르치시며
> (개역한글) 주의 선한 신을 주사 저희를 가르치시며
> (공동번역) 지혜로워지라고 선한 영을 내려 주셨고
> (메시지) 그들에게 주의 선하신 영을 주셔서 지혜롭게 살게 하셨습니다.
> (바른) 주님께서 또 주의 선한 영을 주셔서 그들을 가르치셨고
> (새번역) 선한 영을 주셔서 그들을 슬기롭게 하셨습니다.

(새즈믄) 또 당신님은 당신님의 존귀한 영을 보내어 그들을 계몽하셨고

(쉬운말) 또 주의 선한 영을 보내어 그들을 가르치셨고

(신세계역) 그리고 당신의 선한 영을 주셔서 그들을 현명하게 만드셨으며

(우리말) 또 주의 선한 영을 주어 그들을 가르치셨습니다.

(조선어) 지혜로워지라고 선한 령을 내려 주셨고

(천주교) 당신의 선한 영을 내리시어 그들을 가르치시고

(킹제임스 흠정) 또 주의 선한 영을 주사 그들을 가르치시며

(표준새번역) 선한 영을 주셔서 그들을 슬기롭게 하셨습니다.

(한글 킹제임스) 주께서는 또 주의 선하신 영을 주사 그들을 가르치시고

(현대어) 그리고 그들에게 주님의 선한 영을 내려 주셔서 그들이 올바른 정신을 갖게 하셨습니다.

(현대인) 또 주께서는 성령으로 그들을 가르치시고

(히브리어 직역) 그리고 당신의 선한 영을 주셔서 그들을 가르치시며

(원문) 또 주님께서는 주의 선한 영을 내려 주셔서 그들을 가르치시며

사실 하나님을 전능자, 구속주, 심판자, 영원자, 만군의 여호와 등의 호칭은 자주 사용하는 데 반해서 선하신 하나님은 그리 크게 강조하지 않는 경향이 있다. 그러나 성경 전체에서 선하신 하나님은 대단히 중요하다. '선하다'는 히브리어로 '토브'인데 '좋은, 선한'이라는 뜻이다. 성부 하나님은 선하시다(시 34:8, 시 86:5, 시 100:5, 시 25:8, 시 52:9). 성령 하나님도 선한 영이시다(느 9:20, 시 143:10). 예수님도 선한 목자이시고(요 10:11), 착한 일을 수행하신다(빌 1:6). 성부 성자 성령 삼위일체 하나님은 선하시다. 성도인 우리도 선한 일을 하도록 지으심을 받은 존재이다(엡 2:10).

사탄의 영은 악령 곧 악한 영이다(삿 9:23). 사탄은 근본적으로 악하

다. 사탄은 파괴하고 멸망시키고 거짓말하고 속이는 영이다. 대조적으로 선한 영은 좋은 길로 가르쳐주고 만나와 물을 끊임없이 공급해 주신다. 사도행전에서는 하나님은 비를 주시고 음식과 기쁨을 주시는 선한 일을 하시는 하나님으로 묘사했다(행 14:17). 하나님은 선하사 선을 행하신다 (시 119:68). 하나님은 좋으신 하나님, 선하신 하나님이시다. 하나님의 본심은 인생을 고생하게 하시거나 근심하게 하시는 것이 아니다(애 3:33). 하나님의 속성은 근본적으로 선하시기에 선한 일만 하신다. 사랑, 복, 용서, 자비로움, 인자하심이 하나님이 하시는 일이시다. 하나님은 우리가 잘되기를 바라신다. 근심을 기쁨으로 바꾸시고, 저주를 복으로 바꾸시고, 악을 선으로 바꾸신다. 또한 자녀들이 올바른 길로 가지 않을 때는 징계도 하신다. 그 징계는 하나님의 자녀를 보석으로 연마하기 위한 연단이다. 하나님이 하시는 일은 시험이라 할지라도 다 옳다. 하나님이 하시는 모든 일이 선한 뜻과 목적으로 귀결하기 때문이다.

하나님의 백성은 하나님의 자녀로서 선한 일을 해야 한다. 선한 일을 하도록 부르심을 받았기 때문이다. 성도는 인간관계에서 선을 드러내야 한다. 상대방에게 친절하고 온유하고 정직하고 대접하고 사랑해야 한다. 기독교인으로서 인색하고 까탈스럽고 사나우며 무정하고 무자비하고 오만하고 무례하고 배신하며 신의가 없고 속이기를 잘하고 탐욕스러운 행동을 하면 안 된다. 현대 기독교가 비판받는 이유 중의 하나가 예의 없고 교양 없는 무례한 기독교인 때문이다. 우리는 하나님의 속성을 닮은 자로서 선해야 하고 선한 일을 해야 한다.

48. 나무를 우리 하나님의 전에 바쳐

바벨론 포로 귀환 이후 새로 생긴 제물 규정도 있다. 나무를 성전에 바치는 규정이다. 느헤미야 10장 34절이다. "또 우리 제사장들과 레위 사람들과 백성들이 제비 뽑아 각기 종족대로 해마다 정한 시기에 나무를 우리 하나님의 전에 바쳐 율법에 기록한 대로 우리 하나님의 제단에 사르게 하였고."

(개역개정) 해마다 정한 시기에 나무를 우리 하나님의 전에 바쳐

(개역한글) 해마다 정한 기한에 나무를 우리 하나님의 전에 드려서

(공동번역) 해마다 정한 때에 우리 하느님의 성전에 장작을 바칠 것

(메시지) 연간 일정에 따라 각 가문이 하나님의 제단에 필요한 장작을 공급할 수 있도록 제비를 뽑아 순서를 정한다.

(바른) 매년 정한 때에 우리 하나님 성전에 장작을 바치게 하여

(새번역) 해마다 정한 때에 우리 하나님의 성전에 땔 나무를 바칠 순서를 정한다.

(새즈믄) 우리 하나님의 성전을 위하여 우리 각종가에 책정한 것을 제때에 드리며

(쉬운말) 그래서 해마다 정한 때에 나무를 가져가기로 했습니다.

(신세계역) 우리 하나님 여호와의 제단 위에서 태울 나무를 우리 하느님의 집에 가져오도록 하였다.

(우리말) 해마다 정해진 시간에 우리 하나님의 집에 나무를 가져와

(조선어) 해마다 정한 때에 우리 하나님의 성전에 장작을 바칠 것

(천주교) 우리 하느님의 집에 장작을 봉헌할 순서를 결정하였다.

(킹제임스 흠정) 해마다 정한 때에 나무 헌물을 우리 하나님의 집에 가져와

(표준새번역) 해마다 정한 때에 우리 하나님의 성전에 땔 나무를 바칠 순서를 정한다.

(한글 킹제임스) 나무 제사를 위하여 제비를 뽑아 해마다 정한 시기에

(현대어) 해마다 정한 때에 우리 하나님의 성전에 땔감을 바칠

(현대인) 해마다 정한 때에 성전으로 나무를 가져와

(히브리어 직역) 매년 정해진 때 우리 하나님의 집에 나무제물을 가져와서

(원문) 해마다 정한 때에 나무를 우리 하나님의 성전에 바쳐

　

구약의 제사를 다루고 있는 레위기에 보면 제단 위의 불은 항상 피워 꺼지지 않게 했기에(레 6:12) 많은 나무가 필요했다. 그렇지만 레위기에는 나무를 바치는 규례는 없다. 바벨론 포로 귀환 이후 시대의 상황이 바뀌면서 나무가 귀해졌거나 구하기가 어려워지면서 나무를 바치는 규정이 신설된 것이다. 특히 느헤미야 시대에는 그야말로 초토화된 나라의 상황으로 볼 때 나무를 준비하는 것조차 힘든 일이었을 것이다. 그러나 제단의 불을 피우기 위해서는 나무가 꼭 필요했으니 제물의 한 부분으로 여기게 되었다. 느헤미야 마지막 장 마지막 절에 보면 나무와 처음 익은 것을 동등시했다. "또 정한 기한에 나무와 처음 익은 것을 드리게 하였사오니"(느 13:31). 그만큼 나무 제물은 당시에 급박한 것이라 생각된다. 시대적 상황에 따라 헌물의 내용이 바뀔 수 있다.

한국교회도 초창기 교회와 비교하면 많은 것이 시대에 따라 변화되었

다. 신앙의 본질적 문제가 훼손하는 것이 아닌 한 수용할 것은 수용하는 자세가 필요하지 않을까? 시대의 변화에 따라 받아들일 것은 받아들이는 지혜가 필요하다고 생각한다. 수십 년 전까지만 해도 한국교회는 드럼이나 기타를 예배 시간에 사용하는 것을 금기시했다. 지금은 거의 대부분의 교회가 받아들이고 있다. 또 성미라 하여 쌀을 헌물로 드린 때도 있었다. 지금은 시대의 변화에 따라 온라인 예배와 헌금도 생겨났다. 본질적인 문제가 아닌 한 지엽적이고 문화적인 부분은 폭넓게 받아들이는 아량이 필요하다. 다시 한번 멜데니우스의 명언을 되새기자. 본질적인 것에는 일치를, 비본질적인 것에는 자유를, 그리고 모든 것에는 사랑을.

49. 도로 찾았거늘

　이번 구절은 적절하지 못한 단어를 선택해 번역한 경우이다. 느헤미야 5장 8절이다. "그들에게 이르기를 우리는 이방인의 손에 팔린 우리 형제 유다 사람들을 우리의 힘을 다하여 도로 찾았거늘 너희는 너희 형제를 팔고자 하느냐." 이 구절에서 문제가 되는 부분은 '도로 찾았거늘'이다.

　　(개역개정) 도로 찾았거늘

　　(개역한글) 속량하였거늘

　　(공동번역) 우리는 일껏 찾아왔소.

　　(메시지) 애써 값을 치르고 찾아왔소.

　　(바른) 힘을 다하여 속량하였는데

　　(새번역) 애써 몸값을 치르고 데려왔소.

　　(새즈믄) 취득하였거늘

　　(쉬운말) 우리는 힘 닿는 대로 그들의 몸값을 치르고 데려왔소.

　　(신세계역) 우리의 능력이 닿는 대로 도로 샀습니다.

　　(우리말) 속량해 오지 않았소?

　　(조선어) 우리는 일껏 찾아왔소.

　　(천주교) 도로 사왔습니다.

　　(킹제임스 흠정) 속량하였거늘

　　(표준새번역) 애써 몸값을 치르고 데려왔소.

(한글 킹제임스) 속량하였거늘

(현대어) 우리의 능력이 닿는 데까지 많은 사람을 해방시켜

(현대인) 포로 생활에서 돌아오게 했는데

(히브리어 직역) 가능한 대로 샀는데

(원문) 도로 샀는데

본문에서 사용된 '도로 찾았거늘'은 히브리어로 '카나'인데 '속량하다, 구입하다'라는 뜻이다. 이방인에게 팔려나간 형제를 몸값을 지불하고 데려왔는데 이제는 형제를 팔려고 하느냐라는 항변이다. 개역한글 성경도 '속량'이라 번역했는데 개역개정 성경에서 굳이 '도로 찾았거늘'이라 번역한 게 이해가 안 간다. 성경의 구속사에서 '팔다와 사다(구입하다)'라는 단어는 상호교차적인 단어이다. '팔다'는 하나님께서 이방인에게 넘긴다는 심판이라면 '사다'는 몸값을 지불해서 채무를 벗어나게 하는 것뿐 아니라 하나님의 구속행위를 의미한다. 도로 찾았다는 말도 의미는 통하지만, 구속의 교리 및 신앙용어를 생각해 본다면 속량이나 구입, 사다 등의 단어가 적절하다 하겠다. 그래야 사고 팔다의 대구적인 표현이 잘 드러나기 때문이다.

에스더

50. 도리어

    에스더서는 한마디로 역전의 하나님, 반전의 하나님을 보여 준다. 하만이라는 대적자가 유대인을 제거하려 했지만 도리어 대적들이 제거되었다. 에스더 9장 1절을 살펴보자. "유다인의 대적들이 그들을 제거하기를 바랐더니 유다인이 도리어 자기들을 미워하는 자들을 제거하게 된 그 날에."

    (개역개정) 도리어

    (개역한글) 도리어

    (공동번역) 도리어

    (메시지) 상황은 역전되어

    (바른) 오히려

    (새번역) 오히려

    (새즈믄) 바뀌었다.

    (쉬운말) 바뀌었습니다.

    (신세계역) 도리어 그 반대가 되어

    (우리말) 상황이 뒤바뀌어

    (조선어) 도리어

    (천주교) 도리어

    (킹제임스 흠정) 일이 거꾸로 되어

    (표준새번역) 오히려

(한글 킹제임스) 반대로 돌이켜져

(현대어) 그와 정반대가 되어서

(현대인) 오히려

(히브리어 직역) 상황이 뒤바뀌어

(원문) 오히려

'도리어'는 히브리어 '하파크'로써 '뒤집다, 엎는다'라는 뜻이다. 하나님의 극적인 반전은 성경 여러 곳에서 발견된다. 사실 성경의 이야기는 저주와 복으로 점철된 것이다. 하나님께 버림받아 원수에 팔려 가든지, 그 와중에 구원을 얻기도 한다. 슬픔이 변하여 기쁨이 되고(에 9:22), 우리의 춤은 변하여 슬픔이 되었사오며(애 5:15). 슬픔이 변하여 내게 춤이 되게 하시고(시 30:11), 바다를 변하여 육지가 되게 하셨으므로(시 66:6), 에돔의 시내들은 변하여 역청이 되고(사 34:9) 이 구절들에서도 '변하여'가 '하파크(뒤집다)'이다. 내가 그들의 슬픔을 돌려서 즐겁게 하며(렘 31:13). 여기서는 '돌려서'가 '하파크'이다. 하나님은 순식간에 슬픔을 기쁨으로, 저주를 복으로 만드시는 분이시다. 어쩌면 우리의 위상이 하나님께는 극단적이다. 하나님의 원수요, 지옥 백성이었던 자가 하나님의 자녀가 되고 천국 백성이 되는 것 자체가 극적인 반전이 아니고 무엇이겠는가. 죽음이 변하여 생명이 되고, 악이 변하여 선이 되며, 죄가 변하여 의가 되게 하시는 하나님의 은혜가 '하파크'이다. 또한 주의 자녀들이 어려움에 빠질 때 하나님께서는 부지불식간에 그 상황을 뒤집으셔서 피할 길을 주시고 한쪽 문이 닫히면 다른 문을 열어 주신다.

에스더에서는 아말렉 족속인 원수 하만을 지적하지 않을 수 없다. 출애굽 후 40여 일 만에 르비딤에서 이스라엘을 공격한 족속이 아말렉이다. 구원받은 이스라엘 백성을 최초로 공격한 것이다(출 17:8). 이는 명백히 사탄의 공격이었다. 이때 모세가 손을 들면 이기고 내리면 아말렉에게 지는 일이 반복된다. 결국 아말렉을 무찌른 후 모세는 제단을 쌓고 여호와 닛시라고 선포했다. 하나님은 이 사건을 계기로 아말렉을 천하에서 없애라고 명령하셨다(출 17:14, 신 25:19). 사탄의 도구인 아말렉은 끈질기게 이스라엘을 괴롭혔다. 이스라엘 백성이 광야에서 하나님의 명령을 무시하고 나가 전투하다가 최초로 패배한 것도 아말렉과 가나안 연합군에게였다. 사사시대에도 아말렉은 끊임없이 이스라엘을 도발했다(삿 3:13, 삿 6:33).

이스라엘 왕조가 세워지고 사울이 왕이 된 후 아말렉을 진멸하라는 하나님의 명령을 어기고 아각 왕을 살려두고 전리품을 빼돌린 사울 왕은 버림받는다(삼상 15:18). 이로 인해 왕조는 다윗에게 넘어간다. 히스기야 때 아말렉을 거의 진멸하기에 이른다(대상 4:43). 그러나 아말렉은 포기하지 않고 이스라엘이 바벨론에 포로로 잡혀간 후에도 아각 사람, 즉 아말렉 족속인 원수 하만이 대대적인 유다인 멸절을 꾀한다(에 3:1). 재미있는 사실은 모르드개가 베냐민 지파 사람이라는 것이다(에 2:6). 베냐민 지파 출신인 사울 왕이 죽은 지 500년이 지나서 베냐민 지파와 아말렉의 대결이 다시 벌어진 것이다. 에스더와 모르드개의 신앙과 용기 덕분에 원수인 아말렉은 멸망한다. 사탄의 공격은 끊임없고 집요하나 최종적으로 사탄은 패하게 되어 있다. 원수가 이긴 것처럼 보이나 최종적인 멸망이 그들의 결과이다. 예수님이 십자가를 지고 운명하셨을 때 실패한 것같이 보였으나 죽음을 이기시고 부활하셨다. 사탄의 권세를 물리치시고 왕권을 세우셨다. 하나님은 실패에서 성공으로 저주에서 복으로 죽음에서 생명으로 뒤바꾸시는 '하파크'의 하나님, 역전의 하나님이시다.

욥기

51. 힘든 노동

아마도 구약에서는 레위기와 더불어 욥기가 가장 난해한 성경일 것이다. 이해 안 되는 문장과 문맥의 흐름, 그리고 강조하려는 주된 주제의 모호함이 욥기를 더욱 어려운 책으로 만든다. 욥기는 단지 고난에 관련한 책이 아니다. 하나님의 자유로운 주권에 관한 선언이다. 42장에 달하는 긴 책이지만 내용은 비교적 간단하다. 욥과 세 친구들, 그리고 엘리후까지 하나님을 인과응보의 하나님으로만 오해한다는 것이다. 하나님의 절대 주권과 깊은 경륜을 인간이 다 알 수 없다는 것이다. 욥기는 하나님은 인과관계의 하나님만이 아니라 자유로우신 주권자이심을 선언한다.

유독 욥기는 인생을 부정적으로 묘사한다. 사람은 고생을 위하여 났으니(욥 5:7), 생애는 짧고 걱정이 가득하며(욥 14:1), 인생에게 힘든 노동이 있지 아니하겠느냐(욥 7:1) 등이 있다. 그중에서 욥기 7장 1절을 살펴보자. "이 땅에 사는 인생에게 힘든 노동이 있지 아니하겠느냐."

    (개역개정) 이 땅에 사는 인생에게 힘든 노동이 있지 아니겠느냐?

    (개역한글) 세상에 있는 인생에게 전쟁이 있지 아니하냐?

    (공동번역) 인생은 땅 위에서 고역이요.

    (메시지) 인생은 고역일세. 그렇지 않은가?

    (바른) 땅위에 사는 인생에게는 힘든 노동이 있지 않으냐?

    (새번역) 인생이 땅 위에서 산다는 것이 고된 종살이와 다른 것이 무엇이냐?

(새즈믄) 세상에서 사는 인생에게 고된 일인들 없겠는가?

(쉬운말) 세상살이가 정말이지 쉽지 않아.

(신세계역) 땅 위에서 사는 멸성인 사람에게는 강제 노역이 있지 않은가?

(우리말) 사람이 땅에서 사는 것이 고된 종살이가 아닌가?

(조선어) 인생은 땅 우에서 고역이요.

(천주교) 인생은 땅 위에서 고역이요

(킹제임스 흠정) 땅 위에 사는 사람에게 정해진 기한이 있지 아니하냐?

(표준새번역) 인생이 땅 위에서 산다는 것이 고된 종살이와 다른 것이 무엇이냐?

(한글 킹제임스) 세상에 있는 인간에게는 정해진 시간이 있지 아니하냐?

(현대어) 인생살이 치열한 전쟁터와 같지 않은가!

(현대인) 인생은 전쟁을 하는 것 같고

(히브리어 직역) 땅에는 인간의 복무기간이 있으니

(원문) 인생에 이 땅 위에서 살아간다는 것이 힘든 고역이 아닌가?

본문에서 사용된 '힘든 노동'은 히브리어로 '짜바'인데 '전쟁, 군대'라는 뜻이다. 개역한글 성경에서 '전쟁'이라고 잘 표현한 것을 왜 개역개정 성경에서 '힘든 노동'이라 바꾸었는지 의문이다. 전쟁터 같은 인생살이가 훨씬 치열한 인생을 잘 드러내지 않는가? 성경은 인생을 골짜기로 표현하기도 한다. 죽음의 그늘이 엄습하는 사망의 음침한 골짜기(시 23:4), 죽음의 힌놈 골짜기(렘 7:32), 눈물의 바카 골짜기(시 84:6), 건기 때 바싹 마르는 기드론 골짜기(요 18:1), 사해의 소금기로 쓸쓸한 싯딤 골짜기(창 14:10), 절망과 죽음의 아골 골짜기(수 7:26) 같은 것이 인생이다. 또 성경은 인생을 광야에 비유한다. 크고 두려운 광야(신 1:19), 먹을 것도 물도 없는 광야(민 21:5), 광대하고 위험한 광야(신 8:15)이다. 인생은 고난의 과정을 겪지 않을 수 없다. 아마도 바로 왕 앞에서 노년에 고백한 야곱의 인생 여정이 우리네 인생일 것이다. "험악한 세월을 보냈나이다"(창 47:9). 천국까지 가는 길은 역정 그 자체이다. 인생이란 골짜기가 기다리고 있고, 광야를 지나가면서 고난은 피할 수 없다. 그러나 반드시 헤쳐 나가야 할 길이기도 하다. 그 길을 주님과 함께 걸어가야 한다. 고난 없는 인생은 없다. 인생은 전쟁이다.

그러나 골짜기 같고 광야 같은 인생을 나그네처럼 살아가는 우리에게는 최종 목적지가 있다. 광야는 거쳐 가야 하는 곳이지 종착지가 아니다. 광야는 영원하지 않다. 우리가 도착할 본향은 젖과 꿀이 흐르는 가나안 땅이다. 가다 보면 골짜기 가운데서 샘이 나고 광야가 못이 된다. "골짜기 가운데서 샘이 나며 광야가 못이 되게 하며 마른 땅이 샘 근원이 되게 할 것이며"(시 41:18). 지나가다 보면 어느덧 고난의 아골 골짜기에서 소망의 문을 주신다. "아골 골짜기로 소망의 문을 삼아 주리니"(호 2:15). 성경은 우리에게 미래의 소망을 준다. "갇혀 있으나 소망을 품은 자들아"(슥 9:12). 인생은 비관적으로 보이나 결국 우리의 인생은 낙관적으로 끝난다. 비관적 낙관주의가 우리의 세계관이어야 한다. 인생은 전쟁터 같은 고난이지만 평강의 낙원으로 우리의 여정은 끝난다. 해피 앤딩이 기독교인의 삶이다.

52. 너희만 참으로 백성이로구나

욥기에는 어색하게 번역한 문장이 꽤 된다. 의역이 필요한 문장을 직역해서 뜻이 잘 안 통하는 경우가 있다. 욥기 12장 2절을 보자. "너희만 참으로 백성이로구나 너희가 죽으면 지혜도 죽겠구나."

(개역개정) 너희만 참으로 백성이로구나 너희가 죽으면 지혜도 죽겠구나.

(개역한글) 너희만 참으로 사람이로구나 너희가 죽으면 지혜도 죽겠구나.

(공동번역) 참으로 자네들만이 유식하여 자네들이 죽으면 지혜도 함께 죽겠군.

(메시지) 자네들은 모든 전문가의 대변인인 모양이군. 자네들이 죽으면 우리에게 살아갈 방도를 일러 줄 자가 없겠어.

(바른) 진실로 너희만 사람이며, 너희가 죽으면 지혜도 너희와 함께 죽겠구나.

(새번역) 지혜로운 사람이라곤 너희밖에 없는 것 같구나. 너희가 죽으면 지혜도 너희와 함께 사라질 것 같구나.

(새즈믄) 분명 너희는 평민이니 너희가 지혜를 소유하면 죽는다.

(쉬운말) 참으로 자네들은 모든 것을 다 알고 있는가? 자네들이 죽으면 지혜도 없어지겠군.

(신세계역) 참으로 자네들만 사람이요, 자네들과 함께 지혜도 죽겠구나!

(우리말) 참으로 자네들만 사람이로군. 그러니 자네들이 죽으면 지혜도

죽겠군!

(조선어) 참으로 자네들만이 유식하여 자네들이 죽으면 지혜도 함께 죽겠군.

(천주교) 참으로 자네들은 유식한 백성이네 자네들이 죽으면 지혜도 함께 죽겠구료

(킹제임스 흠정) 틀림없이 너희만 사람이로구나. 너희가 죽으면 지혜가 죽겠구나.

(표준새번역) 지혜로운 사람이라곤 너희밖에 없는 것 같구나. 너희가 죽으면 지혜도 너희와 함께 사라질 것 같구나.

(한글 킹제임스) 틀림없이 너희만 사람이요, 지혜가 너희와 함께 죽겠구나.

(현대어) 자네들만 참으로 지혜롭군 그려 자네들이 죽으면 지혜도 함께 따라 죽겠군.

(현대인) 참으로 너희들만 사람인 체 하는데 너희들이 죽으면 지혜도 함께 죽고 말겠구나!

(히브리어 직역) 참으로 너희만 옳은 백성이냐? 너희와 함께 지혜가 죽겠구나.

(원문) 참으로 너희만 백성이로구나. 너희가 죽으면 지혜도 함께 죽겠구나.

본문의 내용은 직역보다는 의역이 필요한 구절이다. '너희만 백성이로구나'는 '너희만 지혜로운 인간인 척 잘난 체하는군'이라는 뜻이다. 위로한답시고 내뱉는 친구들의 말이 본인들만 옳다고 잘난 척하는 사람 같다고 비꼬는 내용이다. 어려움을 겪는 사람에게 위로는커녕 지적질만 하는 친구들이 야속한 것이다. 상대의 고통을 공감하지 못하는 사람이 어찌 위로자가 될 수 있겠는가? 욥은 억울하게 고난을 당한 것도 구슬픈데 친구들마저 네가 죄를 지었으니 고난을 겪는 것이라고 비판하는 것에 적잖

이 마음이 상한 것이다. '너희들만 지혜로운 척하는구나, 너희들 아니면 지혜가 없겠구나'라는 비아냥이다.

의인이 고통을 당하고 악인이 형통하는 세상의 부조리와 불합리성을 신정론이라 한다. 욥기와 더불어 하박국 1장, 예레미야 12장, 전도서 8장, 시편 73편 등이 그에 관한 내용을 다루고 있다. 하나님이 계시면 왜 고난이 존재하는가? 왜 악인들이 번영하는가? 하나님은 왜 악인에게 즉각적인 심판을 행하지 않으시는가? 성경은 분명히 밝히고 있다. 악인들은 반드시 심판받는다는 사실을. 그러나 악한 자라 할지라도 한 명이라도 구원하시기 위해 심판을 연기하고 있는 것이다. 또한 죄가 유입되기 전 에덴동산에 사탄을 허용하듯이, 욥같이 정직하고 온전한 자라 할지라도 하나님은 시험하신다. 신앙의 성숙을 위해 하나님은 끊임없이 우리를 연마하시고 단련하신다. 무엇보다 이 모든 일은 사도 바울이 로마서에서 말한 것처럼 하나님의 절대 주권에 속하는 문제이다. 하나님께서 당신의 뜻대로 이뤄가신다. 인간의 눈에 불합리하고 부조리하게 보여도 하나님은 자신의 계획과 경륜에 따라 자유롭게 이끌어 가신다. 하나님은 법칙이 아니다. 하나님은 당신의 뜻대로 세상을 경영하신다. 다만 우리가 이해하지 못할 뿐이다.

53. 기다리겠나이다

앞에서 말한 대로 욥기에서는 번역이 매끄럽지 못한 문장이 여럿 발견된다. 단어 선택을 신중히 했으면 좋았을 것이라 여겨지는 대목이다. 이번 구절도 단어 선택이 아쉬운 문장이다. 욥기 14장 15절이다. "주께서는 나를 부르시겠고 나는 대답하겠나이다 주께서는 주의 손으로 지으신 것을 기다리시겠나이다."

(개역개정) 주께서는 주의 손으로 지으신 것을 기다리시겠나이다.

(개역한글) 주께서는 주의 손으로 지으신 것을 아껴보셨겠나이다.

(공동번역) 당신께서는 손수 지으신 것이 대견스럽지도 않으십니까?

(메시지) 손수 지으신 피조물을 애타게 그리워하셔서

(바른) 주께서는 주의 손으로 만드신 것에 애착을 가지실 것입니다.

(새번역) 주님께서도 손수 지으신 나를 보시고 기뻐하실 것입니다.

(새즈믄) 당신님은 손수 만드신 것을 대망하소서.

(쉬운말) 당신께서는 당신의 손으로 만드신 저를 보시고 불쌍히 여기실 것입니다.

(신세계역) 당신은 당신의 손으로 만드신 것을 그리워하실 것입니다.

(우리말) 주께서는 손수 만드신 것을 간절히 바라실 겁니다.

(조선어) 당신께서는 손수 지으신 것이 대견스럽지도 않으십니까?

(천주교) 당신 손의 작품을 당신께서 그리워하신다면야!

(킹제임스 흠정) 주께서는 주의 손으로 지으신 것을 원하시리이다.

(표준새번역) 주께서도 손수 지으신 나를 보시고 기뻐하실 것입니다.

(한글 킹제임스) 주께서는 주의 손으로 지으신 것에 애착을 가지시리이다.

(현대어) 그땐 손수 빚으신 날 흐뭇해하시겠지요.

(현대인) 주께서는 주의 손으로 만드신 나를 그리워할 것입니다.

(히브리어 직역) 당신의 손으로 만드신 것을 당신께서 열망하시기를 바랍니다.

(원문) 주님께서는 손수 만드신 것을 그리워하실 것입니다.

본문에서 '주께서 나를 부르시겠고'는 고통에 빠진 욥은 죽은 후라도 하나님이 부르시면 만나 뵙기를 원한다는 고백이다. '주의 손으로 지으신 것을'은 하나님이 만드신 작품인 인간 즉 욥 자신을 의미한다. '기다리시겠나이다'는 히브리어 '카싸프'를 번역한 것인데 '사모하다, 열망하다, 아끼다'라는 뜻이다. 하나님은 자신이 만드신 작품을 귀히 여기시는 분이시니 자신도 아껴주실 것이라 고백하는 내용이다. 그런데 '기다리겠나이다'라는 번역은 전혀 어울리지 않는다. 개역한글 성경에서 '주께서는 주의 손으로 지으신 것을 아껴보셨다'라고 잘 번역한 것을 '주께서는 주의 손으로 지으신 것을 기다리겠나이다'고 개정한 것은 오히려 잘못된 개역으로 보인다. 창조주이신 하나님의 심중을 아주 잘 표현한 것이 하나님은 창조물을 아껴보신다는 것이다. 창조물 중의 창조물인 인간이야말로 하나님의 기쁨이요 영광이다. 하나님은 그의 백성을 하나님의 영광을 위하여 창조하셨고 사랑하사 독생자 아들의 피 값을 대가로 구속하실 정도로 아끼시는 존재이다. '기다린다는 것'과 '아껴보신다는 것'은 엄청난 차이를 보여 주는 번역이다. 차라리 '애착을 갖다, 기뻐하시다, 대견해하다'라는 단어도 좋은 대체어가 되리라 믿는다.

54. 하나님이 나를 억울하게 하시고

지금 욥은 영혼의 어두운 밤을 지나고 있다. 하나님의 임재와 지원을 모두 거두어가셔서 공허하고 혼란만 남은 채 불확실함만 가득하다. 홀로 남겨지고 버림받은 느낌에서 벗어날 수 없는 욥은 하나님을 이해하지 못한다. 이해할 수 없는 하나님! 때로 우리가 느끼는 하나님이다. 욥기 19장 6절이다. "하나님이 나를 억울하게 하시고 자기 그물로 나를 에워싸신 줄을 알아야 할지니라."

(개역개정) 하나님이 나를 억울하게 하시고 자기 그물로 나를 에워싸신 줄을 알아야 할지니라.

(개역한글) 하나님께서 나를 굴하게 하시고 자기 그물로 나를 에워싸신 줄은 알아야 할지니라.

(공동번역) 모르겠는가? 나를 이렇게 억누르시는 이가 하느님이시라는 것을! 나를 덮어씌운 것이 그의 그물이라는 것을!

(메시지) 이 모든 일의 배후에는 그분이 계시고 나를 이 혼란 속으로 끌어들인 분도 그분이시니 말일세.

(바른) 하나님께서 나를 굴복시키시고 자기 그물로 나를 에워싸신 것을 너희가 알아야 한다.

(새번역) 그러나 이것만은 알아야 한다. 나를 궁지로 몰아넣으신 분이 하나님이시고, 나를 그물로 덮어씌우신 분도 하나님이시다.

(새즈믄) 그러나 하나님이 나를 학대하셨음을 너희는 알며 그가 사냥 그물로 나를 싸잡으셨음을 명심하라

(쉬운말) 나를 이렇게 만들고 그물로 덮어씌우신 분은 하나님이시네

(신세계역) 이것만은 알아두게나 하느님께서 나를 그릇 인도하시고, 자신의 사냥 그물로 나를 에워싸셨다는 것을.

(우리말) 하나님께서 이미 나를 거꾸러뜨리시고 그 그물로 나를 둘러싸셨음을 이제 알게나.

(조선어) 모르겠는가? 나를 이렇게 억누르시는 이가 하나님이시라는 것을! 나를 덮어씌운 것이 그의 그물이라는 것을!

(천주교) 그렇지만 알아두게나, 하느님은 나를 학대하시고 나에게 당신의 그물을 덮어씌우셨음을.

(킹제임스 흠정) 하나님께서 나를 뒤엎으시고 자신의 그물로 나를 에워싸신 줄 이제 알아야 할지니라.

(표준새번역) 그러나 이것만은 알아야 한다. 나를 궁지로 몰아넣으신 분이 하나님이시고, 나를 그물로 덮어씌우신 분도 하나님이시다.

(한글 킹제임스) 하나님이 나를 굴복시키시고 그의 그물로 나를 에워싸셨음을 알라.

(현대어) 이것들 보게나. 나를 이 지경으로 만들어 놓으신 이는 하나님 아니시던가? 그분이 나를 잡아들이려 그물을 쳐놓으신 것이 아닌가 말일세.

(현대인) 너희가 먼저 알아야 할 것은 나를 이렇게 하신 분이 하나님이시며 그가 나를 잡기 위해서 덫을 놓았다는 사실이다.

(히브리어 직역) 정녕 하나님께서 나를 굽게 하셨고 그의 올가미로 나를 가두셨다는 것을 알라.

(원문) 하나님께서 나를 거꾸러뜨리시고 내게 그물을 덮어씌우셨다는 것

을 알아라.

욥의 세 친구들은 여전히 욥의 죄만 추궁하고 있다. 그들이 아는 하나님은 인과응보의 하나님이시다. 죄를 지었기에 벌을 받는 것이다. 그들이 보는 하나님은 단순하다. 착한 자에게는 상을, 악한 자에게는 벌을 주시는 하나님이시다. 하나님을 도식화하기는 쉽다. 우리는 내가 그리는 하나님으로 몰아갈 때가 많다. 하나님이시라면 이렇게 해야 하지 않겠냐고 반문한다. 그것은 내가 만든 하나님이다. 하나님은 주권자시다. 하나님은 자신의 자유대로 만사를 이끄신다.

"그가 임의로 인도하시느니라"(잠 21:1). 욥은 어렴풋이 이 모든 일의 배후에 하나님이 일을 이끄심을 알고 있었다. 설사 죄를 짓지 아니하더라도 의인에게 역경이 온다는 것을 말하고 있다. 이유는 알지 못하나 현실은 하나님이 자신에게 원수가 되셔서 억울한 일들이 벌어지고 고난이 연속되고 기도에 응답도 없는 절망 가운데 하나님은 몰아넣으신다.

본문에서 '억울하다'의 히브리어는 '아바트'로써 '뒤집다, 왜곡하다, 굴복하다' 등의 뜻이다. 욥이 말하고 싶은 것은 내가 이런 처참한 고통의 상황에 빠진 것은 내 죄 때문이 아니라 자세히는 몰라도 하나님께서 개입하셔서 철저하게 자신을 뭉개버렸다는 것이다. 아무리 생각해도 자신이 이런 불행을 당할 정도의 죄를 지은 적이 없기에 하나님을 만나 뵙고 그 이유를 알고 싶은 것이다. 욥의 세 친구들은 악한 자에게 역경이 오고 의인에게는 순경만 온다는 것이다. 반면에 욥은 악한 자에게도 역경이 오지 않을 때도 있고 의인이라고 순경만 오는 것은 아니라는 것이다. 나중에 하나님이 찾아오셔서 하나님의 모습을 오해한 세 친구들을 야단치시고, 하나님의 자유로우신 주권에 항변한 욥을 야단을 치신다. 욥의 친구들은 하나님을 잘못 알고 있는 것이고, 욥은 하나님이 하시는 일을 자기 마음에 안 들어 한 것을 지적한 것이다. 욥은 이 부분도 회개하며 하나님이 계획하시고 하시는 모든 일은-설사 의인이 고난을 받는 것조차-옳으심을 인정한다. 하나님이 하시는 모든 일을 이해한다는 것은 또 다른 교만이다. 이해할 수 없는 하나님이 우리의 순전한 고백이다. 그럼에도 하나님이 하시는 모든 일은 옳다고 순종하는 것만이 우리의 일이다.

55. 수탉

이 구절은 논란이 되는 구절 중 하나이다. 갑자기 수탉이 등장하는 것이 이상하다. 보충 설명이 없으면 해석이 불가능한 구절이다. 먼저 여러 번역들을 살펴보자. 욥기 38장 36절이다. "가슴속의 지혜는 누가 준 것이냐 수탉에게 슬기를 준 자가 누구냐."

(개역개정) 가슴속의 지혜는 누가 준 것이냐 수탉에게 슬기를 준 자가 누구냐.

(개역한글) 가슴속의 지혜는 누가 준 것이며 마음속의 총명은 누가 준 것이냐.

(공동번역) 누가 따오기에게 지혜를 주었느냐? 누가 닭에게 슬기를 주었느냐?

(메시지) 누가 날씨 분별하는 지혜를 따오기에게 주었으며, 폭풍을 감지하는 능력을 수탉에게 주었느냐?

(바른) 가슴속의 지혜는 누가 심어 두었느냐? 마음속의 명철은 누가 주었느냐?

(새번역) 강물이 범람할 것이라고 알리는 따오기에게 나일강이 넘칠 것이라고 말해주는 이가 누구냐? 비가 오기 전에 우는 수탉에게 비가 온다고 말해주는 이가 누구냐?

(새즈믄) 누가 슬기를 수탉에게 주며 누가 수탉에게 예지를 주었는가?

(쉬운말) 누가 가슴에 지혜를 주고 마음에 총명을 주었더냐?

(신세계역) 누가 구름층에 지혜를 두었느냐, 또 누가 하늘 현상에 이해력을 주었느냐?

(우리말) 누가 속에 지혜를 두었느냐? 누가 마음속에 지각을 주었느냐?

(조선어) 누가 따오기에게 지혜를 주었느냐? 누가 닭에게 슬기를 주었느냐?

(천주교) 누가 따오기에게 지혜를 내렸느냐? 또 누가 수탉에게 슬기를 주었느냐?

(킹제임스 흠정) 누가 사람의 속 중심부에 지혜를 넣어 주었느냐? 누가 마음에게 명철을 주었느냐?

(표준새번역) 강물이 범람할 것이라고 알리는 따오기에게 나일강이 넘칠 것이라고 말해주는 이가 누구냐? 비가 오기 전에 우는 수탉에게 비가 온다고 말해주는 이가 누구냐?

(한글 킹제임스) 누가 속에다 지혜를 주었느냐? 또한 누가 마음속에 명철을 주었느냐?

(현대어) 따오기에게 지혜를 주어 나일강에 홍수가 날 것이라 말하게 하는 이 누구더냐? 누가 닭에게 슬기를 주어 비 내릴 것을 알리게 하느냐?

(현대인) 누가 마음에 지혜와 깨닫는 마음을 주었느냐?

(히브리어 직역) 누가 마음속에 지혜를 두었느냐? 누가 가슴속에 총명을 주었느냐?

(원문) 누가 마음속에 지혜를 두었느냐? 누가 가슴속에 슬기를 주었느냐?

애초에 개역한글 성경이 번역한 것이 원어를 잘 반영한 것이다. 그런데 개역개정 성경에서는 느닷없이 후반 절을 수탉으로 변경했다. 사실 욥기 38장 후반부부터 41장까지 여러 생물체가 등장하면서 하나님께서 주권적으로 우주 만물을 통치하는 모습을 강조한다. 그런데다 본문에 나오는 '가슴속의 지혜'에서 '가슴'이라는 단어가 이집트어로 '따오기'와 비슷하다 하여 가슴 대신 따오기로 번역한 성경이 생겼다. 게다가 뒤이어 37절에 '구름의 수'와 '하늘의 물주머니'가 나온다. 고대 이집트 사람들은 따오기와 수탉이 나일강의 범람이나 기상을 예고해 준다고 믿었다. 그러다 보니 따오기와 짝을 이뤄 수탉을 등장시킨 것이다. 차라리 따오기와 수탉을 넣어서 생물끼리 짝을 이뤄 번역하든지 가슴과 마음을 짝으로 맞춰 번역해야 하는데 개역개정 성경은 앞부분에는 가슴으로 번역하고 뒷부분은 수탉으로 번역해서 문맥상 흐름도 맞지 않고 엉뚱한 표현이 되고 말았다. 즉 사람의 가슴과 마음을 비교 대상으로 대구적으로 번역하든지 따오기와 수탉을 비교 대상으로 대구적으로 번역해야 하는데 가슴과 수탉을 비교 대상으로 만드는 오류를 범한 것이다. 가슴과 수탉이 짝이 되지도 않을 뿐 아니라 그 뜻마저 애매해져 버렸다. 이 문장은 섣부른 개역이 아닌가 생각한다. 차라리 개역한글처럼 "가슴속의 지혜는 누가 준 것이며 마음속의 총명은 누가 준 것이냐."라고 하든지 공동번역처럼 "누가 따오기에게 지혜를 주었느냐? 누가 닭에게 슬기를 주었느냐?"로 번역하는 것이 타당해 보인다.

시편

56. 지존자의 오른손의 해

　시편은 시라는 장르가 갖는 특수성으로 인해 축약된 언어로 표현하기에 이해하기가 어려운 문장이 다소 있다. 그중에서도 시편 77편 10절은 단축된 표현이 무엇을 말하는지 알기가 퍽 어렵다. "또 내가 말하기를 이는 나의 잘못이라 지존자의 오른손의 해."

　(개역개정) 지존자의 오른손의 해.

　(개역한글) 지존자의 오른손의 해.

　(공동번역) 지존하신 분께서 그 오른손을 거둔 때문이구나.

　(메시지) 지극히 높으신 하나님은 내가 필요로 할 때면 어김없이 일을 쉬시는구나.

　(바른) 지존자의 오른손의 해.

　(새번역) 가장 높으신 분께서 오른손으로 일하시던 때 나는 그때를 사모합니다.

　(새즈믄) 지존신의 오른손이 변하였다고 생각하였다.

　(새한글) 가장 높으신 하나님의 오른손이 달라진 것이야.

　(쉬운말) 하나님의 약속과 사랑을 믿는 나의 믿음이 약해진거야.

　(신세계역) 가장 높으신 분의 오른손이 변하는 것이로구나 하고 말해야 하겠습니까?

　(우리말) 지극히 높으신 분의 오른손에 붙잡혀 있을 때를 기억해 보자.

(조선어) 지극히 높으신 분께서 그 오른손을 거둔 때문이구나.

(천주교) 지극히 높으신 분의 오른팔이 변해 버리신 것이!

(킹제임스 흠정) 내가 지극히 높으신 이의 오른손이 일하신 여러 해를 기억하리이다.

(표준새번역) 가장 높으신 분께서 오른손을 거두시는 것 이것이 나의 슬픔이로구나 하였습니다.

(한글 킹제임스) 나는 지극히 높으신 이의 오른손의 연수들을 기억하리이다.

(현대어) 지극히 높으신 분께서 이제는 더 이상 나를 위해 손을 쓰지 않으신 때문이 아닌가.

(현대인) 나는 하나님의 축복이 증오로 바뀐 것이 나의 슬픔이라고 생각했습니다.

(히브리어 직역) 내 아픔을 지극히 높으신 분의 오른손이 바꾸실 것이다.

(원문) "지극히 높으신 분의 오른손이 변해 버리신 것은 내게 슬픔입니다"라고 하였다.

먼저 '지존자의 오른손의 해'에서 '해'는 히브리어 '솨나'로서 태양(sun)을 의미하는 것이 아니라 햇수(years), 세월을 말한다. 5절에 번역된 '세월'이 동의어이다. 그런데 히브리어 원어에서는 지존자의 오른손의 햇수(세월)라고만 쓰여 있다. 그러니 지존자의 오른손의 해(햇수)가 어떻다는 것인지 알 길이 도통 없다. 결국 유추할 수밖에 없다. 시편 77편의 전체 문맥이 옛날 지나간 세월을 추억하면서(5절), 더 이상 하나님의 도우심이 없으니 안타깝다(7-9절) 등이 나온다. 그러므로 종합적으로 '지존자의 오른손이 도와주었던 그때를 추억한다,' '지존자의 오른손의 도움이 더 이상 없어서 슬프다' 등으로 해석이 가능하다. 문제는 개역개정 성경은 '지존자의 오른손의 해'라고만 번역해서 무슨 뜻인지 난해하다. 이런 경우에야 말로 의역해서라도 문장을 완성해야 하는데 말이다. 의역을 해야 할 구절을 하지 않아 독해에 더 어려움을 끼치는 번역이 되고 말았다.

57. 연수를 사랑하여

역시 지나친 직역이 해석을 어렵게 만드는 구절이다. 본문에서 '연수를 사랑하여'에서 '연수'는 히브리어 '욤'으로서 '날들, 사는 날들'이다. 직역하면 '날들(또는 사는 날들)을 사랑하여'가 된다. 문제는 전혀 이해가 안 되는 데다가 어색한 표현이라는 점이다. 시편 34편 12절을 보자. "생명을 사모하고 연수를 사랑하여 복 받기를 원하는 사람이 누구뇨."

(개역개정) 연수를 사랑하여

(개역한글) 장수하여

(공동번역) 오래 살고 싶으냐?

(메시지) 날마다 좋은 일이

(바른) 장수하여

(새번역) 오래 살고 싶은 사람

(새즈믄) 장수를 사랑하는 사람이라면

(새한글) 좋은 것을 볼 날을 사랑하면서요?

(쉬운말) 오래 살고 싶으면

(신세계역) 충분한 날을 살아서

(우리말) 장수를 누리며

(조선어) 오래 살고 싶으냐?

(천주교) 장수를 바라는 이는

(킹제임스 흠정) 많은 날을 사랑하여

(표준새번역) 오래 살고 싶은 사람

(한글 킹제임스) 장수를 사랑하여

(현대어) 장수하며

(현대인) 오래 살기를 바라는 자들아,

(히브리어 직역) 날들을 사랑하는

(원문) 오래 살면서

　'날들(또는 사는 날들)을 사랑한다'는 것은 '사는 날을 더욱 사모한다'는 의미로써 오래 살고 싶어 하는 인간의 욕망을 드러내는 것이다. 오래 살고 싶어 하는 사람 또는 장수를 바라는 사람이라는 뜻인데 너무 어렵게 번역한 것이다. 개역한글 성경도 '장수하여'라고 번역했는데 뜻도 모호한 '연수를 사랑하여'로 개정했는지 의아하다. 다른 번역들을 보면 쉽게 이해되는 데 비해 유독 개역개정 성경만이 이상한 번역을 한 것이다. 별로 어렵지도 않은 문장을 어렵게 번역하고 말았다. 이것이 직역의 또 다른 맹점이다.

58. 내 기도가 내 품으로 돌아왔도다

본문은 두 가지 다른 뜻으로 해석되는 대표적인 난해 구절이다. 하나는 '기도가 응답되었다'라는 해석이고 다른 하나는 '기도가 응답 되지 못했다'라는 해석이다.

시편 35편 13절을 보자. "나는 그들이 병들었을 때 굵은 베옷을 입으며 금식하여 내 영혼을 괴롭게 하였더니 내 기도가 내 품으로 돌아왔도다."

(개역개정) 내 기도가 내 품으로 돌아왔도다.

(개역한글) 내 기도가 내 품으로 돌아왔도다.

(공동번역) 기도에 기도를 거듭거듭 올렸고

(메시지) 납덩이처럼 무거운 마음으로 저들을 위해 기도하면서

(바른) 내 기도가 내 품으로 되돌아왔습니다.

(새번역) 오, 내 기도가 응답 되지 않았더라면 더 좋았을 텐데!

(새즈음) 내 축복이 내 품에 되돌아올 것이다.

(새한글) 내 기도가 내 품으로 돌아옵니다.

(쉬운말) 그들을 위한 내 기도에 응답이 없을 때.

(신세계역) 내 기도가 내 품으로 돌아오곤 하였습니다.

(우리말) 내 기도가 응답 없이 내 가슴에 되돌아왔을 때

(조선어) 기도에 기도를 거듭거듭 올렸고

(천주교) 기도로 제 가슴을 채웠습니다.

(킹제임스 흠정) 내 기도가 바로 내 품에 돌아왔도다.

(표준새번역) 내 기도가 응답 없이 되돌아왔을 때에,

(한글 킹제임스) 내 기도가 내 품으로 되돌아왔나이다.

(현대어) 간절한 마음으로 주께 기도드렸습니다.

(현대인) 내 기도가 헛되이 돌아왔구나.

(히브리어 직역) 계속 엎드려 기도했습니다.

(원문) 머리를 내 가슴에 숙인 채 기도했습니다.

본문의 배경은 다윗의 고백으로 자신을 괴롭히는 악한 자들이라도 그들이 병들었을 때에 그들을 위해 금식하고 기도했다는 것이다. 비록 원수이지만 원수를 사랑하는 심정으로 그들의 병 치유를 위해서 기도했건만 그 기도는 헛된 것이 되었다는 것이다. 마태복음에 보면 상대에게 평안의 복을 빌었을 때 그 집이 복을 받기에 합당하면 그 빌었던 복이 거기 임할 것이지만 만일 합당하지 않으면 그 빌었던 복이 빌었던 자신에게 돌아온다고 했다(마 10:13). 본문도 마찬가지이다. 비록 다윗 자신을 괴롭히는 이들이었지만 금식하면서까지 복을 빌고 기도해 주었다. 그렇다고 다윗이 빌었던 기도가 자신에게 복으로 임했다는 뜻은 아니다. 단지 그런 기도는 헛되이 돌아오고 응답되지 않는다는 탄식에 불과하다. 상대가 복을 받기에 합당하지 못한 사람에게는 어떤 기도도, 금식도 무의미하다. 결국 본문의 내용은 원수를 사랑하는 다윗의 마음을 나타내지만 그런 기도는 응답되지 않는다는 것이다. '내 기도가 헛되이 돌아왔다'라는 뜻이다.

59. 그 어려움 가운데에서

이번에도 지나친 의역이 해석을 가리는 경우이다. 본문은 모세가 하나님과 백성사이에서 중보기도 하는 내용이다. 그런데 '그 어려움 가운데에서'라는 번역이 알쏭달쏭하다. 시편 106편 23을 살펴보자. "그러므로 여호와께서 그들을 멸하리라 하셨으나 그가 택하신 모세가 그 어려움 가운데에서 그의 앞에 서서 그의 노를 돌이켜 멸하시지 아니하게 하였도다."

(개역개정) 그 어려움 가운데에서

(개역한글) 그 결렬된 중에

(공동번역) 몸을 던져

(메시지) 몸을 던져

(바른) 그 틈 사이에 서서

(새번역) 그 갈라진 틈에 서서

(새즈믄) 당돌하게 그 앞에 나서서

(새한글) 틈새에 들어서지 않았더라면

(쉬운말) 가운데 서서

(신세계역) 틈새에 서서

(우리말) 어떻겠든

(조선어) 몸을 던져

(천주교) 그분 앞을 막아섰으니

(킹제임스 흠정) 그 불화 속에서

(표준새번역) 감히 주님 앞에 서서

(한글 킹제임스) 갈라진 틈 앞에서

(현대어) 틈 벌어졌을 때

(현대인) 중재자로 나서서

(히브리어 직역) 갈라진 틈에 서서

(원문) 그 갈라진 틈 사이로

　본문에서 '그 어려움 가운데'에서는 히브리어 '페레쯔'로써 '분열, 갈라진 틈'이라는 뜻이다. 원어의 뜻과는 전혀 다르게 의역한 것이다. 이스라엘의 범죄로 하나님은 분노하시고 이스라엘을 멸하려 하셨다. 하나님과 이스라엘은 결렬되고 분열되고 갈라져 버린 것이다. 이 틈새를 메꾸기 위해 모세는 중재자로 나서서 뜨거운 중보의 기도를 드림으로써 하나님의 진노의 불을 끌 수 있었다. 마귀는 언제나 하나님과 우리 사이에 틈이 생기도록 유혹하지만 예수님은 그 틈을 메꾸어 연합하기를 소원한다. 포도원을 허무는 작은 여우가 있듯이(아 2:15), 사탄은 하나님의 포도원인 가족과 교회를 허물기 위해 하나님과 틈새가 일어나도록 공격한다. 조그마한 틈이 나중에는 감당 안 될 정도의 크기가 될 수 있다. 늘 마귀에게 틈을 주지 않도록 근신해야 한다(엡 4:27). 늘 하나님에게 가까이 해야 한다. "하나님을 가까이하라 그리하면 너희를 가까이하시리라(약 4:8)." 본문에서 '그 어려움 가운데에서'라는 번역은 원어의 뜻과도 배치되고 성경적인 연계성에도 어울리지 않는 졸속 번역에 가깝다.

60. 말할 때에도 나는 믿었도다

두 문장으로 이루어진 짧지만 강력한 명제를 수반하는 명언이 있다. '나는 생각한다 고로 존재한다.' 데카르트의 사상을 압축한 것이다. 그 외에도 많은 아류들이 있다. '나는 욕망한다 고로 존재한다(스피노자)', '나는 반항한다 고로 존재한다(까뮈)' 등이다. 이러한 표현 기법의 선구자는 데카르트가 아니다. 바로 성경의 시편 기자이다. 시편 116편 10절을 보자. "내가 크게 고통을 당하였다고 말할 때에도 나는 믿었도다."

(개역개정) 말할 때에도 나는 믿었도다.

(개역한글) 내가 믿는 고로 말하리라.

(공동번역) "내 인생이 왜 이리 고달프냐" 하고 생각될 때에도 나는 믿음을 잃지 않았다.

(메시지) "사람들은 다 거짓말쟁이에 사기꾼이다" 하면서도 나, 믿음을 굳게 지켰다.

(바른) "내가 심한 고통을 당하고 있다." 라고 말할 때도 나는 믿음을 지켰다.

(새번역) "내 인생이 왜 이렇게 고통스러우냐?" 하고 생각할 때에도, 나의 믿음은 흔들리지 았았습니다.

(새즈믄) 나는 매우 곤한 자로 자처하나 나는 믿는다.

(새한글) 나는 믿었지. 이렇게 말할 때에도, "내가 너무 괴롭구나!"

(쉬운말) 나는 굳게 믿고 말했습니다.

(신세계역) 내가 믿음을 가지고 있었으니, 내가 말하였다.

(우리말) 내가 믿었기에 "인생이 왜 이렇게 고달프냐?" 라고 한 것 아닙니까?

(조선어) "내 인생이 왜 이리 고달프냐" 하고 생각될 때에도 나는 믿음을 잃지 않았다.

(천주교) 내가 모진 괴로움을 당하는구나 되뇌면서도 나는 믿었네

(킹제임스 흠정) 내가 믿으므로 말하였거니와

(표준새번역) "내 인생이 왜 이렇게 고통스러우냐?" 하고 생각할 때에도, 나의 믿음은 흔들리지 았았습니다.

(한글 킹제임스) 내가 믿었으므로 말하였으니,

(현대어) 나 굳건히 마음 잃지 않으리라. 아, 이토록 비참하게 되었구나, 생각되어도.

(현대인) 내가 믿었으므로 말하였다: "나는 큰 고통을 당하고 있다."

(히브리어 직역) '저는 제가 매우 괴로움을 당한다'라고 말하고

(원문) 말했을 때도 나는 믿음을 지켰습니다.

이 번역들 중에서 성경 원문의 순서를 가장 잘 보여 주는 번역이 개역 한글 성경이다. '나는 믿는다 고로 말한다'이다. 이 구절은 고린도후서에 서 사도 바울이 인용하기도 한다. "우리도 믿었으므로 또한 말하노라"(고 후 4:13). 사도 바울은 이 인용을 들어 부활 신앙과 연결시킨다. 우리도 믿기에 말해야 한다. 하나님이 그의 아들을 죽은 자 가운데서 살리신 것 처럼 우리도 부활한다. 부활이 없는 기독교는 헛된 믿음이다. 그래서 믿 음은 마음으로 믿고 입으로 시인하는 것이다(롬 10:10). 믿음은 신앙 고 백이다. 우리가 무엇을 믿는지 고백한다. 그것이 신조이고 교리이다. 우 리는 매주 사도신경을 고백한다. 내가 믿는 삼위일체, 거룩한 공교회와

성도의 교제와 죄 사함과 몸의 부활과 영생을 공적으로 고백해야 한다. 나는 믿는다. 고로 말한다. 그런 점에서 너무나도 멋진 번역인 개역한글 성경의 개정은 너무나 아쉽다.

61. 여호와여 내 혀의 말을 알지 못하시는 것이 하나도 없으시니이다

시편 139편 4절은 문자 그대로 보면 '하나님은 내가 한 말을 모두 아신다'라는 뜻인데 원어와는 뉘앙스가 전혀 다르다. 이 또한 직역보다는 의역에 의존해서 생긴 결과이다. "여호와여 내 혀의 말을 알지 못하시는 것이 하나도 없으시니이다."

(개역개정) 여호와여 내 혀의 말을 알지 못하시는 것이 하나도 없으시니이다.

(개역한글) 여호와여 내 혀의 말을 알지 못하시는 것이 하나도 없으시니이다.

(공동번역) 입을 벌리기도 전에 무슨 소리 할지, 야훼께서는 다 아십니다.

(메시지) 내가 운을 떼기도 전에 주께서는 내가 하려는 말을 모두 아십니다.

(바른) 여호와시여, 보소서. 내가 혀로 말하기도 전에, 주께서는 모든 것을 아십니다.

(새번역) 내가 혀를 놀려 아무 말도 하지 않아도 주님께서는 내가 하려는 말을 이미 다 알고 계십니다.

(새즈믄) 실로 내가 혀로 고백하지 아니하여도 여호와시여

(새한글) 말 한마디 내 입술에 올리지 않았는데도, 오, 여호와님, 주님은 아십니다, 그 모든 것을.

(쉬운말) 내가 무슨 말을 하려는지 여호와여 주는 그것을 다 알고 계십니다.

(신세계역) 내 혀에 말이 없지만, 보십시오! 오 여호와여 당신은 이미 그것을 다 아십니다.

(우리말) 내가 말을 혀에 담기도 전에 주께서는 그것마저 다 아십니다.

(조선어) 입을 벌리기도 전에 무슨 소리 할지, 여호와께서는 다 아십니다.

(천주교) 정녕 말이 제 혀에 오르기도 전에 주님 이미 당신께서는 모두 아십니다.

(킹제임스 흠정) 내 혀의 말 중에서 주께서 알지 못하는 것이 하나도 없기 때문이니이다.

(표준새번역) 내가 혀를 놀려 아무 말도 하지 않아도 주께서는 내가 그 혀로 무슨 말을 할지를 미리 다 알고 계십니다.

(한글 킹제임스) 주께서 알지 못하시는 내 입의 말은 한마디도 없나이다.

(현대어) 내가 말하기도 전에 벌써 무슨 말을 하는지 알고 계십니다.

(현대인) 여호와여 주는 내가 말하기도 전에 내가 할 말을 다 아십니다.

(히브리어 직역) 제 혀로 말을 하지 않아도 여호와께서는 그 모든 것을 아십니다.

(원문) 여호와시여, 내 혀로 말하기 전에 주님께서는 그것을 완전히 아십니다.

본문의 정확한 뜻은 '내 혀에 말이 없어도 여호와는 아신다'이다. 다시 말하면 아직 말 한마디 안 했지만 내가 무슨 말을 할지를 이미 알고 계신다는 뜻이다. 하나님은 내가 말을 하기도 전에 무슨 말을 할지 다 알고 계신다. 기도하기 전에 이미 내가 무엇을 구할지 다 알고 계신 것과 같다. 구하기 전에 너희에게 있어야 할 것을 하나님은 아신다(마 6:8). 하나님은 인간의 마음과 생각을 모두 아신다. 하나님을 속이거나 숨길 수 없다. 우리의 모든 생각이 하나님께는 다 드러나기 때문이다. 그들이 속으로 이렇게 생각하는 줄을 예수께서 곧 중심에 아시고(막 2:8). 그러니 우리가 기도할 때에 장황하게 다 설명할 필요도 없고 중언부언할 필요도 없다. 말을 많이 해야 기도가 아니다. 그럼에도 불구하고 기도해야 하는가? 이미 우리가 할 말을 다 알고 계신다면 기도할 필요가 있을까? 그렇다. 기도해야 한다. 예수님도 기도하셨다. 기도는 내용보다도 하나님과의 연합과 교제의 긴밀한 고리이기 때문이다. 무슨 말을 할지를 알고 계시지만 하나님은 우리의 기도를 즐겨 들으신다. 기도하자. 쉬지 말고.

62. 즐거이 헌신하니

성경에는 헌신이라는 단어가 4번 나온다(시 110:3, 삿 5:2, 삿5:9, 출 32:29). 헌신이란 예수님을 본받아 전 생애와 목숨까지도 바치는 숭고한 결의요 결단이다. 예수님의 제자가 되려면 따라야 할 자기 부인과 자기 희생이다(마 16:24). 그런데 본문에서 사용된 헌신은 전혀 그런 의미가 아니다. 시편 110편 3절이다. "주의 권능의 날에 주의 백성이 거룩한 옷을 입고 즐거이 헌신하니."

(개역개정) 즐거이 헌신하니

(개역한글) 즐거이 헌신하니

(공동번역) 이미 거룩한 산에서 왕권을 받았다.

(메시지) 기쁘게 모여들 것입니다.

(바른) 즐거이 헌신하니

(새번역) 즐거이 헌신하고

(새즈믄) 자원하여

(새한글) 나아올 것입니다.

(쉬운말) 스스로 원하여

(신세계역) 기꺼이 바치리니

(우리말) 기꺼이 나올 것입니다.

(조선어) 이미 거룩한 산에서 왕권을 받았다.

(천주교) 자원하리이다.

(킹제임스 흠정) 자원하리니

(표준새번역) 즐거이 헌신하고

(한글 킹제임스) 자원하리니

(현대어) 기꺼이 나서리이다.

(현대인) 자진해서

(히브리어 직역) 자원하니

(원문) 기꺼이 자신들을 헌신할 것입니다.

　본문에서 사용된 '헌신'이란 히브리어로 '네다바(동사는 나다브)'인데 '자원하다, 자발적인 행동'을 의미한다. 본문과 사사기 5장 2절과 사사기 5장 9절의 헌신이 모두 여기에 해당한다. 그래서 대부분의 번역 성경들은 '자원하다, 기꺼이 바치다, 자진해서' 등으로 번역했다. 다시 말해서 이 구절에서는 헌신보다는 자원해서가 더 어울린다는 뜻이다. 그에 반해서 출애굽기 32장 29절에서 사용한 '오늘 여호와께 헌신하게 되었느니라'에서 헌신은 히브리어 '야드 말라'로써 '손을 충만히 채우다'라는 뜻인데 '무엇을 봉헌하여 섬기다'이다. 출애굽기 32장 29절에서는 레위인들의 성직 수행과 관련된 헌신을 지칭했다.

　또한 시편 54편 6절에 '낙헌제'가 나오는데 히브리어 '네다바'인 '자원하는 제물'이다. 시편 51편 11절의 '자원하는 심령'도 히브리어 '나다브'에서 온 '네디브'로써 '자원하는, 자발적인 영'이라는 뜻이다. 결국 '네다바'는 '자원하는, 기꺼이 바치는, 자발적인'이라는 뜻인데 개역개정 성경은 '헌신, 낙헌, 자원하는'으로 각각 다르게 번역한 것이다. 역시 일관성을 해치는 번역이다. 출애굽기에서 사용된 히브리어 '야드 말라'는 '헌신'으로 번

역하고 나머지 히브리어 '네다바'는 '자원하는'으로 통일했으면 좋지 않았
을까 생각해 본다.

잠언

63. 지혜

잠언, 전도서, 아가서는 솔로몬의 저작이다. 잠언은 솔로몬이 중년으로 40-50대에, 전도서는 노년인 60대 이후에, 아가서는 청장년 시절인 20-30대에 쓴 걸로 본다. 잠언은 세상의 지혜에 관해서, 전도서는 세상의 것이 아닌 지혜에 대해서, 아가서는 사랑에 대한 내용이다. 당연히 잠언은 지혜라는 용어가 많이 등장한다. 문제는 지혜라고 표현할 수 없는 단어조차 지혜라고 번역한 것이다. 잠언 12장에는 지혜라는 단어가 4번 나온다. "사람은 그 지혜대로 칭찬을 받으려니와"(잠 12:8), "방탕한 것을 따르는 자는 지혜가 없느니라"(잠 12:11), "지혜로운 자는 권고를 듣느니라"(잠 12:15), "지혜로운 자의 혀는 양약과 같으니라"(잠 12:18).

(개역개정) 지혜/지혜/지혜/지혜

(개역한글) 지혜/지혜/지혜/지혜

(공동번역) 셈을 잘하면/지각/슬기로운/슬기로운

(메시지) 이치에 닿게 말하는/일시적 기분과 몽상/지혜/지혜

(바른) 지혜/지각/지혜/지혜

(새번역) 지혜/지각/지혜/지혜

(새즈믄) 신중/어리석은 자/지혜/지혜

(쉬운말) 지혜/정신/지혜/지혜

(신세계역) 슬기/마음/지혜/지혜

(우리말) 지혜/지각/지혜/지혜

(조선어) 셈을 잘하면/지각/슬기로운/슬기로운

(천주교) 식견/지각/지혜/지혜

(킹제임스 흠정) 지혜/명철/지혜/지혜

(표준새번역) 지혜/지각/지혜/지혜

(한글 킹제임스) 지혜/명철/현명/현명

(현대어) 깨달음을 지닌/주변머리/슬기로운/슬기로운

(현대인) 지혜/지각/지혜/지혜

(히브리어 직역) 분별력/생각/지혜/지혜

(원문) 지각/지각/지혜/지혜

첫째, 사람은 그 지혜대로 칭찬을 받으려니와(잠 12:8)에서 '지혜'는 히브리어 '세케르'인데 '신중함, 분별력'을 말한다. '선한 지혜'(잠 13:15), '지혜로운 자'(잠 15:24)는 모두 '세케르'인데 '지혜'로 번역했다.

둘째, 지혜가 없느니라(잠 12:11)는 히브리어로 '라브'인데 '마음'을 뜻한다.

셋째와 넷째, 지혜로운 자(잠 12:15, 12:18)는 히브리어 '하캄(명사는 호크마)'인데 '지혜'를 말한다.

성경에서 말하는 지혜는 '호크마'로써 다른 단어와 차별하여 번역하는 것이 좋지만 개역개정 성경은 이를 무시하고 모두 지혜로 번역해 버렸다. 다른 번역들은 원어가 갖는 의미를 전달하기 위해서 신중하게 번역한 것에 반해서 개역개정 성경은 전혀 노력의 기미가 없어 보인다. '호크마'는 지혜로, '세케르'는 분별력으로, '라브'는 지각으로 각각 번역해야 각 단어의 구별이 가능하다. 성경에서 지혜가 차지하는 비중은 꽤 크다. 하나님의 명칭과 속성이 지혜이기 때문이다. 말 그대로 지혜를 번역할 때는 지혜가 필요하다고 본다.

64. 완전한 지혜

잠언에서는 지혜와 구별되는 또 다른 지혜가 있다. 주로 완전한 지혜라고 불린다. 잠언 2장 7절이다. "그는 정직한 자를 위하여 완전한 지혜를 예비하시며."

(개역개정) 완전한 지혜

(개역한글) 완전한 지혜

(공동번역) 도움

(메시지) 상식의 보고

(바른) 완전한 지혜

(새번역) 분별하는 지혜

(새즈믄) 혜지

(쉬운말) 성공

(신세계역) 실용적인 지혜

(우리말) 분별할 수 있는 지혜

(조선어) 도움

(천주교) 도움을

(킹제임스 흠정) 건전한 지혜

(표준새번역) 분별하는 지혜

(한글 킹제임스) 완전한 지혜

(현대어) 방패

(현대인) 완전한 지혜

(히브리어 직역) 온전한 지혜

(원문) 건전한 지혜

'완전한 지혜'는 히브리어 '투쉬야'인데 '능력, 이해, 도움, 지혜'를 뜻한다. 이것은 실제적인 지혜와 지식의 적용으로써 실용적인 지혜라는 의미이다. 진리 자체인 '호크마'와는 전혀 다른 단어이다. '완전한 지혜'(잠 2:7) 이외에도, '참 지식'(잠 8:13) 또는 '참 지혜'(잠 13:1)라고도 번역했다. 이 또한 일관성이 결여된 번역으로 보인다. '완전한 지혜'라고 통일하면 좋았을 뻔했다. 결국 개역개정 성경의 잠언은 '호크마', '세케르', '라브', '투쉬야'를 모두 동일하게 '지혜'라고 번역함으로써 원어의 깊은 뜻을 해치고 말았다. 다시 한번 강조하지만 호크마는 지혜로, 세케르는 분별력으로, 라브는 지각으로, 투쉬야는 완전한 지혜로 번역하는 것이 구별도 되고 이해도 용이하다고 생각된다.

65. 대저 그 마음의 생각이 어떠하면
그 위인도 그러한즉

쉬운 내용을 어렵게 번역한 문장은 또 있다. 잠언 23장 7절이다. "대저 그 마음의 생각이 어떠하면 그 위인도 그러한즉."

(개역개정) 대저 그 마음의 생각이 어떠하면 그 위인도 그러한즉

(개역한글) 대저 그 마음의 생각이 어떠하면 그 위인도 그러한즉

(공동번역) 입으로는 "먹고 마시게" 하면서도 속으로는 그게 아니다.

(메시지) 말로는 "먹게! 마시게!" 하여도 마음은 그렇지 않다.

(바른) 그런 사람은 그가 마음속으로 생각하는 것처럼 사람됨도 그러하니,

(새번역) 무릇 그 마음의 생각이 어떠하면 그의 사람됨도 그러하니,

(새즈믄) 그의 속은 풍파를 당한 것과 같으니 그가 먹고 마시라고 권하나 그의 마음은 네게 있지 아니하다.

(쉬운말) 그런 사람은 속으로 '저것이 얼마인데!' 하고 계산한다.

(신세계역) 그는 자기 영혼 속으로 계산을 하는 그런 자이기 때문이다.

(우리말) 그 마음에 생각하는 그대로 사람도 그러한즉,

(조선어) 입으로는 "먹고 마시게" 하면서도 속으로는 그게 아니다.

(천주교) 그는 속으로 계산하는 그런 자이니 마음은 "먹고 마시게!" 하면서도 마음은 너와 함께 있지 않다

(킹제임스 흠정) 이는 사람의 마음의 생각이 어떠함 같이 그 사람도 그러하기 때문이라.

(표준새번역) 무릇 그 마음의 생각이 어떠하면 그의 사람됨도 그러하니,

(한글 킹제임스) 이는 그가 마음에 생각하는 대로 그도 그러한즉,

(현대어) 모름지기 사람이란 그 속으로 생각하는 것에 따라 그 사람의 됨됨이도 드러나는 법 아니냐?

(현대인) 그는 언제나 비용부터 생각하는 자이다.

(히브리어 직역) 이는 그가 그의 속으로 계산하는 자와 같아서

(원문) 말로는 "먹고 마셔라!" 하지만, 마음은 그렇지 않기 때문이다.

　'사람의 마음의 생각을 보면 그 사람 됨됨이를 알 수 있다'라는 단순한 문장을 '대저 그 마음의 생각이 어떠하면 그 위인도 그러한즉'이라고 어렵게 번역한 것이다. 위인(爲人)이란 사람의 됨됨이라는 뜻이다. 뛰어나고 훌륭한 사람이라는 위인(偉人)과는 다르다.

　성경은 마음의 중요성을 강조한다. 말과 행위는 마음의 반영이다. 선한 사람은 마음에 쌓은 선에서 선을 내고 악한 자는 그 쌓은 악에서 악을 낸다(눅 6:45). 생명의 근원이 마음에서 나기에 무엇보다 마음을 지켜야 한다(잠 4:23). 그렇기에 마음이 지혜로운 자가 명철하다 일컬음을 받는다(잠 16:21). 새 마음과 새 영을 주시는 분도 하나님이시다.

66. 묵시가 없으면 백성이 방자히 행하거니와

국어사전에 따르면 '방자'라는 말은 '무례하고 건방지며, 제멋대로 거리낌 없이 노는 태도로'라는 뜻이다. 잠언 29장 18절을 보자. "묵시가 없으면 백성이 방자히 행하거니와."

(개역개정) 묵시가 없으면 백성이 방자히 행하거니와

(개역한글) 묵시가 없으면 백성이 방자히 행하거니와

(공동번역) 계시의 말씀이 없으면 백성이 방자해진다.

(메시지) 하나님의 행하시는 일을 보지 못하는 백성은 서로 뒤엉켜 고꾸라지고 말지만

(바른) 계시가 없으면 백성이 방자히 행하나

(새번역) 계시가 없으면 백성은 방자해지나

(새즈믄) 계시가 없으면 백성은 방만하나

(쉬운말) 계시가 없으면 백성은 제멋대로 날뛰지만

(신세계역) 환상이 없으면 백성이 제멋대로 행하지만

(우리말) 계시가 없으면 백성이 망하나

(조선어) 계시의 말씀이 없으면 백성이 방자해진다.

(천주교) 예언이 없으면 백성이 문란해지지만

(킹제임스 흠정) 환상이 없는 곳에서는 백성이 망하려니와

(표준새번역) 계시가 없으면 백성은 방자해지나

(한글 킹제임스) 환상이 없는 곳에서는 백성이 망하려니와

(현대어) 꿈이 없는 백성은 망할 수밖에 없다.

(현대인) 하나님의 계시가 없다면 백성이 무질서하겠지만

(히브리어 직역) 계시가 없을 때 백성은 제멋대로 되나

(원문) 예언이 없으면 백성이 문란해지지만, 율법을 지키는 자는 복이 있다.

'방자'는 히브리어로 '파라'인데 '발가벗기다, 망하다'라는 뜻이다. 하나님의 계시가 없다면 백성은 무질서하게 되거나 망한다. 히브리어 '하존'은 '계시나 묵시'를 말하지만 '환상, 이상, 예언'을 의미하기도 한다. 사무엘 이전까지 사사시대를 성경은 이렇게 표현한다. "여호와의 말씀이 희귀하여 이상이 흔히 보이지 않았더라"(삼상 3:1). 말씀이 희귀해져 가고 이상(묵시, 예언)이 사라지면 영적 암흑기가 도래한다. 성적인 타락과 탐욕이 땅을 가득 채워 죄가 충만해진다. 말씀이 기준이 돼야 하는데 말씀이 사라지면 자기 자신이 하나님이 되고 표준이 된다. 오늘날을 영적 사사시대라고 부르는 이유가 충분하다. 자기 소견에 옳은 대로, 자기 마음대로, 자기 멋대로 방자하게 살다가 타락의 구렁텅이로 들어가 멸망하는 순간을 기다리게 된다.

전도서

67. 그는 자기의 생명의 날을 깊이 생각하지 아니하리니

전도서는 솔로몬이 말년에 남긴 위대한 설교이다. 세상의 모든 부귀와 영화를 누린 그가 말하기를 모든 것이 헛되고 헛되다고 고백한다. 해 아래에는 새것이 없다. 그렇다. 해 아래를 보지 말고 해 위를 보라. 참 진리는 해 아래 있지 않고 해 위에 존재한다. 바로 영원을 사모하는 마음이다. 구구절절이 보석 같은 말씀인데 유독 문장 전체 문맥이 이해 안 되는 구절이 전도서 5장 20절이다. "그는 자기의 생명의 날을 깊이 생각하지 아니하리니 이는 하나님이 그의 마음에 기뻐하는 것으로 응답하심이니라."

> (개역개정) 그는 자기의 생명의 날을 깊이 생각하지 아니하리니 이는 하나님이 그의 마음에 기뻐하는 것으로 응답하심이니라.
>
> (개역한글) 저는 그 생명의 날을 깊이 관념치 아니하리니 이는 하나님이 저의 마음에 기뻐하는 것으로 응하심이니라.
>
> (공동번역) 하느님께서는 사람이 행복하게 살기만 바라시니 인생을 너무 심각하게 생각하지 말라.
>
> (메시지) 하나님은 바로 지금 우리에게 기쁨을 나누어 주신다. 우리가 얼마나 오래 살지 걱정하는 것은 부질없는 일이다.
>
> (바른) 그가 자기 생애의 날들을 깊게 생각하지 않아도 되니 이는 하나님께서 그의 마음에 기쁨을 주시기 때문이다.
>
> (새번역) 하나님은 이처럼 사람이 행복하게 살기를 바라시나 덧없는 인생

살이에 크게 마음 쓸 일이 없다.

(새즈믄) 실로 사람을 즐겁게 하는 것이 하나님의 목적이니 사람은 자기의 수명을 곰곰이 생각할 것이 아니다.

(쉬운말) 사람은 자기 삶을 심각하게 생각할 겨를이 없다. 왜냐하면 하나님께서 그의 인생이 즐거움에 빠지도록 만드시기 때문이다.

(신세계역) 그는 자기가 사는 날들을 자주 생각하지 않으리니 참 하느님께서 그로 하여금 그 마음의 기쁨에 열중하게 하시기 때문이다.

(우리말) 하나님께서는 사람의 마음에 기쁨을 주실 것이니 인생살이를 그리 심각하게 생각할 것은 없다.

(조선어) 하나님께서는 사람이 행복하게 살기만 바라시니 인생을 너무 심각하게 생각하지 말라.

(천주교) 정녕 하느님께서 그를 제 마음의 즐거움에만 몰두하게 하시니 그는 제 인생의 날수에 대하여 별로 생각하지 않는다.

(킹제임스 흠정) 그 까닭은 하나님께서 그의 마음이 기뻐하는 것으로 그에게 응답하시므로 그가 자기 생명의 날들을 많이 기억하지 아니할 것이기 때문이라.

(표준새번역) 하나님은 이처럼 사람이 행복하게 살기를 바라시나 덧없는 인생살이에 크게 마음 쓸 일이 없다.

(한글 킹제임스) 그가 자기 생애의 날들을 많이 기억하지 못하리니 이는 하나님께서 그의 마음의 기쁨으로 그에게 응답하시기 때문이라.

(현대어) 이렇게 사는 사람은 자기의 짧은 인생을 생각하며 슬퍼할 겨를이 없다. 하나님께서 항상 그에게 기쁨을 주시기 때문이다.

(현대인) 하나님이 그의 마음에 기쁨을 채워 주셨으므로 그는 인생이 짧다는 것을 그리 심각하게 생각하지 않아도 된다.

(히브리어 직역) 참으로 그는 자기 삶의 날들을 많이 기억지 않으니 이는 하나님께서 그의 마음을 기쁘게 지키시기 때문이다.

(원문) 그들은 자기가 사는 날 수에 대해 너무 걱정할 필요가 없다. 왜냐하면 하나님께서 그들을 지켜주셔서 그로 하여금 즐거움을 누리게 해 주시기 때문이다.

　본문의 내용은 그리 어려운 것이 아닌데 번역을 어렵게 했다. 삶의 영역에서 하루하루 최선을 다하고 수고의 열매를 거두는 것이 진정한 낙이요, 하나님의 은혜라고 앞 구절에서 말했다. 그래서 하나님의 복을 받은 사람은 그의 인생에서 후회와 염려 속에서 뒤돌아보지 않는다. 하나님께서 마음의 기쁨을 주실 것이니 너무 인생을 심각하게 또는 염려하며 살지 말라는 것이다. 본문은 전반부와 후반부를 순서만 바꾸어도 번역이 훨씬 이해하기 쉽다. 즉 하나님이 그의 마음에 기뻐하는 것으로 응답하시니 자기의 생명의 날을 깊이 생각하지 말아라. 번역가는 원뜻을 해치지 않으면서도 독자가 최대한 이해할 수 있도록 해야 한다.

68. 이 모든 일에서 벗어날 것임이니라

이 구절도 내용은 단순한데 번역이 깔끄럽지 않다. 전도서 7장 18절이다. "너는 이것도 잡으며 저것에서도 네 손을 놓지 아니하는 것이 좋으니 하나님을 경외하는 자는 이 모든 일에서 벗어날 것임이니라."

(개역개정) 너는 이것도 잡으며 저것에서도 네 손을 놓지 아니하는 것이 좋으니 하나님을 경외하는 자는 이 모든 일에서 벗어날 것임이니라.

(개역한글) 너는 이것을 잡으며 저것을 놓지 마는 것이 좋으니 하나님을 경외하는 자는 이 모든 일에서 벗어날 것임이니라.

(공동번역) 한쪽을 붙잡았다고 다른 쪽을 버리는 것은 좋지 않다. 하느님 두려운 줄을 알아야 치우치지 않고 살아갈 수 있다.

(메시지) 이것도 잡고 저것도 놓치지 않는 것이 제일이다. 하나님을 경외하는 사람은 현실의 한 부분만 붙들지 않고 모든 면을 책임감 있게 아우른다.

(바른) 네가 하나를 붙잡되 다른 것도 놓지 않는 것이 좋으니 하나님을 경외하는 자는 극단을 피해야 한다.

(새번역) 하나를 붙잡되 다른 것도 놓치지 않는 것이 좋다. 하나님을 두려워하는 사람은 극단을 피한다.

(새즈믄) 네가 이것을 붙잡는 것도 좋으나 저것에게서 손을 떼지도 말라. 실로 하나님을 경외하는 자는 모든 것을 차지한다.

(쉬운말) 이것도 잡고 저것도 놓지 않는 것이 좋다. 하나님을 경외하는 자는 이 모든 극단을 피할 것이다.

(신세계역) 너는 하나를 붙잡되 또 다른 하나에서도 네 손을 거두지 않는 것이 좋다. 하느님을 두려워하는 자는 그 모든 것에서 벗어나 나아갈 것이기 때문이다.

(우리말) 하나를 붙잡되 다른 하나도 놓지 않는 게 좋다. 하나님을 경외하는 사람은 양극단을 피해야 한다.

(조선어) 한쪽을 붙잡았다고 다른 쪽을 버리는 것은 좋지 않다. 하나님 두려운 줄을 알아야 치우치지 않고 살아갈 수 있다.

(천주교) 하나를 붙잡고 있으면 다른 하나에서도 손을 떼지 않는 것이 좋다. 정녕 하느님을 경외하는 이는 그 둘 다에서 성공을 거둔다.

(킹제임스 흠정) 네가 이것을 붙잡으며 또 참으로 네 손을 이것에서 놓지 아니하는 것이 좋으니 이는 하나님을 두려워하는 자가 그 모든 일에서 벗어날 것임이니라.

(표준새번역) 하나를 붙잡되 다른 것도 놓치지 않는 것이 좋다. 하나님을 두려워하는 사람은 극단을 피한다.

(한글 킹제임스) 너는 이것을 잡고 또 이것에서 손을 떼지 않는 것이 좋으니 이는 하나님을 두려워하는 자가 이 모든 일에서 빠져나올 것임이라.

(현대어) 한쪽을 붙잡았다 하여 다른 쪽을 놓지 말아라. 하나님을 두려워하면 어떤 경우에든지 살길을 찾아 나갈 수 있다.

(현대인) 이와 같이 극단적인 것을 피하는 것이 좋다. 하나님을 두려워하는 마음으로 섬기는 자는 어쨌든 이 모든 것을 피할 수 있을 것이다.

(히브리어 직역) 이것을 붙잡고 저것도 네 손에서 놓지 않는 것이 좋으니 참으로 하나님을 경외하는 자는 그것들 모두를 피해 나갈 것이다.

(원문) 너는 하나를 붙잡되 다른 하나에서도 네 손을 놓지 않는 것이 좋다. 참으로 하나님을 경외하는 자는 둘 다에서 성공을 거둔다.

　한마디로 극단을 피하는 것이 좋다는 뜻이다. 스스로를 어느 한쪽에만 지나치게 옭아매지 말라는 것이다. 지나치게 의인도 되지 말고 지나치게 악인도 되지 말라고 했다. 이유인즉슨 스스로 본인만 의인이라 여기고 남을 죄인 대하듯이 행동하면 그 또한 죄악이다. 자신만 옳고 남은 틀리다고 판단할 수 있다. 세상에 의인은 한 명도 없다. 교만할 수 있다는 것이다. 반면에 지나치게 악을 범하는 자도 되지 말라는 것은 악도 나쁜데 지나친 악은 더욱 심한 하나님의 심판을 불러오기 때문이다. 이 권고는 삶의 모든 영역에 적용된다. 예를 들어 극단적인 보수주의자가 되어 진보주의자의 가치를 무시하거나 훼손하지 말고 극단적인 진보주의자가 되어 보수주의를 폄하하지 말라는 것이다. 다 나름대로 가치가 있기 마련이다. 하나님 이외는 어느 것도 완벽한 것은 없다. 상대의 주장을 받아들이고 때로는 수용하고 타협할 줄 알아야 한다. 사람은 홀로 사는 외딴섬이 아니다. 함께 사는 더불어 인생이다. 극단적인 삶은 타인과 어울리지 못한다. 결국 배척받게 되어 있다.
　"무리에게서 스스로 갈라지는 자는 자기 소욕을 따르는 자라 온갖 참 지혜를 배척하느니라"(잠 18:1). 배타적인 사람이 되지 말고 수용성 있는 사람이 되어라. 남의 말을 경청하는 자가 되라. 세상에서 제일 무서운 사람이 딱 책 한 권 읽은 사람이라는 말이 있다. 그 한 권만 진리이고 우상시해서 다른 것은 일절 받아들이지 못하는 사람이다. 누구든지 독단적인 주장에 빠진 사람은 스스로 지혜롭다고 여기지만 실제로 가장 무식한 사람이다.

69. 시기와 기회

전도서 9장 11절을 보자. "이는 시기와 기회는 그들 모두에게 임함이니라."

(개역개정) 이는 시기와 기회는 그들 모두에게 임함이니라.

(개역한글) 이는 시기와 우연이 이 모든 자에게 임함이라.

(공동번역) 갑자기 액운이 닥치면 벗어날 길이 없다.

(메시지) 그리고 조만간 우리 모두에게 불행이 닥친다.

(바른) 때와 기회는 모든 사람에게 찾아온다.

(새번역) 불행한 때와 재난은 누구에게나 닥친다.

(새즈믄) 실로 그것은 모두 때와 천운을 만나야 한다.

(쉬운말) 이는 모든 이에게 때와 기회가 동일하게 찾아오기 때문이다.

(신세계역) 때와 예기치 못한 일이 그들 모두에게 닥치기 때문이다.

(우리말) 오직 그들 모두에게 때와 기회가 있을 뿐이다.

(조선어) 누구든 때가 되어 불행이 덮쳐오면 당한다.

(천주교) 모두 정해진 때와 우연에 마주치기 때문이다.

(킹제임스 흠정) 오직 때와 기회는 그들 모두에게 생기느니라.

(표준새번역) 불행한 때와 재난은 누구에게나 닥친다.

(한글 킹제임스) 때와 기회가 그들 모두에게 일어나는도다.

(현대어) 때와 장소에 따라서 우연히 이루어진다.

(현대인) 이것은 사람에게 뜻하지 않는 일이 일어나기 때문이다.

(히브리어 직역) 참으로 때와 기회가 그들 모두에게 일어난다.

(원문) 이는 때와 기회는 그들 모두에게 찾아오기 때문이다.

본문에서 '시기'는 히브리어 '에트'로써 '자연적인 시간(time)'이며, '기회'는 히브리어 '페가(chance)'로써 '우연, 우발성'이라는 뜻이다. 헬라어로 설명하자면 시기는 '크로노스'인데 일반적인 시간인 자연적으로 흘러가는 시간이다. 반면에 기회는 '카이로스'인데 영원을 인식하는 하나님의 시간이다. 크로노스는 늘 인생에서 보내는 양적이고 자연적인 시간이지만 카이로스는 하나님의 전격적인 방문의 순간으로 초자연적이고 영원한 질적인 시간이 된다. 시기는 내게 주어진 자연적이고 양적인 시간이라면, 기회는 내 인생에 우발적으로 일어나는 우연성이다. 즉 하나님이 주셔야 얻는 시간이다. 모든 사람이 열심히 한다고 자기 영역에서 모두 성공하지는 못한다. 노력도 해야 하지만 시대의 흐름이라는 기회도 같이 맞물려야 한다. 기업이 아무리 제품을 잘 만들어도 소위 대박이 나는 것은 소비자가 요구하는 시대의 흐름에 맞아떨어질 때이다. 시대의 흐름은 내가 할 수 있는 일이 아니다. 우연히 다가온 하나님의 선물이다.

지금도 k-pop의 열풍 속에 수많은 청소년들이 가수 연습생으로 연습하고 최선을 다한다. 그러나 그중에서 성공적으로 데뷔하는 사람은 극소수이다. 또 그중에 인기가수로 성공하기는 하늘의 별 따기다. 모든 어부가 아무리 열심히 노력해도 모두 만선의 기쁨을 얻지는 못한다. 어획량이 많은 곳에 적절한 타이밍에 그물을 던져야 한다. 농부가 아무리 노력해도 대풍을 모두 얻지는 못한다. 바람, 태양열 등이 적절히 맞아야 하는

데 인간이 조절할 수 없기 때문이다. 안철수 씨가 의사인데 컴퓨터 바이러스 전문가가 된 것은 최선을 다한 노력도 있지만 시대가 요구하는 타이밍에 절묘하게 맞았기 때문에 그 자리에 설 수 있었다고 고백했다. 내가 시기적으로 노력해도 하나님의 우연한 방문이라는 절묘한 타이밍 즉 기회가 있어야 한다. 인간의 눈에는 우연으로 보이지만 하나님에게는 필연이다. 하나님이 의도하고 역사하기 때문이다. 이 필연적 우연을 일으키시는 하나님의 방문을 기대하자. 시기와 기회는 모든 사람에게 임한다.

70. 돈은 범사에 이용되느니라

전도서 10장 19절은 "돈은 범사에 이용되느니라"고 했다. 돈이 만능의 해결책이라는 뜻이다. 과연 성경은 돈의 우월적 가치를 말하려는 것인가? 다양한 번역들을 살펴보자.

(개역개정) 돈은 범사에 이용되느니라.

(개역한글) 돈은 범사에 응용되느니라.

(공동번역) 돈이 모든 것을 해결해 준다.

(메시지) 그러나 세상을 굴러가게 하는 것은 돈이다.

(바른) 돈은 만사를 해결한다.

(새번역) 돈은 만사를 해결한다.

(새즈믄) 돈은 모든 것을 해결한다.

(쉬운말) 돈은 모든 것을 해결해준다.

(신세계역) 돈은 모든 일에 응용된다.

(우리말) 돈은 모든 것을 해결해준다.

(조선어) 돈이 모든 것을 해결해준다.

(천주교) 그러나 이 모든 것을 돈이 해결해준다.

(킹제임스 흠정) 돈은 모든 것에 쓸모가 있느니라.

(표준새번역) 돈은 만사를 해결한다.

(한글 킹제임스) 돈은 모든 것을 해결하느니라.

(현대어) 돈이 있어야 이 모든 것이 가능하다.

(현대인) 돈은 모든 것을 해결해준다.

(히브리어 직역) 돈은 모든 것에 응답한다.

(원문) 돈은 모든 것을 다 해결해 준다.

본문에서 '이용되느니라'는 히브리어로 '아나'인데 '응답하다, 대답하다'라는 뜻이다. 돈은 모든 것의 해결책이라는 것이다. 돈 만능주의를 말하는 것이 아니다. 기독교는 청빈한 삶을 강조했던 청교도의 영향으로 가난한 삶을 조장하고 부유하게 사는 것이 마치 죄인 양 비쳐지게 되었다. 기독교는 무소유의 종교가 아니다. 불교가 무소유를 주장한다. 기독교는 하나님의 복을 많이 받아 베푸는 게 목적인 삶이다. 베풀려면 물질이 많아야 한다. 돈 자체가 죄는 아니다. 본문에서도 돈은 모든 것을 해결하는 능력이라 했다. 돈 자체는 가치 중립인데 돈을 사랑하는 것이 일만 악의 뿌리다(딤전 6:10). 돈을 더 많이 소유하려고 탐욕을 부릴 때 돈은 우상이 된다. 곧 맘몬이즘(재물의 신)이 된다. 하나님과 재물을 겸하여 섬길 수 없다(마 6:24). 재물을 쌓는 것(약 5:3)이 문제이지 재물을 올바르게 사용하는 자에게는 재물 얻을 능력을 주시는 분이 하나님이시다(신 8:18). 하나님은 재물을 풍성히 주시기 원한다. 다만 소유욕으로 인해 쌓아 놓지 말고 잘 사용하라는 것이다.

그렇다면 돈은 어디에 사용해야 할까? 바로 구제와 선행이다. 가난한 자를 불쌍히 여기는 것이 하나님을 공경하는 것이다(잠 14:31). 구제는 하나님을 채무자로 만드는 것이다. 하나님이 무조건 갚으셔야 한다. 하나님은 그렇게 약속하셨다. 가난한 자를 불쌍히 여기는 것은 여호와께 꾸어 드리는 것이니 그의 선행을 그에게 갚아 주시리라(잠 19:17). 사실 하나님은 누구에게 빚진 적이 없으시다. 온 천하 만물이 모두 하나님의 것인데 누가 하나님께 꾸어주고 갚게 할 수 있겠는가? 누가 먼저 내게 주고 나로 하여금 갚게 하겠느냐 온 천하에 있는 것이 다 내 것이니라(욥 41:11). 그러니까 하나님께 무엇을 꾸어 줄 수 있는 사람은 없다. 그러나 가난한 자를 구제한 사람에게는 하나님이 반드시 갚으셔야 하는 빚이 생긴다. 그러므로 구제한 자에게 재물을 쏟아 줄 수밖에 없다. 성경은 전체적으로 구제를 강조한다. 가난한 자를 돕는 것이 하나님을 닮은 자비로운 마음이기 때문이다. 사도 바울이 헌금을 강조한 것도 모두 기근으로 고생하는 예루살렘 동료들을 돕기 위한 구제금이었고 바나바와 고넬료 등이 구제로 하나님께 크게 쓰임 받았다. 하나님은 구제를 엄청 귀하게 보신다. 구제하는 자에게 하나님은 재물을 주신다. 돈은 소유가 아닌 사용에 방점이 있다. 많은 돈을 벌게 해 달라고 기도하자. 그래서 얻은 재물로 구제에 힘쓰자. 많이 벌어서 천국 가기 전에 모두 베풀고 떠나는 사람이 되자.

71. 너는 네 떡을 물 위에 던져라 여러 날 후에 도로 찾으리라

전도서 11장 1절도 재물 사용에 관한 것이다. "너는 네 떡을 물 위에 던져라 여러 날 후에 도로 찾으리라."

(개역개정) 너는 네 떡을 물 위에 던져라. 여러 날 후에 도로 찾으리라.

(개역한글) 너는 네 식물을 물 위에 던져라. 여러 날 후에 도로 찾으리라.

(공동번역) 돈이 있거든 눈 감고 사업에 투자해 두어라. 참고 기다리면 언젠가는 이윤이 되어 돌아올 것이다.

(메시지) 너그럽게 베풀어라. 자선 활동에 투자하라. 자선은 크게 남는 장사이다.

(바른) 너는 네 양식을 물 위에 던져라. 그러면 여러 날 뒤에 네가 그것을 도로 찾을 것이다.

(새번역) 돈이 있으면 무역에 투자하여라. 여러 날 뒤에 너는 이윤을 남길 것이다.

(새즈믄) 네 자본을 투자하라. 실로 여러 날이 지나면 네가 그것을 되찾을 것이다.

(쉬운말) 씨앗을 물 위에 던져라. 수일 후에 그것을 거두게 될 것이기 때문이다.

(신세계역) 네 빵을 물 위에 내놓아라. 여러 날이 흐르면 네가 그것을 다시 찾을 것이다.

(우리말) 네 빵을 물 위에 던져라. 여러 날 후에 네가 다시 찾을 것이다.

(조선어) 돈이 있거든 눈 감고 사업에 투자해 두어라. 참고 기다리면 언젠가는 리윤이 되어 돌아올 것이다.

(천주교) 네 빵을 물 위에다 놓아 보내라. 많은 날이 지난 뒤에도 그것을 찾을 수 있으리라.

(킹제임스 흠정) 너는 네 빵을 물들 위에 던지라. 그 까닭은 여러 날 뒤에 네가 그것을 찾을 것이기 때문이니라.

(표준새번역) 돈이 있으면 무역에 투자하여라. 여러 날 뒤에 너는 이윤을 남길 것이다.

(한글 킹제임스) 너는 네 빵을 물 위에 던지라. 이는 여러 날 후에 네가 그것을 찾을 것임이라.

(현대어) 네 음식을 물 위로 띄워 보내라. 오랜 세월이 지난 다음에는 그것이 네게로 다시 돌아올 것이다.

(현대인) 너는 물질을 후하게 나누어 주어라. 언젠가는 그것이 너에게 되돌아올 것이다.

(히브리어 직역) 네 빵을 물 위로 던져 보내라. 왜냐하면 많은 날 후에 네가 그것을 발견할 것이기 때문이다.

(원문) 너는 네 빵을 물에 놓아 보내라. 그러면 많은 날 후에 그것을 찾을 수 있을 것이다.

물에 떡밥을 던져야 물고기를 얻는 법이다. 베풀어야 도로 받는다. 다만 사업에 투자하여 이익을 남기라는 뜻은 아니다. 그러한 영리를 목적으로 권고한 것이 아니다. 무조건적으로 베풀면 하나님께서 훗날 30배, 60배, 100배로 갚으신다는 것이다. 하나님이 갚으시는 이유는 가난한 자는 도와줘도 도로 갚을 능력이 없으므로 하나님이 대신 채무자가 되어 갚으신다는 것이다. 그러므로 우리 주변부터 살펴보자. 도움 없이는 살아갈 수 없는 무의탁 연고자들, 고아들, 소년 소녀 가장들, 장애인들에게 베풀자. 갚을 능력이 없는 사람을 먼저 찾아서 도와주자. 그것이 참다운 구제이다. 교회의 재정이 사회의 구제비로 가장 많이 사용되어야 한다. 그러나 한국교회는 구제보다는 자기 세를 늘리고 건물을 건축하면서 성도 확보에만 치중해서 재물을 받을 수 있는 최고의 축복인 구제를 놓치고 있다. 과거에 한국교회가 구제하는 데 앞장섰는 데 많이 소홀해졌다. 구제하는 교회가 되자.

72. 사랑

노래 중의 노래라고 불리는 아가서는 솔로몬과 술람미 여인과의 아름답고 순결한 사랑을 주제로 하고 있다. 사랑이 주제이듯이 본 서에서는 사랑이라는 단어만 65회 나온다. 특히 내가 사랑하므로 병이 생겼음이라(아 2:5)는 상사병 묘사와 사랑은 죽음같이 강하고(아 8:6) 같은 강렬한 사랑 표현이 눈에 띈다. 솔로몬과 술람미 여인과의 사랑은 예표적으로 백성을 향한 하나님의 사랑, 교회를 향한 예수 그리스도의 사랑을 나타내 보인다. 죽음으로 사랑을 표현하신 거룩한 예수 그리스도의 뜻이 담겨있다. 참사랑이란 상대를 위하여 죽는 것이다. 히브리어로 사랑이란 단어가 여럿 있는데 사랑의 노래답게 아가서에는 다양한 사랑이라는 단어가 등장한다.

먼저, '사랑하다, 애인'이라는 뜻의 '아하브'이다. 내 마음으로 사랑하는 자여(아 1:7), 내가 사랑하므로 병이 생겼음이라(아 2:5), 내 마음으로 사랑하는 자(아 3:3), 사랑은 죽음같이 강하고(아 8:6) 등이 모두 '아하브'가 사용된 구절이다.

둘째, '사랑하다, 제일 사랑 받는, 연인'이라는 뜻의 '도드'이다. 네 사랑이 포도주보다 나음이로구나(아 1:1), 나의 사랑하는 자(아 1:13), 네 사랑이 어찌 그리 아름다운지(아 4:10), 나는 내 사랑하는 자에게 속하였고(아 6:3) 등이 모두 '도드'가 사용되었다.

셋째, '연인'이라는 뜻의 '라야'이다. 내 사랑아(아 1:9), 나의 사랑(아

4:7), 나의 누이 나의 사랑(아 5:2) 등은 '라야'가 사용되었다.

넷째, '좋아하다, 원하다'라는 뜻의 '하페츠'이다. 내 사랑하는 자가 원하기 전에는 흔들지 말며 깨우지 말지니라(아 8:4). 아가서에 딱 한 번 사용된 단어이다.

마지막으로, '기쁜, 사랑하는 사랑스러운'이라는 뜻의 '마흐마드'이다. 이 단어도 아가서에 한 번 사용되었다. 그 전체가 사랑스럽구나(아 5:16).

(개역개정) 그 전체가 사랑스럽구나.

(개역한글) 그 전체가 사랑스럽구나.

(공동번역) 그 늠름하고 멋진 모습에 그만 반해 버렸지요.

(메시지) 그이의 모든 것이 속속들이 나를 기쁘게 하고 짜릿하게 하지!

(바른) 그의 모든 것이 사랑스럽다.

(새번역) 그에게 있는 것은 모두 사랑스럽다.

(새즈온) 마냥 연모할 뿐이다.

(쉬운말) 그의 모습은 정말 멋져요.

(신세계역) 그이의 모든 것이 대단히 매력적입니다.

(우리말) 그가 가진 모든 것이 사랑스럽습니다.

(조선어) 그 름름하고 멋진 모습에 그만 반해 버렸지요.

(천주교) 그이의 모든 것이 멋지답니다.

(킹제임스 흠정) 참으로 그분은 모든 것이 사랑스럽도다.

(표준새번역) 그에게 있는 것은 모두 사랑스럽다.

(한글 킹제임스) 참으로 그는 모든 것이 사랑스럽도다.

(현대어) 임의 모든 것 아, 갖고 싶어라.

(현대인) 모든 것이 사랑스럽기만 하구나.

(히브리어 직역) 그의 모든 것이 귀하다.

(원문) 그이의 모든 것이 사랑스럽습니다.

아가서 이외에 독특한 뜻의 사랑을 사용하는 구절이 더 있다. 원어의 뜻을 알게 되면 묘미가 더 살아난다. 시편 91편 14절에 "하나님이 이르시되 그가 나를 사랑한즉 내가 그를 건지리라"에서 사랑은 히브리어 '하샤크'인데 '달라붙다'라는 뜻이다. 의역하자면 하나님께 홀딱 반하다, 흠뻑 빠지다는 격정적인 뜻을 품고 있다. 단순한 사랑이라는 번역으로는 다 표현할 수가 없다. 이사야 38장 17절에서 "주께서 내 영혼을 사랑하사"도 히브리어 '하샤크'를 사용했다. '하나님이 내 영혼을 끔찍하게 사랑하사' 정도의 뜻이 되겠다.

신명기 33장 3절에는 "여호와께서 백성을 사랑하시나니"에서 사랑은 히브리어 '하바브'로써 '간직하다'는 뜻이다. '여호와께서 백성을 소중히 여기다'라는 뜻이다.

사무엘상 20장 29절에 "내가 네게 사랑을 받거든"에서 사랑은 히브리어 '헨'으로써 '호의, 은혜'라는 뜻이다. 다윗이 요나단에게 부탁하면서 '호의를 베풀려거든' 정도의 뜻이다. 이 구절은 사랑이라는 단어가 오히려 어색하다

아마도 성경 최초로 사랑을 고백한 다윗의 사랑 고백은 꽤나 눈길을 끈다. 시편 18편 1절에 "나의 힘이신 여호와여 내가 주를 사랑하나이다"에서 사랑은 히브리어 '라함'인데 '자비롭다, 불쌍히 여기다'는 뜻이다. 이 단어의 어원은 자궁이다. 다윗의 고백은 쉽게 시드는 인간의 사랑이 아니라 어머니가 자식을 자궁에 품듯이 사랑한 것처럼 저 내면 깊은 곳에서 변함없는 사랑을 말하고 싶은 것이다. 평범하게 사용되는 사랑이라는 '아

하브', '도드', '라야'가 아닌 '라함'을 사용함으로써 하나님에 대한 최고의 사랑을 고백한 것이다. 사실 하나님의 자비로우심을 말할 때 사용하는 단어가 '라함'에서 파생된 '라홈'이다. 어머니가 태아를 품고 사랑하듯이 하나님이 우리를 긍휼히 여기신다는 뜻인데 이 단어를 다윗이 사용한 것은 변하는 인간적인 사랑이 아닌 변함없는 영원한 사랑으로 하나님을 사랑하겠노라는 신앙 고백이다. 단지 사랑이라는 단어로는 그러한 원어의 깊은 뜻을 느낄 수가 없다.

번역 성경의 가장 큰 아쉬움이 바로 이런 부분이다. 모든 단어를 사랑으로 번역함으로써 원어가 뜻하는 깊이 있는 묘미를 전달하지 못한다는 것이다.

이사야

73. 그 날에 그가 소리를 높여 이르기를 나는 고치는 자가 되지 아니하겠노라

　구약성경 선지서의 첫 책인 이사야는 다른 선지서와 마찬가지로 하나님의 심판과 구원이라는 이중적인 구조로 되어 있다. 이사야는 독특하게 예루살렘을 '아리엘'로, 이스라엘을 '여수룬'이라 부르면서 임박할 하나님의 심판과 그런 가운데서도 구원하시는 하나님의 사랑을 비유한다. '아리엘'은 '하나님의 제단'이라는 뜻으로 제단의 불처럼 타버릴 예루살렘을 상징하며, '여수룬'은 '의로운 자'라는 뜻으로 하나님의 은혜로 구속함을 받는 이스라엘을 지칭한다.

　하나님의 심판은 이스라엘도 예외 없다. 심판을 받는 이스라엘의 모습을 보여 주는 구절이 이사야 3장 7절이다. "그 날에 그가 소리를 높여 이르기를 나는 고치는 자가 되지 아니하겠노라."

> (개역개정) 나는 고치는 자가 되지 아니하겠노라.
>
> (개역한글) 나는 고치는 자가 되지 않겠노라.
>
> (공동번역) 나는 고쳐낼 수 없다.
>
> (메시지) '무슨 소리! 나도 갈팡지팡하는데! 내게 책임을 맡길 생각 마.'
>
> (바른) 나는 치료자가 되지 않을 것이다.
>
> (새번역) 나에게는 묘안이 없다.
>
> (새즈믄) 나는 해결사가 아니다.
>
> (쉬운말) 나는 너희를 싸매주는 사람이 될 수 없다.

(신세계역) 나는 상처를 싸매주는 사람이 되지 않을 것이다.

(우리말) 나는 의사가 아니다.

(조선어) 나는 고쳐낼 수 없다.

(천주교) 나는 치유자가 되고 싶지 않네.

(킹제임스 흠정) 나는 치유하는 자가 되지 아니하겠노라.

(표준새번역) 나에게는 묘안이 없다.

(한글 킹제임스) 나는 치유하는 자가 되지 않겠노라.

(현대어) 내가 할 수 있는 일은 아무것도 없다.

(현대인) 나는 도울 수 없어.

(히브리어 직역) 나는 치료자가 되지 않을 테니

(원문) 나는 치료하는 자가 되고 싶지 않네.

　　본문의 내용은 더 이상 나라를 이끌 지도자도 없는 상황에서 그나마 남은 소수의 사람들에게 국가의 장래를 부탁하는데 거절당해서 아무도 앞에 나서서 나라의 문제를 고치려 하거나 지도하는 자가 없게 된다는 것이다. 억지로 시켜도 지도자가 되기를 거절하고 문제를 해결하려는 자도 없게 된다. 국가의 가장 큰 재난은 지도자가 없을 때이다. 국가가 위기를 만났을 때 훌륭한 지도자들의 등장으로 나라를 구원하고 이끌어 가야 하는데 예루살렘이 멸망할 때는 나서는 지도자도 없고 억지로 시켜도 응할 사람조차 없다는 것이다. 본문에서 고치는 자는 히브리어 '하바쉬'로써 '통치자, 치료자'라는 뜻인데 문맥에 걸맞게 '고치는 자'보다는 '통치자, 치유자'라고 번역하는 게 부드러워 보인다. 하나님은 이스라엘이 위기에 처할 때마다 지도자를 세우셔서 올바르게 헤쳐 나가도록 해 주셨다. 출애굽에서 모세를 선택하시고, 여호수아, 사무엘, 다윗 등을 세우셔서 국가와 민족의 위기를 극복하게 하셨다. 그러나 하나님의 심판이 임할 때 하나님은 더 이상 지도자를 주지 않음으로써 지도자의 공백이 얼마나 무서운 것인가를 보여 주신다. 영적 암흑기였던 사사시대 때에도 하나님은 필요할 때마다 구원자를 보내 주셨지만, 말세에는 더 이상 구원할 지도자를 보내지 않으신다. 지도자의 부재야말로 하나님의 부재를 예표하는 심판의 모습인 것이다.

74. 경계에 경계를 더하며

본문은 난해 구절 중의 하나로 손꼽힌다. 보충 설명이 없으면 도저히 무슨 뜻인지 알 수조차 없는 구절이다. 이런 구절은 주석을 삽입해서 설명해야 한다. 이사야 28장 10절이다. "대저 경계에 경계를 더하며 경계에 경계를 더하며 교훈에 교훈을 더하며 교훈에 교훈을 더하되 여기서도 조금 저기서도 조금 하는구나 하는도다."

> (개역개정) 대저 경계에 경계를 더하며 경계에 경계를 더하며 교훈에 교훈을 더하며 교훈에 교훈을 더하되 여기서도 조금 저기서도 조금 하는구나 하는도다.
>
> (개역한글) 대저 경계에 경계를 더하며 경계에 경계를 더하며 교훈에 교훈을 더하며 교훈에 교훈을 더하되 여기서도 조금 저기서도 조금 하는구나 하는도다.
>
> (공동번역) '사울라사우, 사울라사우! 카울라카우, 카울라카우! 즈에르삼, 즈에르삼!'
>
> (메시지) 우리가 젖먹이도 아닌데, 왜 애한테 말하듯이 '이거, 이거, 이거, 이거, 저거, 저거, 저거, 저거, 착하지, 우리 꼬마'라고 말하느냐?
>
> (바른) '명령에 명령을 더하고, 명령에 명령을 더하며, 규칙에 규칙을 더하고, 규칙에 규칙을 더하여, 여기서도 조금, 저기서도 조금.'이라고 말하는구나. 라고 하였다.

(새번역) 저 자는 우리에게, 한 자 한 자, 한 절 한 절, 한 장 한 장 가르치려고 한다.

(새즈믄) 실로 차우 하면 차우 하되 차우 하면 차우 한다. 카우 하면 카우 하되 카우 하면 카우 한다. 즈엘삼 하면 즈엘삼 하니

(쉬운말) 또 그들은 여호와의 예언자를 비웃으며 단순한 말을 똑같은 방법으로 되풀이하는 사람들이라고 말한다.

(신세계역) "명령에 명령, 명령에 명령, 측량줄에 측량줄, 측량줄에 측량줄, 여기서도 조금, 저기서도 조금" 하는구나.

(우리말) 그들이 하는 말이라곤 이런 것이다. 교훈에 교훈을, 교훈에 교훈을! 이 줄까지, 이 줄까지! 여기 조금, 저기 조금!

(조선어) 저자가 하는 소리를 들어보세. 명령에 또 명령을 명령에 또 명령을 규칙에 또 규칙을 규칙에 또 규칙을 여기서 조금 저기서 조금.

(천주교) 정말 저자는 '차우 라차우 차우 라차우 카우 라카우 카우 라카우 즈에르 삼 즈에르 삼' 이라고 말해댄다.

(킹제임스 흠정) 이는 반드시 훈계 위에 훈계가 있어야 하며 훈계 위에 훈계가 있어야 하며 줄 위에 줄이 있어야 하며 줄 위에 줄이 있어야 하되 여기에도 조금 저기에도 조금 있어야 할 것임이라.

(표준새번역) 저 자는 우리에게 한 자 한 자, 한 절 한 절, 한 장 한 장 가르치려고 한다.

(한글 킹제임스) 명령을 명령 위에 반복하고 명령을 명령 위에 반복하며, 줄을 줄 위에 반복하고 줄을 줄 위에 반복하고 여기서도 조금, 저기서도 조금 하니

(현대어) 도대체 차블라차브 차블라차브, 카블라카브 카블라카브, 여기서도 조금 외우고 저기서도 조금 외우는 그 소리가 무슨 뜻이냐?

(현대인) 그는 우리에게 아주 간단하고 단순한 것을 가르치고 또 가르쳐 계속 같은 말을 하나하나 되풀이하고 있다.

(히브리어 직역) 참으로 짜브는 짜브로 반복하고 카브는 카브로 반복하며 이곳에서 조금 저곳에서 조금 가르친다.

(원문) '참으로 교훈에 교훈을 더하고, 규정에 규정을 더하며, 규칙에 규칙을 더하고, 경계에 경계를 더하여, 여기에서도 조금, 저기에서도 조금'이라고 밀한다.

일단 본문의 배경은 이사야가 선포하는 예언이 젖먹이들의 옹알이처럼 유치한 단어를 무한 반복한다. 듣는 사람은 듣기는 들어도 무슨 말인지 하나도 이해를 못 한다. 일찍이 하나님은 이사야에게 말씀하셨듯이 이스라엘 백성이 듣기는 들어도 깨닫지 못할 것이요 보기는 보아도 알지 못하리라고 하셨다(사 6:9). 이사야가 전하는 신탁이 낯선 이방의 말처럼 전혀 들리지 않는 것이다. 본문은 히브리어 원어로 그대로 옮기면 '차브 라차브 차브 라차브 카브 라카브 카브 라카브 제에르 삼 제에르 삼'이 된다. 그저 뜻 없는 옹알이로 들린다는 것이다.

이를 직역하면 경계(명령)에 경계를, 교훈에 교훈을, 여기서도 조금, 저기서도 조금이라는 말이 된다. 의역하자면 무의미하게 갓난아이들이 같은 단어를 반복하여 말하듯이 말한다는 뜻이다.

하나님의 심판이 임하면 하나님의 말씀은 더 이상 들리지 않는다. 그 말씀을 듣고 깨닫고 회개하여 돌아서는 것을 원천 봉쇄하는 것이다. 예수님도 성육신하셔서 이사야의 말씀을 인용하면서 하나님이신 예수님의 말씀과 능력을 믿지 못하는 믿음 없는 세대에 대하여 질타하셨다. 지혜로운 자에게는 가려져 있으나 어리석은 자에게는 드러나는 신비의 말씀이기 때문이다. 하나님이 새 마음과 새 영을 부어 준 자는 말씀을 듣고 깨닫지만 강퍅한 자들에게는 예수님의 말씀은 공허한 메아리에 불과한 것이다. 마지막 때는 귀머거리가 듣고 맹인이 보는 기적의 은혜 시대이면서 동시에 듣는 자가 듣지 못하고 눈뜬 자가 보지 못하는 준엄한 심판의 역사가 일어난다.

75. 스스로 숨어 계시는 하나님

　　이사야의 독특한 내용은 하나님의 일하시는 방법에 관한 서술이다. 하나님은 눈에 띄지 않게 배후에서 일하신다. 이사야 45장 15절이다. "진실로 주는 스스로 숨어 계시는 하나님이시니이다."

　　(개역개정) 진실로 주는 스스로 숨어 계시는 하나님이시니이다.

　　(개역한글) 진실로 주는 스스로 숨어 계시는 하나님이시니이다.

　　(공동번역) 하나님께서 너도 몰래 너를 보살피셨다.

　　(메시지) 분명 주님은 배후에서 일하시는 하나님

　　(바른) 참으로 주는 스스로 숨어 계시는 하나님이시며

　　(새번역) 진실로 주님께서는 자신을 숨기시는 하나님이십니다.

　　(새즈믄) 진정 당신님은 숨어 계시는 하나님이시며

　　(쉬운말) 정말로 주께서는 사람들이 볼 수 없는 하나님이시며

　　(신세계역) 진실로 당신은 숨어 계시는 하느님

　　(우리말) 주께서는 참으로 숨어 계신 하나님이십니다.

　　(조선어) 하나님께서 너도 몰래 너를 보살피셨다.

　　(천주교) 정녕 당신은 자신을 숨기시는 하느님이십니다.

　　(킹제임스 흠정) 진실로 주는 자신을 숨기는 하나님이시니이다.

　　(표준새번역) 진실로 주께서는 자신을 숨기시는 하나님이십니다.

　　(한글 킹제임스) 진실로 주는 스스로 숨기시는 하나님이시니이다.

(현대어) 과연 숨어 계시는 하나님이 너와 함께 계시고

(현대인) 참으로 주는 자신을 숨기시는 하나님이십니다.

(히브리어 직역) 진실로 당신은 자신을 숨기시는 하나님이십니다.

(원문) 참으로 주님은 스스로 자신을 숨기시는 하나님이십니다.

하나님은 자신을 천천히 흐르는 실로아 물이라고 지칭하셨다(사 8:6). 실로아는 실로암을 말하는데 예루살렘성 바깥에 있는 기혼 샘(윗물)과 연결해서 예루살렘성 안으로 물을 연결해 주는 배수관이었다. 아랫물로도 불렸는데 히스기야 때 건축한 것이다. 배수관에 물이 흐르듯 잠잠히 조용히 일하신다. 상대적으로 흉용하고 창일한 큰 하수라 불리는(사 8:7) 유브라데강과 비교하면 볼품없고 유약하기 짝이 없다. 이스라엘은 실로아 물을 얕잡아보고 무시하고 유브라데강을 신뢰했다. 그러나 눈에 보기에 별 볼 일 없는 실로아 물이 어마어마한 유브라데강을 집어 삼킨다. 하나님은 이스라엘이 돌아오기를 기다리면서 참고 기다리셨다. "내가 오랫동안 조용하며 잠잠하고 참았으나"(사 42:14). "하나님이 오랫동안 잠잠했더니"(사 57:11) 이스라엘은 하나님은 더 이상 계시지 않는다며 하나님을 버리고 만다. 하나님이 특별한 행동을 취하지 않고 잠잠하자 악인들은 번성하고 의인들은 고통당하는 악순환이 거듭된다. 이는 성경에서 자주 등장하는 신정론과 맞닿아 있다. 왜 하나님은 침묵하시는지, 왜 잠잠히 계시는지 의심만 늘어간다. 이유는 간단하다. 한 명이라도 더 구원하시기 위하여 참고 기다리고 계신 것이다. 때가 되면 더 이상 잠잠하지 않고 쉬지 않으신다(사 62:1). 조용히 흐르던 실로아가 어느 순간 산더미 같은 해일로 뒤바뀌어 열국을 멸망시킨다. 하나님이 전면에 나서서 순간이다. 전무후무한 하나님의 심판이 임한다. 그때까지 하나님이 자신을 숨

기시고 잠잠히 계신다. 하나님의 심판은 반드시 임한다. 잠시 지체될 뿐이다. 하나님이 잠잠하실 때가 우리에게 주어진 구원의 마지막 기회일 뿐이다.

76. 속건제물

본문도 대단히 난제에 속한다. 속죄제물이 맞는지 속건제물이 맞는지가 핵심이다. 이사야 53장 10절이다. "여호와께서 그에게 상함을 받게 하시기를 원하사 그의 영혼을 속건제물로 드리기에 이르면 그가 씨를 보게 되며 그의 날은 길 것이요."

(개역개정) 속건제물

(개역한글) 속건제물

(공동번역) 속죄의 제물

(메시지) 속죄제물

(바른) 속건제

(새번역) 속건제물

(새즈믄) 속죄제물

(쉬운말) 속죄제물

(신세계역) 죄과제물

(우리말) 속건제물

(조선어) 속죄의 제물

(천주교) 속죄제물

(킹제임스 흠정) 죄로 인한 헌물

(표준새번역) 속죄제물

(한글 킹제임스) 속죄제물

(현대어) 그 대신 자기 목숨을 바쳤기 때문에

(현대인) 희생제물

(히브리어 직역) 배상제물

(원문) 속건제물

　본문에서 사용된 히브리어는 속죄제물인 '하타'가 아니라 속건제물인 '아쉼'이다. 예수님을 속건제물로 묘사한 곳은 성경 통틀어 이사야밖에 없다. 예수님은 자신을 희생제물로써 속죄제물로 바쳤다는 것은 다 아는 사실인데 속건제물이 될 수 있냐는 것이다. 그래서 기록자의 오류라고 지적하는 사람도 있다. 속죄제물과 속건제물의 차이는 둘 다 죄를 속하기 위한 희생제물이나 속건제물은 배상의 의미가 있다. 남에게 손해를 끼쳤을 때 5분의 1을 더하여 배상하는 것이 속건제물이다. 레위기에는 5가지 제사가 소개되는데 이 모든 제사가 예수님의 예표가 된다. 번제는 모든 것을 태워 바치는 것으로 자신을 희생한 예수님을 상징한다. 하나님과의 관계가 회복되어 화목하게 하는 화목제물도 예수님을 상징하고, 빻아진 곡식제물처럼 자신을 십자가에 내놓으신 예수님을 상징하는 것이 소제이다. 속죄제물은 대속의 희생제물로 바쳐진 예수님을 상징하고, 속건제물은 행위제물이라고 하는데 속죄의 제사 이외에도 해를 끼친 자에게 보상해야 했기 때문이다. 속건제물은 입으로만 죄를 고백하는 것이 아니라 행위로 드러나야 한다는 것이다. 특히 이사야가 예수님을 속건제물로 바쳤다는 주장은 죄 용서는 고백만이 아니라 배상이라는 행위까지 포함한다는 것이다.

　예전에 〈밀양〉이라는 영화가 화두가 된 적이 있었다. 살인한 가해자는 하나님께 회개해서 모든 죄를 용서받았다고 뻔뻔하게 평온한 얼굴로 말하는 모습에 피해자는 충격을 받는다. 정작 피해자는 이렇게 고통받고 있는데 누가 누구를 용서하느냐는 것이다. 과연 자신이 용서하지도 않은 가해자가 하나님께 용서를 빌었다고 죄 사함을 받을 수 있느냐가 논쟁의 중심거리였다. 참된 회개는 하나님께만 하는 것이 아니다. 내가 피해를 준 사람에게도 용서를 빌고 배상을 해야 한다. 입으로만 회개가 아닌 행동으로 지은 죄에 대한 사과와 배상이 함께해야 한다. 그런 점에서 예수님이 속건제물로 드렸다는 것은 아주 중요한 선언이다. 아마도 이사야의 이 구절이 없다면 예수님의 속죄제물만 강조하여 자신이 지은 죄에 대하여 속죄의 제물을 하나님께 바치기만 하면 된다고 생각했을 것이다. 우선은 하나님께 용서를 빌어야 하지만 피해를 당한 사람이 여전히 고통 중에 있다면 직접 찾아가 용서를 구하고 배상까지 해야 속죄가 완성되는 것이다. 밀양의 감독이 기독교를 오해한 것은 죄짓고 하나님께 용서만 받으면 그만이라고 오해했기 때문이다. 기독교는 속건제물까지 포함한다. 피해자에게 직접 용서를 받고 배상하는 것이 기독교의 가르침이다.

77. 이 현상이 이미 오래되었사오니

　본문은 부드럽지 않은 번역으로 인해 문장의 전체적인 이해력을 떨어뜨리게 한다. 이사야 64장 5절이다. "우리가 범죄하므로 주께서 진노하셨사오며 이 현상이 이미 오래되었사오니 우리가 어찌 구원을 얻을 수 있으리이까."

(개역개정) 이 현상이 이미 오래되었사오니

(개역한글) 이 현상이 이미 오랬사오니

(공동번역) 우리가 잘못을 저지르고 처음부터 당신께 반역하였기 때문입니다.

(메시지) 너무 오랫동안 죄를 고집했습니다.

(바른) 우리가 오랫동안 죄 가운데 있었으니

(새번역) 우리가 오랫동안 죄를 지었기 때문입니다.

(새즈믄) 우리의 죄악은 바람같이 우리를 흩었사옵니다.

(쉬운말) 우리가 오랫동안 주님께 복종하지 않았으니

(신세계역) 보십시오! 우리가 계속 죄를 지어 당신이 분개하셨고 오랫동안 그러하였으니,

(우리말) 우리는 계속 잘못을 저질러서

(조선어) 우리가 잘못을 저지르고 처음부터 당신께 반역하였기 때문입니다.

(천주교) 저희의 의로운 행동이라는 것들도 모두 개짐과 같습니다.

(킹제임스 흠정) 주의 길들이 지속되므로

(표준새번역) 우리가 오랫동안 죄를 지었기 때문입니다.

(한글 킹제임스) 그들 가운데 지속함이 있으니

(현대어) 이미 오랫동안 주님의 진노 중에 있어도

(현대인) 그러나 우리가 주께 계속 범죄했을 때

(히브리어 직역) 우리 죄악이 바람처럼 우리를 실어갑니다.

(원문) 우리가 오랫동안 죄 가운데 있었으니

원어에는 존재하지도 않는 '현상'이라는 단어를 굳이 집어넣어서 번역함으로써 오히려 이해하기 어렵게 만들었다. 또 '오랫동안'이라는 말 대신에 '지속적으로, 끊임없이'로 대체하는 것이 낫다. 내용은 간단하다. 죄를 지어 하나님의 진노를 불러일으켰는데도 여전히 끊임없이 죄를 짓고 있으니 어찌 구원을 얻을 수 있겠냐는 것이다. 때로는 요점만 단순하게 전달해서 독자의 이해력을 끌어내는 것이 중요하다. 지나치게 사족을 붙이고 덧붙일 필요가 없다. 특히나 전체 문맥에서 지칭어를 사용할 때는 정확해야 한다. 뜬금없이 나온 '현상'이라는 단어는 매우 적절치 않은 번역으로 보여진다.

78. 나는 구하지 아니하던 자에게 물음을 받았으며

수동태 번역의 문제를 드러내는 구절이다. 수동태를 사용하기가 거북하면 능동태로 전환해도 된다. 본문은 억지로 수동태로 번역해서 문장의 뜻을 해치는 경우이다. 이사야 65장 1절이다. "나는 구하지 아니하던 자에게 물음을 받았으며 나를 찾지 아니하던 자에게 찾아냄이 되었으며 내 이름을 부르지 아니하던 나라에 내가 여기 있노라 내가 여기 있노라 하였노라."

(개역개정) 나는 구하지 아니하던 자에게 물음을 받았으며

(개역한글) 나는 나를 구하지 아니하던 자에게 물음을 받았으며

(공동번역) 나에게 빌지도 않던 자의 청까지도 나는 들어주었고

(메시지) 애써 청하지 않는 자들에게도 나는 기꺼이 응하려 했다.

(바른) 나는 요구하지 않던 자에게 나타났으며

(새번역) 나는 내 백성의 기도에 응답할 준비를 하고 있었지만, 내 백성은 아직도 내게 요청하지 않았다.

(새즈믄) 나를 구하지 않는 자가 나를 찾고

(쉬운말) 나는 나를 찾지 않는 백성에게 나를 알려주었다.

(신세계역) 나는 나를 구한 적이 없는 자들이 나를 만나게 하였다.

(우리말) 나는 내게 물어오지도 않던 사람들에게도 대답해 주었다.

(조선어) 나에게 빌지도 않던 자의 청까지도 나는 들어주었고

(천주교) 묻지도 않은 자들에게 나는 문의를 받아 줄 준비가 되어있었고

(킹제임스 흠정) 나를 구하지 아니하던 자들이 나를 찾아내었으며

(표준새번역) 나는 응답할 준비를 하고 있었지만, 아직도 내게 요청하지 않았다.

(한글 킹제임스) 나를 구하지 않은 자들이 나를 찾았으며

(현대어) 여호와께서 대답하셨다. 나는 너희를 도와주려고 항상 기다리고 있었으나

(현대인) 여호와께서 말씀하셨다. 나에게 묻지 않은 사람들에게 내가 나를 나타내고

(히브리어 직역) 나에게 묻지도 않은 자들에게 내가 응답했고

(원문) 나는 내게 묻지도 않은 자들에게 묻는 것에 대답할 준비가 되어 있었고,

본문에서는 수동태로 쓰인 '물음을 받았으며'는 괴이한 번역이 되고 말았다. 일반적으로 사용하는 문장이 아니기 때문이다. 본문은 '나를 구하지 아니하던 자에게 나를 알려 주었고'라고 하거나 '나를 구하지 아니하던 자에게 나타나 주었다고'로 번역하는 것이 부드러워 보인다. '나를 찾지 아니하던 자에게 찾아냄이 되었으며'라는 번역도 거슬린다. '찾아냄이 되었다'라는 수동태는 얼마나 어색한 번역인가! 차라리 '나를 찾지 아니하던 자에게도 만나주었으며'로 바꾸는 것이 부드러워 보인다. 차라리 이해하기 쉽게 능동태로 번역하는 것이 훨씬 나아 보이는 구절이다. 즉 '나를 구하지 아니하던 자들이 나를 찾았고'라고 번역하는 편이 좋겠다.

예레미야

79. 내 마음으로 사랑하는 것

선지자도 울고 하나님도 눈물을 흘리신다. 눈물의 선지자 예레미야는 눈앞에서 적국에 의해 멸망당하는 조국을 바라보면서 통곡하지 않을 수 없다. 어찌하면 내 머리는 물이 되고 내 눈은 눈물 근원이 될꼬 죽임을 당한 딸 내 백성을 위하여 주야로 울리로다(렘 9:1). 예레미야의 눈물은 곧 하나님의 눈물이다. 배역한 이스라엘을 징계하는 것은 하나님께도 창자가 들끓는 일이다(렘 31:20). 이스라엘은 하나님께는 자식이요(렘 3:4) 동시에 사랑하는 아내였다(렘 3:14). 하나님은 사랑하는 아내요 자식인 이스라엘을 '내 마음으로 사랑했던 것'이라 불렀다. 예레미야 12장 7절이다. "내가 내 집을 버리며 내 소유를 내던져 내 마음으로 사랑하는 것을 그 원수의 손에 넘겼나니."

(개역개정) 내 마음으로 사랑하는 것

(개역한글) 내 마음의 사랑하는 것을

(공동번역) 내가 진정 귀여워하던 백성을

(메시지) 내 사랑하는 백성을

(바른) 나는 내 마음이 사랑하는 것을

(새번역) 내가 진정으로 사랑한 백성을

(새즈믄) 내가 진심으로 사랑하는 자를

(쉬운말) 내가 사랑하는 백성을

(신세계역) 내 영혼의 사랑하는 자를

(우리말) 내가 깊이 사랑하는 사람을

(조선어) 내가 진정 귀여워하던 백성을

(천주교) 내가 사랑하던 이를

(킹제임스 흠정) 내 혼이 극진히 사랑하는 자를

(표준새번역) 내가 진정으로 사랑한 백성을

(한글 킹제임스) 내 혼이 참으로 사랑하는 자를

(현대어) 내가 온전한 마음으로 사랑하던 백성을

(현대인) 나의 사랑하는 백성을

(히브리어 직역) 내 사랑하는 자들을

(원문) 내가 마음으로 사랑하는 자를

본문에서 '마음'은 히브리어로 '네페쉬'인데 '호흡, 생명, 목숨'을 뜻한다. 문자 그대로 번역을 한다면 '하나님이 목숨처럼 사랑했던 자'라는 말이다. 생명과도 같은 이스라엘이 반역한 것은 하나님께도 큰 충격이요 실망이다. 과거 신혼 때의 사랑했던 아내가 바람이 난 것이다(렘 2:2). 하나님을 버리고 하나님 아닌 것(로-엘로힘)으로 돌아선 것이다. "이스라엘 족속아 마치 아내가 그의 남편을 속이고 떠나감 같이 너희가 확실히 나를 속였느니라"(렘 3:20). 이스라엘의 반역은 뼛속 깊은 것이었다. 하나님이 아무리 돌아오라고 기회를 주어도 돌아올 마음이 없었다. 이스라엘의 부패는 소돔과 고모라보다 더 심했다. 소돔과 고모라에게는 10명의 의인이라도 있으면 그 성읍을 멸하지 않겠다고 하나님은 약속했으나 이스라엘은 단 한 명의 의인도 없었다. "너희는 예루살렘 거리로 빨리 다니며 그 넓은 거리에서 찾아보고 알라 너희가 만일 정의를 행하며 진리를 구하는 자를 한 사람이라도 찾으면 내가 이 성읍을 용서하리라"(렘 5:1). 예수님도 말세에는 이 세대가 소돔과 고모라 보다 더 악하다고 비판했었다. "심판 날에 소돔 땅이 너보다 견디기 쉬우리라"(마 11:24). 위로는 제사장과 선지자부터 아래로는 일반 백성에 이르기까지 썩을 대로 썩은 이스라엘에게는 회복이 불가능했다. 하나님의 오래 참으심도 끝이 났다. 심판이 임한 것이다. "그런즉 네 하나님 여호와를 버림과 네 속에 나를 경외함이 없는 것이 악이요 고통인 줄 알라"(렘 2:19). 기회를 주어도 돌아서지 않는 이스라엘에게 하나님은 심판의 칼을 꺼내 과거의 아내와 함께 지냈던 신혼집인 예루살렘 성전을 버리시고 아내인 이스라엘을 내쫓으셨다.

그러나 하나님이 어떠하신 분이신가? 하나님의 사랑은 영원하다. "영원한 사랑으로 너를 사랑하기에"(렘 31:3). 하나님의 사랑은 끝없는 언약적 사랑에 바탕한 것이다. 비록 죄를 지어 심판과 징계를 받더라도 하나님은 다시 기회를 주신다. 그리하여 심판과 재앙이라는 어두운 예언 가운데에서도 생명과 기쁨의 구원의 빛은 남겨두신다. 현재는 암울하나 미래에는 희망을 주는 약속도 남겨주셨다. 바로 70년이 차면 회복시켜주겠다는 것이다(렘 29:10). 70년 후에는 고국으로 회복될 것이고 성전이 다시 세워지리라는 약속도 주셨다. 예레미야의 70년은 심판이자 광야의 고난이지만 다시 기회를 주시는 은혜의 시간이기도 하다. 이때는 새 마음과 새 영을 주어서 수많은 백성들이 하나님께 돌아오게 된다. 희망의 메시지는 예레미야의 결론 부분에 잘 나타난다. 포로로 끌려간 여호야긴 왕이 37년 만에 감옥에서 복권되어 죄수복을 벗고 왕과 함께 식사를 하는 자리로 회복된다. 그 죄수의 의복을 갈아입혔고 그의 평생 동안 왕의 앞에서 먹게 하였으며(렘 52:33). 본문에서 '갈아입혔고'가 히브리어로 '샤나'인데 '변경하다, 다시 하다, 두 번째 하다'이다. 하나님은 여호야긴 왕의 복권처럼 이스라엘에게도 70년의 기한이 차면 다시 한번, 두 번째의 기회를 주신다는 것이다. 예레미야의 고통과 절망의 눈물은 희망과 기쁨의 눈물로 바뀐다.

80. 여자가 남자를 둘러싸리라

본문은 난해 구절이다. 문맥에 따른 의미를 알아야 해석할 수 있다. 예레미야 31장 22절이다. "반역한 딸아 네 어느 때까지 방황하겠느냐 여호와가 새 일을 세상에 창조하였느니 곧 여자가 남자를 둘러싸리라." 여기서 여자가 남자를 둘러싼다는 말이 이해하기 어렵다.

(개역개정) 여자가 남자를 둘러싸리라.

(개역한글) 여자가 남자를 안으리라.

(공동번역) 욕먹는 계집을 정숙하게 만들어

(메시지) 변화시키는 하나님을 맞아들이는 변화된 여인을

(바른) 여자가 남자를 둘러쌀 것이다.

(새번역) 여자가 남자를 안는 것이다.

(새즈믄) 여성이 남성을 에워쌀 것이다.

(쉬운말) 여자가 남자를 안을 것이다.

(신세계역) 보통 여자가 장정의 주위로 바싹 다가갈 것이다.

(우리말) 여자가 남자를 에워쌀 것이다.

(조선어) 욕먹는 계집을 정숙하게 만들어

(천주교) 여자가 남자를 쫓아다니는 것이다.

(킹제임스 흠정) 한 여자가 한 남자를 둘러싸리라.

(표준새번역) 여자가 남자를 안는 것이다.

(한글 킹제임스) 여자가 남자를 두르리라.

(현대어) 품행이 더럽던 여인도 훌륭한 여주인이 되도록 내가 새로운 일을 시작해 놓았다.

(현대인) 여자가 남자를 둘러싸고 보호하는 것과 같은 아주 색다른 일이다.

(히브리어 직역) 여자가 남자를 둘러쌀 것이다.

(원문) 곧 여자가 남자를 둘러쌀 것이다.

본문에서 '둘러싸리라'는 히브리어 '싸바브'로써 '둘러싸다, 에워싸다'라는 뜻이다. 본문을 액면 그대로 읽으면 '여자가 남자를 둘러싸는 것이 하나님이 세상에 새 일을 창조하는 것'이란 뜻인데 선뜻 이해가 안 된다. 예레미야는 시종 하나님을 남편이자 아버지로 이스라엘을 아내이자 자식으로 묘사했다. 그러므로 남자는 하나님을, 여자는 이스라엘을 지칭한다고 볼 수 있다. 본문은 바람난 아내가 전남편에게 돌아오듯이, 집을 나간 탕아가 돌아오듯이 이스라엘이 다시 하나님께 돌아와서 관계를 회복하는 내용을 담고 있다. 그동안 남자인 하나님이 먼저 여자인 이스라엘을 선택하고 사랑하고 품었다. 그러나 은혜의 시대에 접어들면 획기적인 전환이 일어난다. 수동적으로 사랑만 받다가 남편을 떠났던 여자가 이제는 변화해서 더 적극적으로 남자에게 다가선다는 것이다.

과거 고대의 가부장적 사회의 결혼관을 생각해 보자. 남자가 결혼 상대를 고르고 선택해서 지참금을 주고 아내를 데려온다. 아마도 고대사회에 여자가 주도적으로 나서서 남편감을 고르고 연애하고 결혼하는 것은 상상도 못 할 일이다. 그러나 새로운 시대에는 여자가 더욱 적극적으로 남자에게 다가와서 열렬하게 사랑하는 새로운 현상이 일어난다. 이것이 새 마음과 새 영을 받는 것(겔 36:26)이며 한마음과 한길을 받는 것이다(렘 32:39). 그것은 또한 마음에 할례를 받는 것이다(렘 4:4). 새 영과 새 마음을 받은 자들은 과거와는 전혀 다른 양상으로 하나님을 사랑한다. 하나님을 더욱 사랑하고 더욱 충성하고 더욱 신실하고 더욱 헌신한다. 과거에는 하나님이 찾아다녔으나 이제는 주의 자녀들이 더 적극적으로 하나님을 좇아다니는 새 시대의 전기가 마련된다. 그것이 성령 시대의 도래이다. 늘 하나님 곁을 떠나려 해서 하나님의 마음을 아프게 했던 자들이 이제는 항상 하나님을 에워싸는 적극적인 사랑꾼으로 돌변하여 하나님의 마음을 시원하게 해 드린다. 새 시대에는 여자가 남자를 둘러싸게 될 것이다.

81. 여호와의 엄중한 말씀

역시 난해 구절이다. 예레미야 23장 36절이다. "다시는 여호와의 엄중한 말씀이라 말하지 말라 각 사람의 말이 자기에게 중벌이 되리니 이는 너희가 살아계신 하나님 만군의 여호와 우리 하나님의 말씀을 망령되이 사용함이니라 하고."

(개역개정) 다시는 여호와의 엄중한 말씀이라 말하지 말라. 각 사람의 말이 자기에게 중벌이 되리니 이는 너희가 살아계신 하나님 만군의 여호와 우리 하나님의 말씀을 망령되이 사용함이니라 하고

(개역한글) 다시는 여호와의 엄중한 말씀이라 말하지 말라. 각 사람의 말이 자기에게 중벌이 되리니 이는 너희가 살아계신 하나님 만군의 여호와 우리 하나님의 말씀을 망령되이 씀이니라 하고

(공동번역) 야훼의 말씀은 짐스럽다- 라는 말은 입 밖에도 내지 말 일이다. 그런 말을 하는 사람은 바로 그 말이 짐이 되리라. 그렇게 말하는 것은 살아있는 이 하느님의 말, 저희들의 하느님 만군의 주 야훼의 말을 뒤엎는 것이다.

(메시지) 다 안다는 듯 하나님께서 내게 이렇게 말씀하셨다. 이렇게도 말씀하셨다 말하지 마라. 나는 그런 소리를 더 이상 듣고 싶지 않다. 오직 내가 권한을 부여한 자만이 나를 대변할 수 있다. 그렇지 않은 모든 자는 나의 메시지, 곧 살아있는 만군의 하나님의 메시지를 왜곡하는 자다.

(바른) 여호와의 경고라는 말을 다시는 입 밖에 내지 마라. 그렇게 말하는 사람의 말이 자기에게 경고가 될 것이니 이는 너희가 살아 계신 하나님 만군의 여호와 우리 하나님의 말씀을 왜곡하였기 때문이다.

(새번역) 부담이 되는 주님의 말씀이라는 표현을 너희가 다시는 써서는 안 된다. 누구든지 그런 말을 쓰는 사람에게는 그 말이 그에게 정말 부담이 될 것이라고 하여라. 우리의 하나님 만군의 주의 말씀을 왜곡하는 것이기 때문이라고 말하여라.

(새즈믄) 실로 그 사람의 말은 자신의 경고이기 때문에 너희가 다시는 여호와의 경고를 기억하지 못한다. 너희는 하나님 살아계신 만유의 여호와의 말씀을 모독하였다.

(쉬운말) 절대로 여호와의 말씀이라는 말은 하지 마라. 왜냐하면 너희가 하는 그 말이 짐이 되기 때문이다. 네가 그런 말을 하면 그것은 살아계신 하나님 만군의 여호와 우리 하나님의 말씀을 그르치는 것이다.

(신세계역) 그러나 너희는 다시는 여호와의 무거운 짐을 언급하지 말아라. 무거운 짐은 각자에게 그 자신의 말이 되며 너희는 살아계신 하느님 만군의 여호와 우리 하느님의 말씀을 바꾸었기 때문이다.

(우리말) 그러나 여호와의 신탁이라고 다시는 언급하지 말라. 이는 각자 자신의 말이 자기의 신탁이 돼 살아 계신 하나님 곧 우리 하나님 만군의 여호와의 말씀을 너희가 왜곡하기 때문이다.

(조선어) 여호와의 말씀은 짐스럽다- 라는 말은 입 밖에도 내지 말 일이다. 그런 말을 하는 사람은 바로 그 말이 짐이 되리라. 그렇게 말하는 것은 살아있는 이 하나님의 말, 저희들의 하나님 만군의 주 여호와의 말을 뒤엎는 것이다.

(천주교) 더 이상 주님의 짐이다 하고 말해서는 안 된다. 저마다 그 말이

자신에게 짐이 되기 때문이다. 너희는 살아계신 하느님 만군의 주 우리 하느님의 말씀을 왜곡하였다.

(킹제임스 흠정) 다시는 주의 엄중한 경고를 언급하지 말라. 각 사람의 말이 자기에게 엄중한 경고가 되리니 이는 너희가 살아 계신 하나님 곧 만군의 여호와 만군의 주 우리 하나님의 말씀들을 왜곡시켰음이니라 하라.

(표준새번역) 부담이 되는 주의 말씀이라는 표현을 너희가 다시는 써서는 안 된다. 누구든지 그런 말을 쓰는 사람에게는 그 말이 그에게 정말 부담이 될 것이라고 하여라. 우리의 하나님 만군의 주의 말씀을 왜곡하는 것이기 때문이라고 말하여라.

(한글 킹제임스) 너희는 주의 엄중한 말씀이라고 다시는 말하지 말라. 각 사람의 말이 자신의 무거운 짐이 되리니 이는 너희가 살아계신 하나님 만군의 주 우리 하나님의 말씀을 변질시켰노라.

(현대어) 여호와의 말씀은 언제나 우리에게 짐이 된다는 소리를 다시는 하지 말아라. 주님의 말씀을 그렇게 나쁜 의미로 바꾸어서 사용하는 사람이 또 있으면 그가 스스로 짐을 지는 꼴이 될 것이다. 왜냐하면 온 세상의 주인이시오 살아계신 우리의 하나님께서 전달하고자 하시는 좋은 의미의 단어를 악한 뜻으로 뒤집어 놓는 사람에게는 말씀이 정말 짐으로 바뀔 것이기 때문이다.

(현대인) 그러나 너희는 여호와의 엄한 말씀이란 말을 입 밖에 내서는 안 된다. 만일 너희가 그렇게 하면 각자 자기가 한 말이 여호와께서 하신 말씀처럼 되어 살아 계시는 하나님 곧 전능하신 여호와 우리 하나님의 말씀을 그르치게 될 것이다.

(히브리어 직역) 여호와의 선언을 너희는 더 이상 언급하지마라. 이는 그 선언이 각 사람 자신의 말이니 너희가 살아계신 하나님 만군의 여호와 우

리 하나님의 말씀들을 거꾸로 말했기 때문이다.

(원문) '짐이 되는 여호와의 말씀'이라고 말해서는 안 된다. 누구든지 그런 말을 쓰면 그 말이 그에게 참으로 부담이 될 수 있다. 이는 너희가 살아 계신 하나님, 만군의 여호와 우리 하나님의 말씀을 왜곡했기 때문이다.

본문에서 '엄중한 말씀'은 히브리어 '마싸'인데 '무거운 짐, 부담'이라는 뜻이다. 본문의 배경은 기본적으로 거짓 선지자에 대한 경고이다. "내 말을 도둑질하는 선지자들을 내가 치리라"(렘 23:30). 그들은 자기의 말을 하나님이 주신 말씀 또는 신탁이라 속이는 자들이다. 이들은 틈만 나면 하나님이 무거운 짐이 되는 말씀 또는 부담되는 말씀을 자신에게 주었다고 주장했다. 그러면서 거짓 예언을 퍼뜨린 것이다. 본문에 '중벌'이라는 단어가 나오는데 역시 히브리어로 '마싸'이다. 직역하면 '여호와의 무거운 짐'이라고 말하는 선지자는 자신이 내뱉은 말이 자신에게 임하는 여호와의 무거운 짐이 될 것이라'는 표현이다. 약간의 언어유희가 배어 있는 것이다. 만약 받지도 않은 여호와의 심판의 말씀을 선포하면 그 심판의 말씀이 부메랑이 되어 본인에게 임하게 된다는 것이다. 예레미야에서 보듯이 말세에는 거짓 선지자들이 넘치게 된다. 예수님도 마지막 때에 있을 현상으로 하나님의 말씀을 도적질하는 거짓 그리스도, 거짓 선지자, 그리고 거짓 교사들이 난무한다고 말씀하셨다.

또 본문에서 '망령되이 사용함이니라'는 히브리어 '하파크'로써 '뒤집다, 곡해하다'라는 뜻이다. 이들 거짓 선지자는 하나님의 말씀을 왜곡하는 데 능하다. 에덴동산에서 뱀으로 가장한 사탄이 하나님의 말씀을 뒤틀어 하와를 유혹한 이래 말씀 왜곡자들은 끊임없이 등장한다. 그래서 말씀 왜곡에 대한 경고도 성경에 상당히 많다. 말씀을 가감하지 말라(신

4:2, 신 12:32, 잠 30:6, 계 22:18-19). 말씀을 혼잡하게 하지 말라(고후 2:17, 4:2). 말씀을 자의적으로 해석하지 말라(벧후 1:20). 말씀을 억지로 풀지 말라(벧후 3:16). 마지막 시대는 말씀을 변질시키려는 이단과의 싸움이 치열하다. 자기만이 유일한 말씀을 받았다고 선전하며 자기의 해석만 옳다고 주장하는 자들이 넘칠 것이다. 말씀의 무지만큼 위험한 것이 말씀의 왜곡이다. 말씀은 성령님의 감동으로 쓰여진 영감 된 무오한 말씀으로 그대로 믿고 받아들이고 가감하지 말고 성경 안에서 성경으로 해석해야 한다. 건전한 교리에 서는 것이 얼마나 중요한가를 깨닫게 되는 시대이기도 하다.

82. 버림받은 홀아비

　　본문은 내용이 어려워서가 아니라 어색한 단어 사용이 문제다. 버림받은 홀아비라는 표현이 낯설다. 예레미야 51장 5절이다. "이스라엘과 유다가 이스라엘의 거룩하신 이를 거역하므로 죄과가 땅에 가득하나 그의 하나님 만군의 여호와에게 버림받은 홀아비는 아니니라."

　　(개역개정) 버림받은 홀아비는 아니니라.

　　(개역한글) 버림을 입지 아니하였나니

　　(공동번역) 영원히 끊기지 아니하리라.

　　(메시지) 과부라 여겼다면 오산이다.

　　(바른) 버림을 받은 것은 아니다.

　　(새번역) 버림을 받은 것이 아니다.

　　(새즈믄) 과부의 신세는 아니다.

　　(쉬운말) 저버리지 않았다.

　　(신세계역) 과부가 된 것은 아니기 때문이다.

　　(우리말) 버리지 않았기 때문이다.

　　(조선어) 영원히 끊기지 아니하리라.

　　(천주교) 소박맞은 것은 아니다.

　　(킹제임스 흠정) 버림을 받지 아니하였음이니라.

　　(표준새번역) 버림을 받은 것이 아니다.

(한글 킹제임스) 버림받지 아니하였음이라.

(현대어) 버리신 것은 결코 아니다.

(현대인) 버리지 않았다.

(히브리어 직역) 버림을 받지 않았기 때문이다.

(원문) 버림을 받은 것은 아니다.

본문에서 사용된 '버림받은 홀아비'는 히브리어 '알만'을 번역한 것으로 '사별'이라는 뜻에서 기원한 '이혼한 사람같이 버림받은'이라는 뜻이다. 개역한글 성경에서 '버림받다'로 번역한 것을 개역개정 성경은 '버림받은 홀아비'로 개정했다. 이것이 과연 적절한가 의문이다. 하나님은 우리를 절대 버리지 않으신다는 것이 본문의 뜻인데 버림받은 홀아비로 두지 않겠다고 번역했다. 위의 다른 번역들을 살펴보더라도 홀아비로 번역한 곳은 개역개정 성경 이외에는 없다. 차라리 과부로 번역하면 그나마 나을 것이다. 앞서 말했듯이 예레미야는 이스라엘을 자식이면서 아내로 묘사하고 있다. 특히 바람난 아내이지만 하나님은 절대로 버리지 않겠다는 것이니까 과부로 만들지 않겠다고 한다면 예레미야 전체적인 비유와 잘 맞아떨어진다고 본다. 그런데 느닷없이 이스라엘을 홀아비로 버리지 않겠다고 번역하는 것은 생뚱맞다.

번역은 자고로 문장의 흐름도 고려해야 하지만 전체 문맥을 떼놓고는 생각할 수 없는 것이다. 그냥 개역한글 성경처럼 '하나님은 이스라엘을 버리지 않을 것이다'라고 하든지 굳이 개정하려면 그나마 홀아비보다는 과부로 버리지 않겠다고 해야 옳을 것이다.

예레미야 애가

83. 내 기도를 물리치시며

하나님은 우리에게 귀를 기울이시고 기도에 응답하신다. 그것도 속히 응답하신다. "그들이 부르기 전에 내가 응답하겠고 그들이 말을 마치기 전에 내가 들을 것이며"(사 65:24). 그러나 하나님의 심판이 착수하는 순간 기도의 모든 문은 닫힌다. 예레미야 애가 3장 8절이다. "내가 부르짖어 도움을 구하나 내 기도를 물리치시며."

(개역개정) 내가 부르짖어 도움을 구하나 내 기도를 물리치시며

(개역한글) 내가 부르짖어 도움을 구하나 내 기도를 물리치시며

(공동번역) 아무리 살려달라고 울부짖어도 주께서는 이 간구마저 물리치시고

(메시지) 아무리 부르짖으며 도움을 청해도 내 기도를 자물쇠로 잠그시고 열쇠마저 없애 버리신다.

(바른) 비록 내가 부르짖어 도움을 구하여도 그분은 내 기도를 물리치셨으며

(새번역) 살려 달라고 소리를 높여 부르짖어도 내 기도를 듣지 않으시며

(새즈믄) 내가 부르짖어 구원을 호소하였으나 그는 내 기도를 뿌리치셨다.

(쉬운말) 내가 부르짖어도 도움을 청했으나 내 기도를 듣지 않으셨다.

(신세계역) 그분이 나를 돌담으로 막듯 가로막으시고 나가지 못하게 하셨다. 내 구리 족쇄를 무겁게 하셨다.

(우리말) 내가 소리치고 부르짖어도 내 기도를 닫아 버리셨다.

(조선어) 아무리 살려달라고 울부짖어도 주께서는 이 간청마저 물리치시고

(천주교) 내 기도 소리에 귀를 막아 버리시고

(킹제임스 흠정) 내가 부르짖으며 소리를 질러도 내 기도를 물리치시고

(표준새번역) 살려 달라고 소리를 높여 부르짖어도 내 기도를 듣지 않으시며

(한글 킹제임스) 내가 울부짖고 소리 지를 때 나의 기도를 닫으셨도다.

(현대어) 살려달라 아무리 소리쳐 보아도 하나님은 들은 체도 않으신다오. 아무리 기도해도 소용없다오.

(현대인) 내가 부르짖고 도움을 구하여도 그는 내 기도를 거절하시며

(히브리어 직역) 내가 울며 도움을 청할 때도 그는 내 기도의 문을 닫으시며

(원문) 내가 소리치고 부르짖어도 내 기도 소리에 귀를 막아 버리셨고,

본문에서 '물리치다'는 히브리어로 '싸탐'인데 '막아버리다'는 뜻이다. 하나님의 심판이 시작되면 기도가 소용없다. 어떤 중보기도도 통하지 않는다. 성경에서 모세와 사무엘은 대표적인 중보기도자로 꼽힌다. 이스라엘이 죄를 지을 때마다 민족을 위해 중보기도를 올렸던 지도자들이었다. 그러나 심판 때에는 모든 기도의 통로가 막혀 버린다. 제2의 모세와 사무엘이 기도해도 응답되지 않는다. 모세와 사무엘이 내 앞에 섰다 할지라도 내 마음은 이 백성을 향할 수 없나니 그들을 내 앞에서 쫓아 내보내라(렘 15:1). 이러한 시대적 상황을 체험한 예레미야는 심판을 돌리기 위해 눈물로 호소하지만 헛될 뿐이다. 구원의 때가 있고 기회의 문이 열려 있을 때 하나님께 돌아가야 한다.

84. 내가 복을 내어버렸음이여

본문은 심판받는 사람의 상태를 잘 보여 준다. 평강도 잃고 복도 잃는다. 예레미야 애가 3장 17절이다. "주께서 내 심령에 평강에서 멀리 떠나게 하시니 내가 복을 내어버렸음이여."

(개역개정) 주께서 내 심령에 평강에서 멀리 떠나게 하시니 내가 복을 내어버렸음이여.

(개역한글) 주께서 내 심령으로 평강을 멀리 떠나게 하시니 내가 복을 잊어버렸음이여.

(공동번역) 나는 언제 행복하였던가 나의 넋은 평안을 잃었는데

(메시지) 나는 삶을 아주 포기해 버렸다. 희망을 영영 잊고 말았다.

(바른) 그분께서 내 혼을 평강에서 멀리 옮기시니 내가 복을 잊어버렸다.

(새번역) 내게서 평안을 빼앗으시니 나는 행복을 잊고 말았다.

(새즈믄) 그가 내 심령의 평화를 깨뜨리시니 나는 행복을 잊었으며

(쉬운말) 이제는 내게는 평안이 없다 행복이 무엇인지도 잊어버렸다.

(신세계역) 당신이 버리시어 제 영혼에 평화가 없습니다. 저는 좋은 것에 대한 기억을 잃어버렸습니다.

(우리말) 그분이 네 심령에서 평안을 빼앗으셨으니 내가 행복을 잊고 말았다.

(조선어) 나는 언제 행복하였던가 나의 넋은 평안을 잃었는데

(천주교) 당신께서 이 몸을 평화 밖으로 내치시어 저는 행복을 잊었습니다.

(킹제임스 흠정) 주께서 내 혼을 평강에서 멀리 떠나게 하시니 내가 형통함을 잊었도다.

(표준새번역) 내게서 평안을 빼앗으시니 나는 행복을 잊고 말았다.

(한글 킹제임스) 주께서 나의 혼을 화평으로부터 멀리 두셨기에 내가 번영을 잊었나이다.

(현대어) 편안한 것이 무엇인지 복이 도대체 무엇인지 나는 모조리 잊어버렸다오.

(현대인) 내 영혼이 평안을 빼앗겼으니 내가 행복을 잊어버렸구나.

(히브리어 직역) 나 자신이 평안에서 쫓겨나서 좋은 것을 잊어버렸다.

(원문) 그분께서 내 마음에서 평안을 빼앗으시니, 나는 행복을 잊어버렸다.

본문에서 '내어버리다'는 히브리어로 '나샤'인데 '잊어 버리다, 빼앗다'라는 뜻이다. 평강을 빼앗기고 복을 잃어버리는 저주가 심판의 모습이다. 사람은 자고로 영육의 존재이다. 육체만 만족한다고 행복하지 않고 영혼만 만족한다고 충분치 않다. 영과 육 모두가 만족해야 한다. 육체를 만족시키는 외부적인 조건들이 복이라 한다면 영혼을 행복하게 하는 것은 마음의 평안이다. 하나님의 은혜는 이 두 가지가 충만하게 임하는 것이지만 반대로 심판 때에는 복과 평안의 결핍이 일어난다. 먹고 마시는 기본적인 욕구를 비롯한 육체적 핍절이 쌓이고 두려움과 공포가 마음을 지배한다. 복과 평안의 완벽한 결핍의 장소가 지옥이다. 세상을 사는 동안 여러 가지 지옥의 맛을 보는 경우가 있다. 살다 보면 고통과 쓰라림, 배신, 슬픔 등을 겪는다. 그러나 진정한 지옥은 그 정도의 간 보기와는 전혀 다르다. 인간이 받을 수 있는 극한의 고통이 지옥이다. 하나님 떠난 자는 복과 평강을 잃은 자요, 곧 지옥이다. 성경은 지옥의 두려움에 대하여 자주 언급하고 있다. 현대인들은 지옥에 대하여 그저 종교가 만들어 낸 허울뿐인 상상이라 치부한다. 오늘날 기독교인들도 지옥에 대해 무관심하다. 그러나 무엇을 상상하든 그 이상을 초월하는 고통의 장소가 존재한다고 성경은 주장한다. 하나님과 영원한 단절을 의미하는 지옥은 영원한 고통과 형벌의 장소이며, 게헨나, 스올, 음부 등으로 표현하며 꺼지지 않는 불(마 3:12), 불과 유황으로 고통받는 곳(계 14:10), 구더기도 죽지 않고 불도 꺼지지 않는 곳(막 9:48) 등으로 묘사하고 있다. 천국이 존재하는 것처럼 지옥은 실재한다.

85. 우리의 콧김 곧 여호와께서

때로는 우스꽝스러운 번역을 마주칠 때가 있다. 번역이 부드럽지 않다는 방증이다. 그중 하나가 예레미야 애가 4장 20절이다. "우리의 콧김 곧 여호와께서 기름 부으신 자가 그들의 함정에 빠졌음이여."

(개역개정) 우리의 콧김 곧 여호와께서

(개역한글) 우리의 콧김 곧 여호와께서

(공동번역) 야훼께서 기름 부어 세우신 왕 우리의 숨결

(메시지) 우리 생명의 호흡이요 하나님의 기름 부음 받은 자인 우리 왕이

(바른) 우리의 생명 곧 여호와께서 기름 부으신 자가

(새번역) 우리의 힘 곧 주님께서 기름 부어 세우신 이가

(새즈믄) 우리는 분개하였으니 여호와의 메시야가

(쉬운말) 여호와께서 기름 부어 세우신 왕 곧 우리 코의 생기와 같은 사람이

(신세계역) 우리 콧구멍의 숨 여호와의 기름 부음 받은 자가

(우리말) 우리의 코의 호흡이 되시는 여호와의 기름 부음 받은 이가

(조선어) 여호와께서 기름 부어 세우신 왕 우리의 숨결

(천주교) 우리의 목숨인 주님의 기름 부음 받은 이는

(킹제임스 흠정) 우리의 콧김 곧 주의 기름 부음 받은 이가

(표준새번역) 우리의 힘 곧 주께서 기름 부어 세우신 이가

(한글 킹제임스) 우리 콧구멍의 호흡이신 주의 기름 부음 받은 이가

(현대어) 우리의 목숨을 보호해 주리라고 믿었던 그가 여호와께서 뽑으셨던 그가

(현대인) 여호와께서 택하신 자 곧 우리의 생명과 같은 왕이

(히브리어 직역) 우리 코의 호흡 여호와의 마쉬아흐가

(원문) 우리 코의 호흡 곧 여호와께서 기름 부으신 자가

　　우리의 콧김이신 여호와라는 번역은 다소 무책임한 번역으로 보인다. 콧김은 말 그대로 코의 바람, 콧바람이다. 본문에서 '코'는 히브리어로 '아프'인데 '코 또는 콧구멍'을 말하고, '김'은 히브리어인 '루아흐'로서 '바람, 생명, 호흡, 영'이라는 뜻이다. 따라서 하나님의 콧김 또는 콧바람은 하나님의 권능이나 능력을 상징한다. 예를 들어 "주의 콧김에 물이 쌓이되"(출 15:8)나, "여호와의 꾸지람과 콧김으로"(삼하 22:16, 시 18:15) 등이 그렇다. 그러나 본문은 하나님을 콧김이라고 표현한 것은 하나님이 인간의 코에 생기를 불어넣으심으로 생령이 되게 하셨기에 코에 호흡 또는 생명을 주신 것을 말한다. 그러므로 본문은 하나님의 능력을 나타내는 내용이 아니라 인간에게 호흡을 주시는 하나님 또는 인간에게 생명을 부여하신 하나님이라는 뜻이다. 단지 콧김이신 하나님보다는 생명을 주시는 하나님이라고 번역하는 것이 부드럽다고 느껴진다. 올바른 번역이라는 것은 내용에 따라 이러한 미세한 부분까지 고려해야 하는 것이 마땅하다.

에스겔

86. 하체가 큰 네 이웃 나라 애굽사람

에스겔은 이스라엘을 간음하는 아내(겔 16:32)로 비유한다. 하나님을 버리고 우상을 좇는 이스라엘은 마치 남편을 버리고 외간 남자와 정분이 나는 것과 같다. 육체적 쾌락에 빠져 정욕을 주체 못 하는 짐승과 같은 이스라엘이다. 발정이 난 암캐처럼 상대를 물색하다 하체가 큰 애굽사람과 행음한다. 에스겔 16장 26절이다. "하체가 큰 네 이웃 나라 애굽사람과도 음행하되 심히 음란히 하여 내 진노를 샀노라."

> (개역개정) 하체가 큰 네 이웃 나라 애굽사람과도 음행하되
> (개역한글) 하체가 큰 네 이웃 나라 애굽사람과도 행음하되
> (공동번역) 물건이 크다고 해서 이웃 나라 에집트 사람들에게도 몸을 팔았다.
> (메시지) 급기야 너는 국제적으로 창녀 짓을 했다 이집트 사람들과 간통하고
> (바른) 네가 하체가 큰 네 이웃 이집트 자손들과 음행을 하였고
> (새번역) 너는 이집트 남자들 곧 하체가 큰 이웃 나라 남자들과 음행을 하였다.
> (새즈믄) 너는 남경이 큰 네 이웃 애굽사람들과 음행하여
> (쉬운말) 너는 음란한 이웃 이집트 사람들에게도 몸을 팔았다.
> (신세계역) 또 너는 육체가 큰 네 이웃 사람들 이집트의 아들들과 매춘부

짓을 하였으며

(우리말) 너는 또 네 이웃인 욕정이 가득한 이집트 자손들과 음란한 짓을 행했고

(조선어) 물건이 크다고 해서 이웃 나라 애굽사람들에게도 몸을 팔았다.

(천주교) 너는 몸이 큰 네 이웃 이집트인들과도 불륜을 저질렀다.

(킹제임스 흠정) 또 몸집이 큰 네 이웃들 곧 이집트 사람들과 음행을 범하며

(표준새번역) 너는 이집트 남자들 곧 하체가 큰 이웃 나라 남자들과 음행을 하였다.

(한글 킹제임스) 너는 또 지극히 육신적인 네 이웃 이집트인들과도 음행을 저질러

(현대어) 네 이웃의 사내들 가운데서도 물건이 큰 애굽사람들과 특별히 더 음행을 벌였다.

(현대인) 또 너는 너의 음란한 이웃인 이집트 사람들과 음행하여

(히브리어 직역) 너는 몸이 큰 네 이웃 미쯔라임의 자손과 음행하나

(원문) 너는 몸이 큰 네 이웃 나라 이집트 사람과도 음란한 짓을 벌였고,

본문에서 '하체'는 히브리어로 '바싸르'인데 '사람의 살 또는 몸'을 가리키나 완곡어법으로 '외음부 또는 생식기'를 말한다. 결국 하체가 크다는 말은 욕정이 넘치는 이스라엘이 성기가 큰 이집트 사람을 동경해서 음행을 저지른다는 것이다. 에스겔의 직설적인 표현이 눈에 띈다. 우상숭배는 영적 간음이다. 성경에서 우상숭배에 대한 경고는 가장 강력하다. 우상숭배는 하나님의 저주와 진노를 받고 멸망당하게 된다. 무엇보다 우상숭배자는 하나님의 나라를 유업으로 받지 못한다. 지옥에 멸망당할 것이라 경고하고 있다. 하나님과의 관계 회복에서 전제조건이 우상숭배에서

정결하게 되는 것이다. 곧 너희 모든 더러운 것에서와 모든 우상숭배에서 너희를 정결하게 할 것이며(겔 36:25). 하나님 외에 다른 신을 섬겨서도 안 되며 다른 신과 겸하여 하나님을 섬겨서도 안 된다.

87. 사랑의 노래를 하며

에스겔은 이스라엘을 '사랑의 노래하는 자'로 묘사한다. 단순하게 보면 사랑꾼처럼 보이나 내용은 그렇지 않다. 그저 육체적 탐닉자로 묘사한 것이다. 에스겔 33장 32절이다. "그들은 네가 고운 음성으로 사랑의 노래를 하며 음악을 잘하는 자 같이 여겼나니 네 말을 듣고도 행하지 아니하거니와."

(개역개정) 그들은 네가 고운 음성으로 사랑의 노래를 하며 음악을 잘하는 자 같이 여겼나니 네 말을 듣고도 행하지 아니하거니와

(개역한글) 그들이 너를 음악을 잘하며 고운 음성으로 사랑의 노래를 하는 자같이 여겼나니 네 말을 듣고도 준행치 아니하거니와

(공동번역) 너는 수금을 뜯으며 고운 소리로 사랑의 노래나 읊는 사람으로 보일 것이다. 그래서 그들은 네 말을 듣기는 하겠지만 그대로 실행하지 않으리라.

(메시지) 그들에게 너는 그저 오락거리다 악기를 켜며 구슬픈 사랑 타령이나 하는 딴따라일 뿐이다. 그들은 네 말 듣는 것을 좋아하지만 그뿐이다.

(바른) 보아라 너는 그들에게 아름다운 소리와 현악기를 잘 연주하는 사랑의 노래 같을지라도 그들은 네 말을 듣고 아무도 행하지 않을 것이다.

(새번역) 그들이 너를 악기를 잘 다루고 듣기 좋은 목소리로 사랑의 노래나 부르는 가수쯤으로 생각한다. 그래서 그들은 네가 하는 말을 듣기만

할 뿐 그 말에 복종하지는 않는다.

(새즈믄) 그러므로 이제 너는 애정의 가수답게 아름다운 소리와 즐거운 노래를 부르라. 그러면 그들이 네 말을 들으나 그대로 행하지는 아니할 것이다.

(쉬운말) 정말로 그들에게 너는 아름다운 목소리로 사랑의 노래를 부르는 사람일 뿐이며 악기를 잘 연주하는 사람일 뿐이다. 그것은 그들이 너의 말을 들으나 그것들을 실천하지는 않기 때문이다.

(신세계역) 보라 너는 그들에게 감각적인 사랑의 노래와 같고 목소리가 아름답고 현악기를 잘 연주하는 사람과 같다. 그래서 그들이 네 말을 듣기는 하겠지만 그것을 행하는 자는 아무도 없을 것이다.

(우리말) 너는 그들에게 아름다운 목소리로 사랑의 노래를 부르며 악기를 잘 연주하는 사람일 뿐이다. 그들은 네 말을 듣고도 실행하지 않는다.

(조선어) 너는 수금을 뜯으며 고운 소리로 사랑의 노래나 읊는 사람으로 보일 것이다. 그래서 그들은 네 말을 듣기는 하겠지만 그대로 실행하지 않으리라.

(천주교) 보아라 너는 그들에게 악기를 잘 연주하고 목소리가 아름다운 사람이 부르는 사랑 노래 같다. 그래서 그들은 네 말을 듣기는 하지만 그것을 실천하지는 않는다.

(킹제임스 흠정) 보라 네가 그들에게 고운 목소리를 가지고 악기를 잘 연주하는 자의 심히 사랑스런 노래같이 되었나니 그 까닭은 그들이 네 말을 듣고도 그것을 행하지 아니하기 때문이라.

(표준새번역) 그들은 너를 악기를 잘 다루고 듣기 좋은 목소리로 사랑의 노래나 부르는 가수쯤으로 생각한다. 그래서 그들은 네가 하는 말을 듣기만 할 뿐 그 말에 복종하지는 않는다.

(한글 킹제임스) 보라 네가 그들에게 아름다운 음성을 지닌 사람의 아주 사랑스러운 노래가 되고 악기를 잘 다룰 수 있는 자같이 되나니 이는 그들이 네 말을 듣고서도 그것들을 행하지 아니함이라.

(현대어) 그들은 너를 듣기 좋은 목소리로 유행가나 부르고 천부적으로 악기나 잘 타는 재주꾼으로 보고 있다. 그들은 아무도 네가 하는 말을 진심으로 듣지 않는다.

(현대인) 그들에게는 네가 고운 목소리로 사랑의 노래를 부르며 악기를 잘 다루는 사람으로밖에 보이지 않는다. 그래서 그들은 네 말을 듣고도 실천하지 않는 것이다.

(히브리어 직역) 보라 너는 그들에게 아름다운 목소리와 좋은 연주로 열정적인 노래를 하는 가수처럼 여겨질 것이다. 그들이 네 말을 들으나 그들이 그것들을 행하지는 않는다.

(원문) 보라, 너는 그들에게 아름다운 목소리로 사랑의 노래를 부르며 악기를 잘 연주하는 자처럼 여겨질 뿐이다. 그래서 그들이 자기 입으로는 사랑을 나타내지만, 그들의 마음은 자기들의 탐욕을 따라 행하기 때문이다.

본문에서 사용된 '사랑의 노래'에서 '사랑'이라는 단어는 대단히 흔치 않은 표현이다. 히브리어로 '에게브'인데 동사는 '아가브'로 '관능적으로 사랑에 빠지다'라는 뜻이다. 육체적이고 감각적인 사랑을 이른다. 앞서 아가서에서 살펴보았지만, 사랑이라는 히브리어는 '아하브', '도드', '라야', '하페츠' 등이 있다. 그러한 사랑의 단어들과는 대조적으로 오직 관능적인 사랑을 추구하는 '에게브'가 사용되었다는 것은 이스라엘이 추구하는 사랑의 성격을 잘 드러낸다. 동물과도 같은 본능적인 사랑만을 추구한다는 것이다. 이성 없는 짐승과 다를 바 없다. 영혼엔 관심 없고 오직 육신의 욕구 충족에만 집중하는 사람은 멸망당할 짐승과 같다(유 1:10, 시 49:20, 벧후 2:12). 심판의 전조는 항상 성적 타락이다. 소돔과 고모라가 그랬고 이스라엘의 심판 때의 모습이 그랬으며 최후의 심판을 목전에 둔 말세도 다를 바 없다. 이스라엘이 부르는 사랑의 노래는 본능만 남은 관능적인 몸놀림 그 자체이다.

88. 그의 정든 자

이스라엘이 섬기던 우상은 다양했다. 애굽 신들에 이어 앗수르인들의 우상에도 탐닉했다. 에스겔 23장 9절이다. "그러므로 내가 그를 그의 정든 자 곧 그가 연애하는 앗수르 사람의 손에 넘겼더니."

(개역개정) 그러므로 내가 그를 그의 정든 자 곧 그가 연애하는 앗수르 사람의 손에 넘겼더니

(개역한글) 그러므로 내가 그를 그의 정든 자 곧 그 연애하는 앗수르 사람의 손에 붙였더니

(공동번역) 그래서 나는 그를 그의 정부의 손에 넘겼다. 몸이 달아 열을 올리던 아시리아인들의 손에 넘겼다.

(메시지) 그래서 나는 그녀가 그토록 탐하는 앗시리아 사람들에게 그녀를 내주었다.

(바른) 그러므로 내가 그 여자를 그 연인들의 손에 곧 그 여자가 연애하는 아시리아 사람들의 손에 넘겼더니

(새번역) 그래서 내가 그를 그의 연인들 곧 그가 홀린 앗시리아 사람의 손에 넘겨주었더니

(새즈믄) 그런고로 나는 그녀를 그녀의 애인들의 손 곧 그녀를 연모하는 아시리아 사람들의 손에 넘겼다.

(쉬운말) 그래서 내가 그녀를 그녀의 연인 곧 그녀가 마음에 빼앗긴 앗시

리아 사람들에게 넘겨주었다.

(신세계역) 그래서 내가 그를 정열적으로 그를 사랑하는 자들의 손에 그가 정욕을 품은 아시리아 아들들의 손에 넘겨주었다.

(우리말) 그러므로 내가 그녀를 그녀의 애인들의 손에 그녀가 갈망하는 앗시리아 사람들 손에 넘겨주었다.

(조선어) 그래서 나는 그를 그의 정부의 손에 넘겼다. 몸이 달아 열을 올리던 앗수르 사람들의 손에 넘겼다.

(천주교) 그래서 나는 그 여자를 그 정부들의 손에 그가 갈망하던 아시리아인들의 손에 넘겨버렸다.

(킹제임스 흠정) 그러므로 내가 그녀를 그녀의 사랑하는 자들의 손에 곧 그녀가 사랑하던 아시리아 사람들의 손에 넘겨주었더니

(표준새번역) 그래서 내가 그를 그의 연인들 곧 그가 홀린 앗시리아 사람의 손에 넘겨주었더니

(한글 킹제임스) 그러므로 내가 그녀를 그녀의 사랑하는 자들의 손 즉 그녀가 홀딱 빠진 앗시리아인의 손에 넘겨주었더니

(현대어) 그래서 내가 오홀라를 정부들의 손에 넘겨 주었다. 그토록 사랑에 빠져서 미쳐있던 앗수르 군인들의 손에 넘겨주었다.

(현대인) 그러므로 그가 연모하는 앗시리아 사람의 손에 내가 그를 넘겨주었다.

(히브리어 직역) 그러므로 내가 그녀를 그녀가 사랑하는 자들의 손 곧 그녀가 사모하는 앗슈르 자손의 손에 주었다.

(원문) 그러므로 내가 그 여자를 그 사랑하는 자들의 손에, 곧 그 여자가 사랑하는 앗시리아인들의 손에 넘겼다.

본문에서 사용된 '정든 자'는 히브리어로 '아하브'인데 '사랑하는 자'라는 뜻이다. 이스라엘이 애굽에서 노예로 살았을 때에는 애굽 신들을 섬겼고, 가나안 땅에 도착해서는 토착적인 다양한 가나안 신들을 섬겼으며, 이후 앗수르, 바벨론 등 주변 강대국들이 들어설 때마다 그들이 섬기던 신들을 각각 섬겼다. 각 나라와 민족들이 저마다 섬기는 신들이 있듯이 이스라엘은 하나님을 여러 신들 중의 하나라고 여긴 것이다. 하나님만이 유일한 신이시며 세상의 신들은 사람이 만든 신들이라고 알려 주어도 그들은 믿지 않았다. 각 나라가 믿는 신들이 풍요와 다산을 가져다준다고 믿었기에 여러 신들에 관심을 갖고 따르기 시작했다. 혼합신앙과 다원주의가 판치는 오늘날 가장 우려되는 것은 하나님 이외의 신들을 인정하려는 시도일 것이다. 하나님은 유일하신 주권자시며 만왕의 왕이요 만주의 주심을 믿는 것이 신앙의 출발점이다.

89. 그들이 마음먹은 대로 그들을 잡으려 함이라

앞에서 말한 대로 이스라엘의 심각한 문제는 혼합신앙이다, 하나님도 믿으면서 다른 신들을 믿는 것이다. 하나님은 이러한 이스라엘을 심판한 것이다. 에스겔 14장 5절이다. "이는 이스라엘 족속이 다 그 우상으로 말미암아 나를 배반하였으므로 내가 그들이 마음먹은 대로 그들을 잡으려 함이라."

(개역개정) 이는 이스라엘 족속이 다 그 우상으로 말미암아 나를 배반하였으므로 내가 그들이 마음먹은 대로 그들을 잡으려 함이라.

(개역한글) 이는 이스라엘 족속이 다 그 우상으로 인하여 나를 배반하였으므로 내가 그들이 마음에 먹은 대로 잡으려 함이니라.

(공동번역) 비록 나를 떠나 우상을 섬기는 것들이지만 이 이스라엘 족속의 마음을 그렇게 해서라도 잡아야겠다.

(메시지) 나는 이스라엘 족속의 마음 나를 떠나 우상들에게 간 그들의 마음을 손볼 것이다.

(바른) 그들이 다 자기들의 우상들 때문에 내게서 멀어졌으므로 이는 내가 이스라엘 족속의 마음을 사로잡으려는 것이다.

(새번역) 이스라엘 족속이 모두 우상 때문에 나에게서 떠났으니 이제는 내가 직접 그들의 마음을 사로잡겠다 하여라.

(새즈믄) 우상들로 인하여 모두 나를 떠나 벋가는 이스라엘 집안사람들의

마음을 붙잡아야 할 것이다.

(쉬운말) 내가 이렇게 행동하는 것은 나를 버리고 온갖 우상을 섬기는 이스라엘 백성의 마음을 돌이키기 위해서이다.

(신세계역) 그것은 이스라엘 집의 마음을 잡기 위해서인데 그들이 그들 모두가 똥 같은 우상들로 말미암아 내게서 떠나갔기 때문이다.

(우리말) 우상으로 인해 그들이 내게서 떠나 버렸으니 이제는 내가 모든 이스라엘 족속의 마음을 붙잡으려는 것이다.

(조선어) 비록 나를 떠나 우상을 섬기는 것들이지만 이 이스라엘 족속의 마음을 그렇게 해서라도 잡아야겠다.

(천주교) 그리하여 자기들의 그 모든 우상 때문에 나에게 등을 돌린 이스라엘 집안의 마음을 사로잡겠다.

(킹제임스 흠정) 이것은 이스라엘의 집이 다 자기 우상들로 말미암아 나와 사이가 멀어졌으므로 내가 그들의 마음 상태대로 그들을 취하고자 함이라.

(표준새번역) 이스라엘 족속이 모두 우상 때문에 나에게서 떠났으니 이제는 내가 직접 그들의 마음을 사로잡겠다 하여라.

(한글 킹제임스) 이는 그들이 그들의 우상들로 인하여 모두 나를 배반하였기 때문에 내가 그들 자신의 마음에 있는 이스라엘 집을 취하려 함이라.

(현대어) 내게서 멀리 떠나 온갖 우상들을 섬기는 이스라엘 백성 전체에게 내가 그런 기회를 이용하여 교훈을 주겠다.

(현대인) 내가 이렇게 하는 것은 우상 때문에 나를 배반한 이스라엘 백성의 마음을 되돌려 놓기 위해서이다.

(히브리어 직역) 이는 그들의 우상 때문에 내게서 멀어진 이스라엘 집 모두의 마음을 붙들기 위함이다.

(원문) 이는 우상 때문에 내게서 멀리 떠나 버린 이스라엘 집안의 마음을 붙잡기 위함이다.

본문에서 '그들의 마음먹은 대로'라는 것은 '마음속에 있는 그대로'라는 뜻이다. 겉으로는 하나님을 믿는다고 하지만 마음속에는 우상이 가득한 것이다. 에스겔 14장 3절에 "인자야 이 사람들이 자기 우상을 마음에 들이며"라고 지적한다. 이 사람들은 놀랍게도 이스라엘 장로들이었다(렘 14:1). 이스라엘의 제사장과 선지자 등의 지도자들이 겉으로는 하나님을 모시는 것 같지만 그 마음에는 우상으로 가득 찼다는 것이다. 사람을 속일 수는 있지만 마음을 보시는 하나님은 속일 수 없다. 하나님이 예루살렘 성전을 버리고 떠나시는 이유는 그들의 마음에 더 이상 하나님이 존재하지 않기 때문이다. 이제는 남은 자들에게 새 마음과 새 영을 부어주셔서 새 성전을 건축하시겠다는 계획을 에스겔에게 청사진으로 보여 주신다. 이스라엘은 회복 불가능한 하나님 없는 하나님의 교회가 되고 만 것이다. 요한계시록의 일곱 교회에서도 예수님 없는 교회는 촛대를 옮기신다. 교회라는 공간은 있고 예배 의식이 있더라도 마음속에 하나님이 없는 교회가 가능하다는 것이다. 하나님의 임재가 없는 교회, 하나님의 영이 떠난 교회는 심판의 전주곡이다.

다니엘

90. 마음이 민첩하고

하나님의 역사는 장소를 초월하신다. 예루살렘이 폐허가 되었지만, 이 방 국가에서 하나님의 일하심은 여전히 계속된다. 남은 자를 구원하시겠다고 약속하셨기 때문이다. 포로로 끌려간 가운데서도 탁월하게 하나님의 일을 감당하는 하나님의 사람들이 존재한다. 요셉이 노예로 팔려 가서 일약 총리가 되었듯이, 에스더는 포로에서 왕비로, 다니엘은 포로에서 총리로 중추적인 역할을 한 사람들이었다. 다니엘은 신들의 영을 소유한 사람이라 불릴 정도로 뛰어난 신들의 지혜자였다(단 5:11). 사실 그가 풀어낸 계시의 신비는 너무 깊고 오묘해서 그 신빙성이 의심받을 정도이다. 다니엘 5장 12절을 살펴보자. "다니엘은 마음이 민첩하고 지식과 총명이 있어 능히 꿈을 해석하며 은밀한 말을 밝히며 의문을 풀 수 있었나이다."

(개역개정) 다니엘은 마음이 민첩하고 지식과 총명이 있어 능히 꿈을 해석하며 은밀한 말을 밝히며 의문을 풀 수 있었나이다.

(개역한글) 다니엘은 마음이 민첩하고 지식과 총명이 있어 능히 꿈을 해석하며 은밀한 말을 밝히며 의문을 파할 수 있었음이라.

(공동번역) 그는 신통력이 놀라와 모르는 것이 없습니다. 꿈이나 수수께끼나 어떤 어려운 문제든지 잘 풀어내는 재주가 있습니다.

(메시지) 그같은 인물은 없었습니다. 그는 무엇이든 할 수 있었습니다. 꿈

을 해석하고 비밀을 밝히며 수수께끼를 풀었습니다.

(바른) 다니엘에게는 꿈을 해석하고 수수께끼를 풀며 어려운 문제를 해결하는 영과 지식과 총명이 있기 때문입니다.

(새번역) 그에게는 탁월한 정신과 지식과 꿈을 해몽하는 총명이 있어서 수수께끼도 풀었고 어려운 문제도 해결했습니다.

(새즈믄) 다니엘은 비상한 정신 오성 및 통찰력으로 꿈을 해몽하고 수수께끼를 맞히며 난제를 푼다고 알려져 있으니

(쉬운말) 그는 매우 총명하여 지식과 통찰력을 가진 사람입니다. 그는 꿈과 비밀을 말할 수 있고 아무리 어려운 문제라도 풀 수 있습니다.

(신세계역) 비상한 영과 지식 그리고 꿈을 해석하는 통찰력과 수수께끼를 설명하고 얽힌 문제를 푸는 능력이 그 왕께서 벨드사살이라 이름하신 사람 곧 다니엘에게서 보였기 때문입니다.

(우리말) 그는 뛰어난 영과 지식과 분별력을 가져서 꿈을 풀고 숨겨진 비밀을 밝히고 어려운 문제를 해결하는 능력이 있었습니다.

(조선어) 그는 신통력이 놀라와 모르는 것이 없습니다. 꿈이나 수수께끼나 어떤 어려운 문제든지 잘 풀어내는 재주가 있습니다.

(천주교) 그 다니엘이 빼어난 정신과 지식과 통찰력을 지녀 꿈을 해석하고 수수께끼를 풀며 어려운 문제들을 풀어내는 사람으로 드러났기 때문입니다.

(킹제임스 흠정) 다니엘은 뛰어난 영과 지식과 명철이 있어 꿈을 해석하고 어려운 글귀를 밝히 보여주며 의문을 풀 수 있었나이다.

(표준새번역) 그에게는 탁월한 정신과 지식과 꿈을 해몽하는 총명이 있어서 수수께끼도 풀었고 어려운 문제도 해결했습니다.

(한글 킹제임스) 다니엘에게서 탁월한 영과 지식과 명철이 있어 꿈들을

해석함과 난해한 글귀를 풀어 주며 의문을 해소하는 것이 나타났나이다.

(현대어) 그 사람은 신들만큼이나 슬기로웠고 비상한 재주를 지녔지요. 또한 놀라운 통찰력을 지녔고 매우 슬기로워 꿈을 해몽하는 것이나 수수께끼를 푸는 일 아주 비밀스런 일까지도 모두 알아내곤 하였지요.

(현대인) 다니엘은 영민하고 특별한 지혜와 총명이 있어 꿈을 해몽하며 신비스러운 일을 밝히고 어려운 문제를 풀어냈습니다.

(히브리어 직역) 이는 꿈들을 해석하고 수수께끼를 풀어 설명하고 어려운 문제들을 푸는 탁월한 영과 지식과 명철이 그에게 있기 때문입니다.

(원문) 이 다니엘은 뛰어난 영과 지식과 통찰력을 지니고 있어서 은밀한 말의 뜻을 밝히고 어려운 문제도 풀 수 있습니다.

바벨론 1차 침공 때 포로로 끌려가서 바벨론과 바사 두 왕국에서 네 명의 통치자 아래 약 70여 년간을 사역했던 다니엘은 미래의 종말과 관련한 서술은 그저 놀랍기만 하다. 바벨론, 바사, 헬라, 로마제국에 이르기까지 미래에 펼쳐질 예언을 기술하고 있다. 본문에서 '마음이 민첩하다'는 것은 '영이 뛰어나다, 탁월하다'는 뜻으로 사람이 할 수 없는 일임을 나타낸다. 사람이 풀 수 없는 비밀스러운 일이나 어려운 문제도 다니엘은 지혜와 총명으로 해결했다. 결국 세상의 왕이나 나라를 세우고 사라지는 일은 하나님의 손아귀에 달려 있는 일이고 배후에서 주관하시는 분은 하나님이심을 선포하는 것이다. 하나님은 다니엘처럼 영적 지혜를 부어주셔서 천상의 뜻을 이해하는 사람이 있는 반면, 느부갓네살처럼 짐승의 마음으로 변화시키기도 하신다. 느부갓네살이 교만해지자 하나님은 즉각 그를 치셔서 짐승의 마음으로 돌변케 하시니 사람에게서 쫓겨나 들짐승처럼 7년을 보내야 했다. 이처럼 다니엘서는 극단적 대조가 눈에 띈다. 하나님이 지혜를 주시면 인간이 볼 수 없는 영적 세계를 보지만 마음을 굳게 하시면 짐승과 다름없는 존재가 되는 것이 인간이다. 인간의 육안으로 보는 역사가 다가 아니다. 보이지 않는 천상의 세계에서 치열한 영적 다툼이 있고 천사들의 대전투도 벌어지고 있다. 세상의 역사는 한 곳을 향하여 흘러가고 있다. 아무리 강력한 인간의 국가가 세워져도 최후의 승리는 예수 그리스도일 것이다. 느부갓네살이 꾼 꿈에서 돌 하나가 신상을 무너뜨린 것처럼 산 돌이신 예수 그리스도가 최후에 왕권을 차지하게 된다. 거인 골리앗을 무너뜨린 다윗의 조그마한 매끄러운 돌처럼 세상은 십자가에 돌아가신 힘없어 보이는 그리스도에 의해 정복될 것이다. 결국 하나님이 세상을 다스린다는 메시지가 다니엘의 핵심이다(단 4:26).

91. 무릇 그를 안다 하는 자에게는

다니엘 11장은 헬라를 넘어 로마 시대까지 예언한 내용이다. 사실 성경은 바벨로 포로 귀환 이후 헬라나 로마제국에 대해서는 긴 시간을 침묵으로 일관한다. 천주교에서는 마카베오서 등을 성경에 첨가해서 이스라엘의 치열한 독립사를 전해 준다. 알렉산더 사후 제국이 분열되면서 시리아와 바벨론 제국 지역을 다스린 셀루쿠스 왕조를 북방 왕이라 하고, 이에 반해 톨레미 왕조가 세운 애굽 왕들은 남방 왕이라 불렀다. 두 왕조의 극심한 격돌 한가운데서 예루살렘 성전의 멸망 이후 가장 치욕적인 역사적인 순간은 안티오쿠스 4세 에피파네스에 의해서 벌어졌다. 그는 유대교를 철저히 박해하고 성전을 더럽힌 적그리스도의 예표요 말세의 종말을 맞이할 사탄을 상징한다. 에피파네스를 묘사한 장면을 살펴보자. 다니엘 11장 39절이다. "그는 이방신을 힘입어 크게 견고한 산성들을 점령할 것이요 무릇 그를 안다 하는 자에게는 영광을 더하여 여러 백성을 다스리게도 하며 그에게서 뇌물을 받고 땅을 나눠주기도 하리라."

> (개역개정) 무릇 그를 안다 하는 자에게는 영광을 더하여 여러 백성을 다스리게도 하며
>
> (개역한글) 무릇 그를 안다 하는 자에게는 영광을 더하여 여러 백성을 다스리게도 하며
>
> (공동번역) 자기가 좋아하는 사람이면 높이 들어 백성을 다스리게 하고

(메시지) 그 신을 섬기기로 한 자들을 권력의 요직에 앉히고 땅을 하사할 것이다.

(바른) 그를 인정하는 자들에게는 영예를 더하여 그들로 많은 사람을 다스리게 하고

(새번역) 자기를 통치자로 받아들이는 사람을 크게 예우하여서 높은 관직을 주고

(새즈믄) 그는 자기가 크다고 인정하여 경외하는 외국의 하늘님의 도움을 받아 요새 성채들을 구축하여 많은 사람을 다스리며

(쉬운말) 자기를 따르는 백성들을 높여주고 다른 백성을 다스릴 권세를 주며

(신세계역) 그는 누구든지 자기를 인정하는 자에게는 영광이 넘치게 하고 그들로 많은 사람 가운데서 실제로 통치하게 할 것이며

(우리말) 그는 자신을 왕으로 받아들이는 사람에게 여러 백성들을 다스리게 하며

(조선어) 자기가 좋아하는 사람이면 높이 들어 백성을 다스리게 하고

(천주교) 그 신을 인정하는 자들에게 영광을 더해 주고 많은 사람을 다스리게 하며

(킹제임스 흠정) 그 신을 인정하고 그 신에게 영광을 더해 줄 것이요, 또 그들로 하여금 많은 사람을 다스리게 하고 이득을 얻고자 하여

(표준새번역) 자기를 통치자로 받아들이는 사람을 크게 예우하여서 높은 관직을 주고

(한글 킹제임스) 그는 그를 인정하여 영광을 더하게 할 것이요, 그들로 많은 사람들을 다스리게 하며

(현대어) 자기를 진정한 통치자로 받들어 주는 사람들에게 더 많은 권한

을 줄 것이다.

(현대인) 자기를 통치자로 인정하는 자들에게는 큰 명예를 주고 그들에게 높은 지위를 줄 것이며

(히브리어 직역) 그 이방신을 아는 자를 크게 영광스럽게 하여 그들로 많은 사람을 다스리게 하여

(원문) 그 신을 인정하는 자들에게는 영광을 더해 주어 많은 사람을 다스리게 하며,

본문에서 '그를 안다 하는 자에게는'이란 '그를 숭배하는 모든 자에게는' 권력을 주고 다스리게 한다는 것이다. "그 왕은 자기 마음대로 행하며 스스로 높여 모든 신보다 크다 하며"(단 11:36). 성경에서는 강대국의 왕 배후에서 왕들을 조종하며 권력을 지배했던 적그리스도로서 사탄의 형상들을 소개하고 있다. 계명성이라 불렸던 바벨론 왕(사 14장), 두로 왕(겔 28장), 바사 왕 군주(단 11장), 헬라의 알렉산더 왕(단 11장) 그리고 에피파네스(단 11장) 등이다. 그러나 역사상 에피파네스만큼 적그리스도를 잘 나타내는 사람은 없었다. 에피파네스라는 말이 '신의 현현'이라는 뜻으로 자신을 하나님으로 격상시켜 섬기게 했고, 유대교를 박해하면서 이스라엘의 모든 예식과 예배를 중단시켰고, 성전 안에 이교 제단과 신상을 세웠고, 돼지의 부정한 피로 희생제물을 바치게 했고, 이스라엘을 말살시키려 했다. 마지막 때에는 이와 같은 적그리스도가 다시 나타난다는 것이 성경의 예언이다. 마지막 때를 사는 우리에게 거울이자 경계가 되는 것이다.

호세아

92. 나는 너희 하나님이 되지 아니할 것임이니라

호세아는 반어법의 귀재이다. 히브리어 부정어인 '로(not)'를 이용하여 수많은 어구를 만들어 낸다. '긍휼히 여기다'라는 '루하마' 앞에 부정어 '로(not)'를 붙여 '로-루하마'를 사용하여 '긍휼히 여김을 받지 못하리라' 하였고, '백성'이라는 뜻의 '암미'앞에 '로'를 붙여 '로-암미'를 써서 '내 백성이 아니요'라고 표현했다. 그 외에 '로-에흐예(여호와가 아니다)', '로-야다(알지 못하다)', '로-카라(일컫지 아니하리라)', '로-빈(깨닫지 못하다)', '로-마짜(만나지 못한다)', '로-라파(고치지 못한다)', '로-가하(치료하지 못한다)', '로-슈브(돌아오지 않는다)', '로-바카쉬(구하지 않는다)', '로-자아크(부르지 않는다)', '로-엘로힘(하나님이 아니다)', '로-샤마(듣지 않는다)' 등 호세아 전체가 부정어인 '로'를 도배함으로써 전체적인 분위기를 우울하고 부정적인 묘사를 감행한다. 그중 가장 충격적인 선언이 '로-에흐예'일 것이다. 호세아 1장 9절이다. "여호와께서 이르시되 그의 이름을 로암미라 하라 너희는 내 백성이 아니요 나는 너희 하나님이 되지 아니할 것임이니라."

(개역개정) 나는 너희 하나님이 되지 아니할 것임이니라.

(개역한글) 나는 너희 하나님이 되지 아니할 것임이니라.

(공동번역) 나는 너희의 하나님이 아니다.

(메시지) 나 하나님도 너희에게 아무것도 아닌 하나님이 되었기 때문이다.

(바른) 나는 너희 하나님이 아니기 때문이다.

(새번역) 나도 너희의 하나님이 아니기 때문이다.

(새즈믄) 나는 너희를 돕지 아니할 것이다.

(쉬운말) 나는 너희 하나님이 아니기 때문이다.

(신세계역) 나도 너희의 하느님이 되지 않을 것이기 때문이다.

(우리말) 나는 너희에게 하나님이 되지 않을 것이다.

(조선어) 나는 너희의 하나님이 아니다.

(천주교) 나는 너희를 위해 있지 않다.

(킹제임스 흠정) 내가 너희 하나님이 되지 아니할 것임이니라.

(표준새번역) 나도 너희의 하나님이 아니기 때문이다.

(한글 킹제임스) 내가 너희의 하나님이 되지 않을 것임이라.

(현대어) 나는 그들의 하나님이 아니다.

(현대인) 나도 너희 하나님이 아니다.

(히브리어 직역) 내가 너희를 위하여 있지 않을 것이기 때문이다.

(원문) 나도 너희 하나님이 되지 않을 것이기 때문이다.

　본문에서 '나는 너희 하나님이 되지 아니할 것임이니라'는 히브리어 '로-에흐예'이다. '너희가 내 백성이 아니므로 나도 네 하나님이 아니라'는 것이다. 이스라엘은 자신이 선택받은 백성으로 하나님을 자신의 하나님으로 부르나 하나님은 더 이상 너희의 하나님이 아니라는 선언이다. 마치 세례요한이 아브라함이 우리 조상이라고 생각하지 말라(마 3:9)고 하는 것과 같다. 회개하지 않으면 임박할 진노를 피할 수 없다. 그저 주여 주여 부른다고 하나님의 자녀가 되는 것이 아니다. 진정으로 말씀을 듣지 않고(로-샤마), 회개하지 않으면(로-슈브), 하나님을 알지 못하는 것이요(로-야다), 하나님의 백성이 아니니(로-암미), 나도 너희의 하나님이 아니다(로-엘로힘). 호세아 8장 6절에는 참 신(로-엘로힘)을 사용하면서 이스라엘 안에 얼마나 많은 사람들이 '하나님 아닌 하나님'을 섬기는지 보여준다. 그들이 하나님이라고 부르나 그것은 하나님이 계시하신 참되신 하나님이 아니다.

93. 신에 감동하는 자가 미쳤나니

　부패가 극에 달해 하나님의 심판의 날이 임하면 사람들은 하나님의 말씀을 전하는 사람을 조롱한다. 예수님도 복음을 전하던 당시에 무시를 당하고 조롱당하셨듯이 말세에는 선지자들과 영적인 사람들은 미치광이 취급을 받는다. 호세아 9장 7절이다. "이스라엘이 알지라 선지자가 어리석었고 신에 감동하는 자가 미쳤나니 이는 네 죄악이 많고 네 원한이 큼이니라."

> (개역개정) 선지자가 어리석었고 신에 감동하는 자가 미쳤나니
> (개역한글) 선지자가 어리석었고 신에 감동하는 자가 미쳤나니
> (공동번역) 이 어리석은 예언자야 신들린 미친 녀석아 하면서
> (메시지) "저 예언자는 미쳤다! '영의 사람'은커녕 미치광이일 뿐이다!"라고 고함쳤느냐?
> (바른) 선지자가 어리석고 영감받은 사람이 미쳤으니
> (새번역) 너희는 말하기를 이 예언자는 어리석은 자요, 영감을 받은 이 자는 미친 자다 하였다.
> (새즈믄) 예언자는 무지하고 신령한 사람이 실성하였다.
> (쉬운말) 너희는 예언자를 바보라고 생각하고 하나님의 영을 받은 사람을 미쳤다고 말한다.
> (신세계역) 예언자는 어리석게 되고 영감받은 표현을 가진 사람은 너의

많은 잘못 가득한 원한 때문에 미쳐 버릴 것이다.

(우리말) 예언자가 바보로 여겨지고 영적인 사람이 미쳤다고 생각되는구나.

(조선어) 이 어리석은 예언자야 신들린 미친 녀석아 하면서

(천주교) 저 예언자는 어리석다. 영을 받은 저 사람은 미쳤다.

(킹제임스 흠정) 대언자는 어리석은 자가 되고 영적인 자는 미친 자가 되었느니라.

(표준새번역) 너희는 말하기를 이 예언자는 어리석은 자요, 영감을 받은 이 자는 미친 자다 하였다.

(한글 킹제임스) 선지자는 어리석고 영적인 사람은 미쳤나니

(현대어) 예언자들이란 미친 자들이다. 영감을 받았다는 자들은 다 평지풍파를 일으키는 자들이다.

(현대인) 예언자들이 바보 취급을 받고 영감받은 자가 미치광이 취급을 받고 있다.

(히브리어 직역) 예언자가 우둔하고 영의 사람이 미쳤다는 것을 이스라엘로 알게 하라.

(원문) 이 예언자는 어리석고, 영에 감동한 저 사람은 미쳤다

본문에서 보듯이 선지자는 어리석은 자라 비방 받고 영적인 사람은 미친 사람이라 놀림을 받는다. 베드로도 말세에는 조롱하는 자들이 나타난다고 했다(벧후 3:3). 유다서에도 마지막 때에는 조롱하는 자들이 있으리라고 했다(유 1:18). 박해와 핍박 가운데서 복음을 전하는 일은 마지막 시대에 사명자가 감내해야 할 부분이다. 예수님도 의를 위하여 박해를 받는 자가 복이 있다고 하셨다(마 5:10). 마지막 때야말로 복음을 부끄러워하지 아니하고 담대히 전해야 하는 사명이 우리에게 있을 뿐이다. 오늘

날처럼 기독교가 개독교로 조롱받고 욕먹는 시대가 과연 한국에 존재했었는지 의문이다. 물론 그런 욕받이로 전락한 데는 기독교인들의 인격과 행동에 우선적인 문제가 있음을 깨닫고 회개해야 한다.

94. 뉘우침이 내 눈앞에서 숨으리라

심판이 이르면 하나님의 자비하심은 사라진다. 사망과 멸망만이 임하고 하나님의 긍휼도 거둬 가신다. 호세아 13장 14절이다. "사망아 네 재앙이 어디있느냐 스올아 네 멸망이 어디 있느냐 뉘우침이 내 눈앞에서 숨으리라."

(개역개정) 뉘우침이 내 눈앞에서 숨으리라.

(개역한글) 뉘우침이 내 목전에서 숨으리라.

(공동번역) 조금도 가엾지 않다.

(메시지) 마침내 내가 슬픔을 폐지시키고 비탄을 추방시키리라.

(바른) 긍휼함이 네 눈앞에서 감춰졌다.

(새번역) 이제는 내게 동정심 같은 것은 없다.

(새즈믄) 내 목전에서 긍휼이 사라질 것이다.

(쉬운말) 나는 너희를 불쌍히 여기지 않겠다.

(신세계역) 동정심이 내 눈으로부터 감추어질 것이다.

(우리말) 슬픔이 내 눈에서 숨겨질 것이다.

(조선어) 조금도 가엾지 않다.

(천주교) 내 눈은 연민 같은 것은 없다.

(킹제임스 흠정) 뜻을 돌이키는 것이 내 눈에서 숨으리라.

(표준새번역) 이제는 내게 동정심 같은 것은 없다.

(한글 킹제임스) 회개가 네 목전에서 숨겨지리라.

(현대어) 내가 절대로 불쌍히 여기지 않겠다.

(현대인) 내가 그를 불쌍히 여기지 않을 것이다.

(히브리어 직역) 동정심이 내 눈에서 숨겨질 것이다.

(원문) 동정심이 내 눈에서 숨겨질 것이다.

본문에서 '뉘우침이 내 눈앞에서 숨으리라'에서 '뉘우침'은 히브리어 '나함'인데 '후회하다 또는 뜻을 돌이키다'라는 의미이다. 전격적인 심판이 임하게 되면 더 이상의 동정심이나 연민은 사라지고 하나님은 뜻을 돌이키지 않으신다는 것이다. 하나님의 '나함'이 더 이상 실현되지 않는다는 것은 긍휼을 거두시고 최후의 심판만이 남았다는 선언이다. 인류 역사가 지금까지 유지되어 온 것은 하나님의 '나함'이 실행되기 때문이다. 자비롭고 은혜롭고 노하기를 더디하시고 인자와 긍휼이 많으신 하나님께서 오래 참으시고 불쌍히 여기신 것이다. 하나님은 오래 참으시나 영원히 참으시지 않는다. 죄인들이 멸망 받기를 즐겨하지 않으시기에 모든 이에게 구원받을 기회를 주시나 때가 차면 하나님의 심판은 여지없이 임한다. "오직 주께서는 너희를 대하여 오래 참으사 아무도 멸망하지 아니하고 다 회개에 이르기를 원하시느니라"(벧후 3:9). "그러나 그날은 반드시 임하리니 하늘이 불에 타서 풀어지고 물질이 뜨거운 불에 녹아지리라"(벧후 3:12).

요엘

95. 극진히 사랑하시어

　메뚜기 떼의 재앙을 통해 두렵고 무서운 하나님의 준엄한 심판을 경고한 요엘은 이 재앙의 날을 여호와의 날로 묘사한다. 하나님의 심판은 구원의 날이기도 하다. 회개하는 자들에게는 재앙의 날이 구원의 날이 될 수 있다. 마음을 찢고 돌아서야 한다. 심판 너머의 구원을 묘사하는 '만민에게 주의 영을 부어주신다'는 말씀이나 '누구든지 여호와의 이름을 부르는 자는 구원을 얻는다'는 주옥같은 말씀이 실려 있는 곳도 요엘이다. 요엘 2장 18절이다. "그 때에 여호와께서 자기의 땅을 극진히 사랑하시어 그의 백성을 불쌍히 여기실 것이라."

　　(개역개정) 그 때에 여호와께서 자기의 땅을 극진히 사랑하시어 그의 백성을 불쌍히 여기실 것이라.
　　(개역한글) 그 때에 여호와께서 자기 땅을 위하여 중심이 뜨거우시며 그 백성을 긍휼히 여기실 것이라.
　　(공동번역) 야훼께서는 당신의 땅 생각에 가슴이 타고 당신의 백성 불쌍한 생각이 드시어
　　(메시지) 그러자 하나님께서 당신의 땅을 되찾으시기 위해서 행동에 나섰다. 그분께서 자기 백성을 불쌍히 여기셨다.
　　(바른) 여호와께서 자신의 땅을 위해 질투하시고 자신의 백성을 불쌍히 여기셨다.

(새번역) 그 때에 주님께서 땅이 당한 일로 마음 아파하시고 당신의 백성을 불쌍히 여기셨다.

(새즈믄) 그리하면 여호와가 자기의 땅에 관하여 시새우시며 자기의 백성을 측은히 여기실 것이고

(쉬운말) 그 때에 여호와께서 그분의 땅을 기억하시고 그분의 백성을 가엾게 여기셨다.

(신세계역) 그러면 여호와가 자신의 땅을 위하여 열심을 내고 자신의 백성에게 동정심을 나타낼 것이다.

(우리말) 그때 여호와께서 그분의 땅에 열정을 가지시고 그분의 백성들을 불쌍히 여기셨다.

(조선어) 여호와께서는 당신의 땅 생각에 가슴이 타고 당신의 백성 불쌍한 생각이 드시여

(천주교) 주님께서는 당신 땅에 열정을 품으시고 당신 백성을 불쌍히 여기셨다.

(킹제임스 흠정) 그 때에 주께서 그의 땅을 위해 질투하시며 그의 백성을 불쌍히 여기시리니

(표준새번역) 그 때에 주님께서 땅이 당한 일로 마음 아파하시고 당신의 백성을 불쌍히 여기셨다.

(한글 킹제임스) 그 때에 주께서 자신의 땅을 위하여 질투하시고 자신의 백성을 불쌍히 여기시리라.

(현대어) 이때에 주께서 자기의 백성을 불쌍히 여기시고 자기의 땅이 수치스럽게 되는 것을 분하게 여기셨다.

(현대인) 그때 여호와께서 자기 땅에 대하여 관심을 보이시고 자기 백성을 불쌍히 여기시며

(히브리어 직역) 그때 여호와께서 그의 땅을 위하여 질투하시고 그의 백성을 불쌍히 여기신다.
(원문) 그 때에 여호와께서 자신의 땅에 열정을 품으시고 자신의 백성을 불쌍히 여기셨다.

본문에서 '극진히 사랑하시어'는 히브리어 '카나'로써 '열정, 질투'라는 단어이다. '카나'는 하나님의 열심 또는 질투하시는 하나님으로 번역되는데 이 구절에서는 '극진히 사랑하시어'로 번역했다. 하나님의 열심이 비록 메뚜기떼로 초토화된 땅일지라도 회복시킨다는 약속을 하신다. 성경에서 우연한 자연 재앙은 없다. 기근이나 지진이나 병충해는 하나님의 심판을 상징한다. 자연을 주관하시는 하나님이 일으키시는 자연재해는 목적과 의도가 선명하다. 말세에도 예수님은 자연재해가 일어날 것이라고 예고하셨다. 반면에 이른 비와 늦은 비의 축복과 무화과나무와 포도나무의 풍성한 결실은 하나님의 복을 상징한다. 요즈음 빈번히 일어나는 세계적인 전염병의 확산과 자연재해의 공포는 하나님의 경고와 맞물려 심판이 도래하고 있음을 곳곳에서 보여 주고 있다.

아모스

96. 마음이 든든한 자

여로보암 2세의 치하에서 북이스라엘은 최고의 황금기를 맞이한다. 아람이 앗수르에 패하면서 국제정세는 급격히 바뀌어 북이스라엘은 다메섹 지역까지 영토를 확장하고 번영을 누리게 된다. 그러나 당시 상황은 사치와 향락, 우상숭배의 극심한 팽배로 인해 남유다 출신의 아모스가 북이스라엘에 건너가 하나님의 심판을 예고한다. 특히 "정의를 물같이 공의를 마르지 않는 강같이 흐르게 하라"(암 5:24)고 외친 아모스의 주장을 보면 당시 사회 상황이 얼마나 부도덕하고 불공정하며 불의가 넘쳐 있는지를 말해 준다. 특히 사회지도자들의 뿌리 깊은 타락은 철저한 물질주의와 군사력만을 의지한 것이었다. 지도자들의 착취와 불의는 일상사였고 오로지 재산 증식에만 관심이 있었고 군사력만 있으면 나라가 영원할 것이라 믿었다. 아모스 6장 1절이다. "화 있을진저 시온에서 교만한 자와 사마리아 산에서 마음이 든든한 자 곧 백성들의 머리인 지도자들이여 이스라엘 집이 그들을 따르는도다."

(개역개정) 화 있을진저 시온에서 교만한 자와 사마리아 산에서 마음이 든든한 자 곧 백성들의 머리인 지도자들이여 이스라엘 집이 그들을 따르는도다.

(개역한글) 화 있을진저 시온에서 안일한 자와 사마리아 산에서 마음이 든든한 자 곧 열국 중 우승하여 유명하므로 이스라엘 족속이 따르는 자들

이여.

(공동번역) 저주받아라! 시온을 믿고 안심하는 자들아, 언덕 위에 자리 잡은 사마리아를 믿어 마음 놓고 사는 자들아, 일등 민족이라고 으스대는 유지들아, 이스라엘 가문이 믿고 찾아가는 유지들아.

(메시지) 시온에 거하니 만사형통하고 사마리아산에 사니 만사태평하다고 믿는 너희에게 화가 있으리라.

(바른) 화가 있을 것이다. 시온에서 안전하다고 여기며, 사마리아산을 신뢰하고, 일등 만족의 귀족이며, 이스라엘 집들이 따르는 자들아.

(새번역) 너희는 망한다! 시온이 안전하다고 생각하고 거기에서 사는 자들아, 사마리아의 요새만 믿고서 안심하는 자들아, 이스라엘 가문이 의지하는 으뜸가는 나라, 이스라엘의 고귀한 지도자들아!

(새즈믄) 슬프다 시온에서 태평을 누리는 자들과 사마리아 산을 의지하는 자들 곧 만민의 우두머리로 인정받아 이스라엘 집안이 찾아가는 자들아.

(쉬운말) 시온에서 평안히 있는 사람과 사마리아 산에서 안심하고 사는 사람에게 재앙이 내릴 것이다. 너희는 스스로 으뜸가는 민족이라고 생각하며 이스라엘 백성도 너희를 믿고 따른다.

(신세계역) 시온에서 안일하게 지내는 자들에게 사마리아의 산을 신뢰하는 자들에게 화가 있다. 그들은 나라들의 으뜸가는 부분의 뛰어난 자들인데 이스라엘 집이 그들에게 나아갔다.

(우리말) 화 있을 것이다. 시온에서 안일하게 사는 사람들과 사마리아 산에서 스스로 만족하는 사람들아! 너희는 여러 민족들 가운데 뛰어나고 유명해서 이스라엘 백성들이 너희를 좇는구나!

(조선어) 저주받아라! 시온을 믿고 안심하는 자들아, 언덕우에 자리 잡은 사마리아를 믿어 마음 놓고 사는 자들아, 일등 민족이라고 으스대는 유지

들아, 이스라엘 가문이 믿고 찾아가는 유지들아.

(천주교) 불행하여라, 시온에서 걱정 없이 사는 자들 사마리아산에서 마음 놓고 사는 자들 으뜸가는 나라의 귀족들! 그들에게 이스라엘 집안이 의지하러 가는구나.

(킹제임스 흠정) 화 있을진저 시온에서 안락하게 거하며 사마리아산을 신뢰하는 자들 곧 민족들의 우두머리라 일컬음을 받는 자들이여! 이스라엘의 집이 그들에게로 가는구나.

(표준새번역) 너희는 망한다! 시온이 안전하다고 생각하고 거기에서 사는 자들아, 사마리아의 요새만 믿고서 안심하는 자들아, 이스라엘 가문이 의지하는 으뜸가는 나라, 이스라엘의 고귀한 지도자들아!

(한글 킹제임스) 시온에 평안히 있는 자들과 사마리아의 산을 믿는 자들, 곧 이스라엘 집이 따르는 민족들의 우두머리라 불리는 자들에게 화로다.

(현대어) 시온성 안에서 안전하다고 떵떵거리며 사는 자들과 사마리아산 위에서 걱정 없이 사는 자들은 재앙을 만나게 되었다. 세계 만민들 중 일등 민족에 속하게 되었다고 으스대는 이스라엘 집의 세도가들이 망하게 되었다.

(현대인) 시온에서 안일하게 살고 사마리아에서 마음 편하게 지내며 이스라엘 백성 가운데서도 유명하여 인기를 얻는 자들아, 너희에게 화가 있을 것이다.

(히브리어 직역) 아 찌욘의 평안한 자들과 쇼므론 산지의 안일한 자들아! 이스라엘 집이 의지하는 일등나라의 지명된 자들아!

(원문) 화가 있을 것이다. 시온에서 안일하게 사는 자들과 사마리아 산에서 안심하고 사는 자들, 곧 민족들 가운데서 으뜸가는 유명한 자들아, 그들에게 이스라엘 집안이 의지하려고 간다.

눈에 보이는 물질주의와 성공주의는 항상 신앙의 시험이다. 광야에서 하나님이 주시는 만나와 메추라기로 풍요롭지는 않으나 부족함이 없이 지냈던 이스라엘이 가나안 땅에 안착하면서 자기 소유의 땅을 분배받고 사유재산이 생기면서 그 재산을 더욱 늘리려고 애썼고, 농업을 배우면서 풍요와 다산을 추구하며 우상에 물들고, 물질주의의 향락에 빠졌고, 소유를 증식할수록 빈부격차는 더욱 벌어지게 되었고, 부자와 가난한 자의 극심한 편차가 발생하며, 동족을 돈으로 사고파는 일이 생겨났다. 당연히 사회정의는 물 건너가고 오로지 돈과 권력이 모든 것을 장악했다. 게다가 주변 나라들과의 관계도 군사력에 의존함으로써 요새를 짓고 방어진지를 구축하는 데 혈안이었다. 사회지도자들에게 더 이상 하나님이 개입하실 여지는 없었다.

본문은 그러한 현상을 잘 보여 주는 문장이다. 시온은 예루살렘의 별명이므로 남유다의 지도자들을 지칭하고 반면에 사마리아산은 북이스라엘의 지도자를 가리킨다. 시온에서 물질적 풍요에 싸여 편안하게 사는 지도자들과 사마리아 요새만 믿고 여유를 부리는 지도자들 그리고 그들을 따르는 이스라엘 백성을 집약해서 보여 준다. 이런 자들에게 하나님의 화가 임한다는 것이다. 하나님의 심판은 지도자들에게 먼저 향한다. 책임을 맡긴 자들에게 우선 책임을 물으신다.

97. 우리가 여호와의 이름을 부르지 못할 것이라 하리라

　사치와 향락과 물질만능, 세속주의에 빠져 사는 고위층 지도자들의 삶은 오로지 육체를 위한 현세주의적 생활방식만을 취했고 결국 심판을 자초하게 된다. 힘들고 어렵게 사는 백성들에게는 아무 관심이 없고 오직 자신의 부만 축적하여 먹고 마시고 쾌락에만 관심을 쏟아 부었다. 심판의 날은 결코 오지 않을 것이라 생각하고 현실에 안주하던 교만하고 자만에 빠진 이스라엘 지도자들에게 준엄한 심판이 임한다. 처절한 심판이 임한 모습 중의 하나가 아모스 6장 10절이다. "죽은 사람의 친척 곧 그 시체를 불사를 자가 그 뼈를 집 밖으로 가져갈 때에 그 집 깊숙한 곳에 있는 자에게 묻기를 아직 더 있느냐 하면 대답하기를 없다 하리니 그가 또 말하기를 잠잠하라 우리가 여호와의 이름을 부르지 못할 것이라 하리라."

　(개역개정) 그가 또 말하기를 잠잠하라. 우리가 여호와의 이름을 부르지 못할 것이라 하리라.

　(개역한글) 저가 또 말하기를 잠잠하라. 우리가 여호와의 이름을 일컫지 못할 것이라 하리라.

　(공동번역) 장례를 치르는 친지가 시체를 실어내오면서 안방에다 대고 또 없느냐고 물어 더 없다는 대답을 듣고서야 '하느님 맙소사!' 탄식할 것이다.

　(메시지) 여기서는 말을 그만합시다! 이렇게 더럽혀진 곳에서 하나님의

이름을 들먹이며 인사를 나눌 순 없지 않습니까.

(바른) 그때 그가 말하기를 "잠잠하십시오. 여호와의 이름을 불러서는 안 됩니다." 라고 말할 것이다.

(새번역) 그러면 그 친척이 '조용히 하라' 고 하면서 '주님의 이름을 함부로 불러서는 안 된다' 고 말할 것이다.

(새즈믄) 그가 없다고 대답하면 그는 여호와의 이름을 들먹이지 말고 입을 다물라고 할 것이다.

(쉬운말) 그러면 그 친척이 "조용히 하시오. 여호와의 이름을 속삭이지도 마시오. 그가 들을까 두렵소"라고 말할 것이다.

(신세계역) 그러면 그는 '잠잠하여라! 여호와의 이름을 언급할 때가 아니다' 하고 말할 것이다.

(우리말) 그는 "조용히 하여라. 우리가 여호와의 이름을 부르지 못할 것이다"라고 말할 것이다.

(조선어) 장례를 치르는 친지가 시체를 실어내오면서 안방에다 대고 또 없느냐고 물어 더 없다는 대답을 듣고서야 '하나님 맙소사!' 탄식할 것이다.

(천주교) 그러면 그 친척이 "쉿! 주님의 이름을 불러서는 안 된다" 하고 말할 것이다.

(킹제임스 흠정) 네 혀를 억제하라 이는 우리가 주의 이름을 언급해서는 안 되기 때문이라, 하리라.

(표준새번역) 그러면 그 친척이 '조용히 하라' 고 하면서 '주님의 이름을 함부로 불러서는 안 된다' 고 말할 것이다.

(한글 킹제임스) 그러면 그 사람이 말하기를 "말하지 말라. 이는 우리가 주의 이름을 일컬을 수 없음이니라." 하리니,

(현대어) 장례자는 이렇게 침묵을 명령할 것이다. '쉬잇! 주님의 이름을 부

르지 말아라! 주께서 듣고 오시면 너도 죽는다!'

(현대인) 저가 그에게 "조용히 하라! 우리가 여호와의 이름을 불러서는 안 된다" 하고 말할 것이다.

(히브리어 직역) 그러면 그가 말할 것이다. '쉿! 여호와의 이름을 기억나게 하지 말아야 한다.'

(원문) 친척이 그 뼈들을 집 밖으로 내가면서 집 안쪽에 있는 사람에게 '아직 시체가 더 있느냐?'하고 물으면 '없다' 하고 대답할 것이다. 그러면 그 친척이 '조용히 해라. 우리가 여호와의 이름을 불러서는 안 된다'하고 말할 것이다.

주지하다시피 이스라엘의 장례는 화장이 아니라 매장이다. 그런데 본문은 재앙으로 인해 시체를 매장할 수 없을 정도로 많은 시체들로 넘쳐나서 화장할 수밖에 없는 사태가 된 것이다. 얼마나 큰 재앙인지 널린 게 시체이고 시체를 처리하는 친척이 치울 시체가 더 있느냐고 묻는 내용에서 알 수 있듯이 시체 치우는 일이 다반사가 되었다. 후반부에서 '잠잠하라 여호와의 이름을 부르지 못할 것이다'라는 말은 그 심판이 하나님에게서 온 심판임을 알게 된다는 것이다. 하나님의 심판은 너무 참혹한 것이어서 여호와의 이름만 불러도 극심한 공포와 슬픔에 빠진 공황 상태가 된 것이다. 이때는 하나님이라는 이름을 부르는 것조차 금기시될 정도로 처절한 재앙이 임한 것이다.

98. 수은제와 낙헌제

앞에서도 계속 지적한 것이지만 개역개정 성경은 용어의 일관성이 결여된 것이 큰 문제 중의 하나이다. 수은제와 낙헌제도 마찬가지이다. 수은제란 히브리어 '토다'로써 '손을 펼침'이라는 뜻인데 손으로 바치는 감사의 제물이라는 의미이다. 수은제(酬恩祭)는 보답할 수, 은혜 은자를 써서 은혜에 보답하는 제물이라는 뜻이다. 화목제의 일종으로 하나님께 받은 바 은혜를 감사하여 드리는 감사제물이다. 수은제라고도 번역했지만(암 4:5, 왕하 16:13), 같은 단어를 감사의 제물(왕상 3:15, 대하 29:31), 감사제(시 56:12), 감사 희생(레 22:29), 감사로 하나님께 제물(시 50:14) 등으로 다양하게 번역함으로써 일관성이 없다. 굳이 어려운 한자어를 사용할 필요 없이 감사제물로 통일하면 좋지 않을까 생각한다.

또한 낙헌제는 히브리어인 '네다바'로 '자발적인, 자원하는' 뜻으로 자원제물을 말한다. 낙헌제(樂獻祭)는 즐거울 락, 바칠 헌을 써서 자발적으로 즐거운 마음으로 하나님께 예물을 드리는 제사이다. 이 단어도 일관성이 없이 번역한 것은 말할 필요도 없다. 낙헌제(암 4:5, 민 15:3), 낙헌예물(신 12:6), 자원제물(레 22:23), 자원하는 것(레 7:16) 등으로 동일한 단어를 너무나 다르게 번역했다. 이 단어 또한 자원제물로 통일하면 좋지 않을까 생각한다. 다른 번역들은 통일성 있게 번역한 데 반해서 개역개정 성경은 그러한 노력이 엿보이지 않는다. 아모스 4장 5절을 다른 번역 성경과 비교해 보자. "누룩 넣은 것을 불살라 수은제로 드리며 낙헌제를 소리내어 선포하려무나."

(개역개정) 수은제/낙헌제

(개역한글) 수은제/낙헌제

(공동번역) 감사제물/자원제물

(메시지) 감사제/자원제물

(바른) 감사제물/자원하는 제물

(새번역) 감사제물/자원예물

(새즈믄) 감사제물/자원제물

(쉬운말) 감사제물/자발적으로 바치는 제물

(신세계역) 감사희생/자원제물

(우리말) 감사제물/자원제물

(조선어) 수은제물/자원제물

(천주교) 희생 제물/감사예물

(킹제임스 흠정) 감사의 희생물/자원하는 헌물

(표준새번역) 감사제물/자원예물

(한글 킹제임스) 감사의 희생제물/자원하는 제물

(현대어) 수은제/낙헌제

(현대인) 감사제/낙헌제

(히브리어 직역) 감사제물/자원제물

(원문) 감사제물/자원제물

앞에서 보다시피 대부분의 번역 성경들은 감사제물과 자원제물로 통일하여 번역한 것을 알 수 있다. 감사제나 자원제처럼 쉽게 표현할 수 있는 단어를 굳이 수은제(酬恩祭)나 낙헌제(樂獻祭)라는 어려운 한자를 사용할 필요가 있을까?

오바댜

99. 그들이 네겝과 에서의
산과 평지와 블레셋을 얻을 것이요

　오바댜는 이스라엘의 형제 국가인 에돔에 관한 하나님의 심판을 전한다. 형제인 이스라엘이 바벨론에 침략당할 때 형제 나라를 돕기는커녕 앞장서서 침공하기까지 했으며 본인의 이익을 위해 이스라엘이 고난을 당할 때 보고도 도와주지 않고 오히려 대적하고 압제함으로써 에돔에 징계가 내린 것이다. 에돔은 야곱의 형인 에서의 후손들로서 출애굽 당시 모세가 에돔 땅을 통과하고자 했을 때에도 그 제안을 거부했지만 이스라엘은 형제 국가라는 이유로 싸우지는 않았다. 이후 이스라엘과 에돔은 500여 년간 갈등상태로 지내 왔고 유다가 강력할 때에는 에돔이 속국이 되고 유다가 약해지면 에돔이 독립하는 형태가 지속되었다. 그러나 에돔은 이스라엘과는 늘 적대관계로 지냈다. 특히 외국의 침략 시에는 길잡이로 나서는 등 외국에 일조하면서 유다에 철저히 적수로 지내왔다. 에돔이 상징하는 것은 이웃이 고난당할 때 철저히 무관심하고 도움을 주지도 않을 뿐 아니라 이웃이 잘되면 배 아파하고 이웃이 안 되기를 바라는 긍휼이 없고 무자비한 자들에 대한 심판을 예표한다. 에돔은 징계를 받고 야곱은 잃어버린 땅을 회복하는 약속을 받는다. 다소 견해가 갈리는 번역이 오바댜 1장 19절이다. "그들이 네겝과 에서의 산과 평지와 블레셋을 얻을 것이요."

　(개역개정) 그들이 네겝과 에서의 산과 평지와 블레셋을 얻을 것이요.

(개역한글) 남방 사람은 에서의 산을 얻을 것이며 평지 사람은 블레셋을 얻을 것이요.

(공동번역) 네겝에서 온 사람들은 에사오의 산악지대를 차지하고 야산지대 사람들은 블레셋 땅을 차지하리라.

(메시지) 강탈자들에게 모든 것을 빼앗긴 야곱 가문이 제 것을 다시 찾을 것이다.

(바른) 네게브 사람들은 에서의 산을 차지할 것이며 쉐펠라 사람들은 블레셋 사람들의 땅을 차지할 것이며

(새번역) 네겝 지방에서 올라온 내 백성이 에서의 산악지대를 차지하고 평지에서 올라온 내 백성은 블레셋 땅을 차지할 것이다.

(새즈믄) 그때 그들이 네겝과 에서의 산지 및 블레셋 평야를 대받으며

(쉬운말) 유다의 남쪽 백성이 에서의 산지를 차지할 것이며 유다 언덕의 백성이 블레셋 땅을 차지할 것이다.

(신세계역) 그들은 틀림없이 네게브와 에서의 산간지방을 세펠라와 플레셋 사람들의 땅을 차지할 것이다.

(우리말) 네게브 사람들이 에서의 산을 차지할 것이다. 또 서쪽 평지의 사람들이 블레셋 땅을 차지할 것이다.

(조선어) 네겝에서 온 사람들은 에서의 산악지대를 차지하고 야산지대 사람들은 블레셋 땅을 차지하리라.

(천주교) 네겝 사람들은 에사우 산을 평원지대 사람들은 필리스티아 땅을 소유하리라.

(킹제임스 흠정) 남쪽에 거하는 자들이 에서의 산을 소유하고 평야에 있는 자들이 블레셋 사람들을 소유할 것이요.

(표준새번역) 네겝 지방에서 올라온 내 백성이 에서의 산악지대를 차지하

고 평지에서 올라온 내 백성은 블레셋 땅을 차지할 것이다.

(한글 킹제임스) 남쪽 사람들이 에서의 산을 평지의 사람들이 필리스티아 인들을 차지할 것이며

(현대어) 그때에 유다 백성이 에서의 산악지대를 남부의 국토로 차지하고 블레셋 족속의 평지를 서부의 국토로 차지할 것이다.

(현대인) 남쪽 네겝 지방에 사는 사람들은 에돔의 산악지대를 점령할 것 이며 유다 저지대에 사는 사람들은 블레셋 땅을 소유하고

(히브리어 직역) 네게브가 에싸브산을 차지하며 쉬펠라가 플레쉘을 차지 하고

(원문) "네겝 사람들이 에서의 산을, 평지의 사람들이 블레셋 땅을 차지할 것이다. 또 그들은 에브라임의 들과 사마리아의 들을, 베냐민은 길르앗을 차지할 것이다.

본문을 해석하는데 두 가지 견해가 있다. 첫째는 유다 백성이 예전에 잃었던 영토를 모두 회복한다는 주장이다. 본문에서 '그들'은 남유다(유 대와 베냐민 지파들)를 지칭한다고 보고 남유다가 남방지역으로 불리는 네겝과 에서의 산, 평야 지역, 블레셋의 산악지대를 모두 차지한다는 것 이다. 둘째는, 네겝 지역 사람들이 에서의 산을 차지하고 평야 지역(쉐펠 라) 사람들이 블레셋의 산악지역을 차지한다는 주장이다. 네겝 지역과 평야 지역을 주어로 보느냐, 목적어로 보느냐에 따라 의견이 나뉘는 것이 다. 개역한글 성경은 두 번째 견해에 따라 네겝 지역 사람들이 에서의 산 을 차지하고 평야 지역 사람들이 블레셋 산악지역을 차지한다고 번역했 다. 그러나 개역개정 성경에서는 첫 번째 견해에 따라 남유다 지파가 네 겝과 에서의 산과 평지와 블레셋을 모두 차지한다고 변경했다. 그리 중

요한 내용은 아니나 번역 성경들마다 각기 다르게 번역했기에 참고로 알아두기를 바란다. 중요한 것은 잃었던 땅을 모두 회복한다는 데는 이의가 없다.

.

요나

100. 여호와여 구하고 구하오니

앗수르의 수도 니느웨의 구원을 다룬 요나서는 짧지만, 구약의 구속사에 중요한 위치를 차지한다. 구약성경은 이스라엘이라는 선민의 구속 역사를 주로 서술하지만, 요나서는 이방 민족에게 복음을 전하는 내용이기 때문이다. 구약의 복음서라고도 불리는 이유이다. 특히 앗수르는 당대 최대강국으로 이스라엘의 원수 나라이다. 본문이 요나가 여로보암 2세 치리 기간인 BC 760년경에 기록했는데 북이스라엘은 BC 721년에 앗수르에 의해 멸망당한다. 조국을 멸망시키는 원수 나라 앗수르를 향해 생명의 복음을 전하라는 명령이 떨어지자 사명을 피해 도망하는 요나의 심정이 고스란히 녹아 있다. 요나서의 내용이 워낙 비유적이어서 역사성에 의문을 제기하는 사람도 있지만 예수님도 분명히 역사성을 인정하셨고 (마 12:39-41), 열왕기하 14장 25절에도 요나 선지자가 활동한 기록이 버젓이 있다. 오늘 다룰 본문은 다시스로 도망가다가 풍랑을 만나 배 안에 있는 사람들이 여호와께 살려달라고 기도하는 내용이다. 요나 1장 14절이다. "무리가 여호와께 부르짖어 이르되 여호와여 구하고 구하오니 이 사람의 생명 때문에 우리를 멸망시키지 마옵소서."

> (개역개정) 무리가 여호와께 부르짖어 이르되 여호와여 구하고 구하오니
> 이 사람의 생명 때문에 우리를 멸망시키지 마옵소서.
> (개역한글) 무리가 여호와께 부르짖어 이르되 여호와여 구하고 구하오니

이 사람의 생명 까닭에 우리를 멸망시키지 마옵소서.

(공동번역) 하는 수 없이 사람들은 야훼께 부르짖었다 "야훼님, 이 사람의 목숨을 희생시킨다고 우리를 멸하지는 마십시오.

(메시지) 그러자 그들은 하나님께 기도했다. "오 하나님 이 자가 살아온 삶 때문에 우리를 죽이지 말아 주십시오.

(바른) 그들은 여호와께 부르짖어 말하기를 "여호와시여, 간구하오니 이 사람의 생명 때문에 우리를 멸망시키지 마십시오.

(새번역) 그들은 주님을 부르며 아뢰었다. "주님, 빕니다. 우리가 이 사람을 죽인다고 해서 우리를 죽이지 말아 주십시오.

(새즈믄) 그러자 그들은 여호와께 기도하며 아뢰기를 여호와시여 제발 우리를 이 사람과 함께 죽이지 마시며

(쉬운말) 사람들이 여호와께 부르짖었습니다. "여호와여, 우리가 이 사람을 죽인다고 해서 우리를 죽이지 마십시오.

(신세계역) 그러자 그들이 여호와께 부르짖어 말하였다. "아 이제 오 여호와여, 부디 이 사람의 영혼 때문에 우리를 죽이지 마십시오!

(우리말) 그러자 그들이 여호와께 부르짖었습니다. "여호와여, 제발 이 사람의 목숨 때문에 저희가 죽게 하지 마십시오.

(조선어) 하는 수 없이 사람들은 여호와께 부르짖었다. "여호와님, 이 사람의 목숨을 희생시킨다고 우리를 멸하지는 마십시오.

(천주교) 그러자 그들은 주님께 부르짖었다. "아 주님, 이 사람의 목숨을 희생시킨다고 부디 저희를 멸하지는 마십시오.

(킹제임스 흠정) 그러므로 그들이 주께 부르짖어 이르되, 오 주여, 주께 간청하고 간청하오니 이 사람의 생명으로 인하여 우리를 멸하지 마옵소서.

(표준새번역) 그들은 주를 부르며 아뢰었다. "주님, 빕니다. 우리가 이 사

람을 죽인다고 해서 우리를 죽이지 말아 주십시오.

(한글 킹제임스) 그러므로 그들이 주께 부르짖어 말하기를 "오 주여, 우리가 간구하오니 이 사람의 생명으로 인하여 우리를 멸하지 마시며,

(현대어) 마침내 그들은 요나의 하나님이신 여호와께 큰소리로 기도를 올렸다. "오 여호와시여, 이 사람의 죄 때문에 우리를 죽이지 마시고 이 사람이 죽는 책임을 우리에게 돌리지 마소서!

(현대인) 그래서 그들은 "여호와여, 죄 없는 사람을 죽인다고 우리를 벌하지 마소서. 여호와여 당신은 당신의 뜻대로 행하시는 분이시므로 이 사람의 죽음에 대해서 우리에게는 아무 잘못이 없습니다" 하고

(히브리어 직역) 그들이 여호와께 부르짖어 말했다. 제발 여호와시여, 이 사람의 생명 때문에 우리를 망하지 않게 해 주십시오.

(원문) 그러자 그들은 여호와께 부르짖었다. "여호와시여, 제발 이 사람의 목숨 때문에 우리를 죽게 하지 마십시오.

본문은 '구하고 구하오니'라고 번역했지만, 첫 번째 '구하고'는 히브리어로 '아나'인데 '간구하다, 간청한다'라는 뜻이다. 두 번째 '구하오니'는 히브리어 '나'로서 직접화법에 사용하는 '아, 제발'이라는 감탄사이다. 그러므로 '오 여호와여 제발이라고 간구했다'가 무난한 번역이다. 본문은 단순한 서술이라기보다는 절박한 상황에서 급박하게 청원하는 상황을 생각하면 직접화법의 번역이 부드러워 보인다.

101. 하나님이 뜻을 돌이키시고

　본문의 핵심은 회개하면 이방인도 구원받는다는 것이다. 히브리어 '슈 브'는 '돌아서다'라는 뜻으로 '회개하다'의 의미가 있다. 반면 '하나님이 뜻을 돌이키다'는 히브리어 '나함'으로써 '동정하다 위로하다, 불쌍히 여기 다'는 뜻이다. 그런데 독특하게도 본문에서 '하나님이 뜻을 돌이키시고'는 히브리어로 '슈브'를 사용했다는 점이다. 요나서 3장 9절이다. "하나님이 뜻을 돌이키시고 그 진노를 그치사 우리가 멸망하지 않게 하시리라 그렇 지 않을 줄을 누가 알겠느냐 한지라."

　(개역개정) 하나님이 뜻을 돌이키시고 그 진노를 그치사 우리가 멸망하지 않게 하시리라. 그렇지 않을 줄을 누가 알겠느냐 한지라.

　(개역한글) 하나님이 혹시 뜻을 돌이키시고 그 진노를 그치사 우리를 멸 망치 않게 하시리라. 그렇지 않을 줄을 누가 알겠느냐 한지라.

　(공동번역) 하느님께서 노여움을 푸시고 우리를 멸하시려던 뜻을 돌이키 실지 아느냐?

　(메시지) 누가 알겠는가? 행여 하나님이 뜻을 돌이키셔서, 우리에 대한 생 각을 바꾸실지! 우리에게 노하기를 그치시고 우리를 살려 주실지!

　(바른) 하나님께서 뜻을 돌이키시고 그분의 맹렬한 진노에서 돌아서시면 우리가 멸망치 않을 줄 누가 알겠느냐?

　(새번역) 하나님께서 마음을 돌리고 노여움을 푸실지 누가 아느냐? 그러

면 우리가 멸망하지 않을 수도 있다.

(새즈믄) 하나님이 돌이켜 자성하시고 진노를 거두시면 우리가 망하지 아니할지 누가 아느냐 하였도다.

(쉬운말) 혹시 하나님께서 그 마음을 바꾸셔서 더 이상 노하지 않으실지 모른다. 그러면 우리도 죽지 않게 될 것이다.

(신세계역) 참 하느님께서 돌이키시고 참으로 한탄하셔서 그 타오르는 분노를 돌이키실지 그리하여 우리가 망하지 않을지 누가 알겠느냐?

(우리말) 누가 알겠느냐? 하나님께서 마음을 바꾸셔서 자비하심으로 그분의 무서운 진노를 누그러뜨리셔서 우리가 멸망하지 않을지 모른다.

(조선어) 하나님께서 노여움을 푸시고 우리를 멸하시려던 뜻을 돌이키실지 아느냐?

(천주교) 하느님께서 다시 마음을 돌리시고 그 타오르는 진노를 거두실지 누가 아느냐? 그러면 우리가 멸망하지 않을 수도 있다.

(킹제임스 흠정) 하나님께서 혹시 돌아서시고 뜻을 돌이키사 자신의 맹렬한 분노에서 떠나심으로 우리가 멸망하지 아니하는지 누가 알겠느냐? 하니라.

(표준새번역) 하나님께서 마음을 돌리고 노여움을 푸실지 누가 아느냐? 그러면 우리가 멸망하지 않을 수도 있다.

(한글 킹제임스) 혹 하나님께서 돌이키시고 불쌍히 여기시어 그의 진노를 그치시고 우리를 멸하지 않으실지 누가 말할 수 있겠느냐? 하였더라.

(현대어) 혹시 하나님이 우리를 살려두기로 마음먹고 자신의 이글거리는 분노를 돌이키심으로 우리들이 멸망하지 않게 되는지 누가 알겠느냐?

(현대인) 하나님이 혹시 뜻을 돌이키시고 분노를 거두셔서 우리를 멸망시키지 않으실지 누가 알겠는가!

(히브리어 직역) 누가 아는가? 하나님께서 돌이키시고 가엾게 여기실지, 그가 자기의 맹렬한 진노에서 돌아서셔서 우리가 망하지 않을지.

(원문) 하나님께서 뜻을 돌이키시고 자신의 맹렬한 진노를 거두실지 누가 아느냐?

요나서 3장 10절에서는 '악한 길에서 돌이켜 떠난 것을 보시고 하나님이 뜻을 돌이키사'라고 되어 있다. '돌이켜'는 '회개하다'는 뜻의 '슈브'이고 '하나님이 뜻을 돌이키다'는 히브리어 '나함'으로 '불쌍히 여기다, 동정하다'이다. 요나 4장 2절에서도 '뜻을 돌이켜'는 히브리어로 '나함'을 사용해서 '하나님이 불쌍히 여기다'는 의미이다. 아무리 악한 자라도 겸손히 회개하는 자에게 즉 '슈브'하는 자에게는 하나님이 심판을 돌이키사 긍휼히 여기시는 분이시다. 바로 여호와의 속성이 그것을 보여 준다. 출애굽기에서 모세에게 선포하신 여호와의 속성인 '은혜롭고 자비롭고 노하기를 더디하시며 인애가 크시사'라고 요나는 고백했다(욘 4:2). 선지자들의 숱한 심판의 경고에도 불구하고 하나님의 본심은 돌아오라는 것이다. 아무리 악해도 용서하시는 하나님의 긍휼하심을 의지하라는 것이다. 하나님 심판의 목적은 심판 너머 하나님의 구원하시는 사랑을 전하려는 데 있다.

102. 여호와의 영이 성급하시다 하겠느냐

신앙의 타락은 신앙만 타락시키는 것이 아니다. 반드시 도덕성의 타락으로 이어진다. 심판의 메시지는 우상숭배에 대한 것이지만 대상은 주로 사회에 만연한 불의와 불법을 저지르는 사회적 지도자들에 대해서 집중포화를 날린다. 미가 선지자가 활동했던 시기는 약 BC 700년경으로 북이스라엘이 앗수르에 의해 멸망당하고 남유다만 남은 상황에서 앗수르에 항복할 것인지 대적할 것인지 결정해야 했다. 당연히 앗수르는 끊임없이 남유다를 침략했다. 돌아가는 정세는 급박한데도 지도자들은 착취와 탐욕에서 빠져나오지 못하고 있었고 그들의 영적 지도자인 선지자들과 제사장들도 기득권자들의 눈치만 보는 상황이었다. 이때 거짓 선지자들이 일어나 거짓 평안을 과장하고 전쟁은 일어나지도 않을 것이라 선전했다. 당연히 이스라엘 백성도 그들을 추종했다. 그러므로 미가 선지자가 전하는 하나님의 심판에 대하여 대적하며 그런 심판의 메시지를 전하지 못하게 금하였다. 거짓 예언자들은 하나님은 이스라엘을 사랑하시고 긍휼히 여기므로 심판하시지 않는다고 주장한 것이다. 그러한 내용이 미가 2장 7절이다. "너희 야곱의 족속아 어찌 이르기를 여호와의 영이 성급하시다 하겠느냐."

(개역개정) 너희 야곱의 족속아 어찌 이르기를 여호와의 영이 성급하시다 하겠느냐?

(개역한글) 너희 야곱의 족속아 어찌 이르기를 여호와의 신이 편급하시다 하겠느냐?

(공동번역) "야곱 가문이 저주를 받다니, 야훼께서 참을성이 없으시어 그런 일을 하신단 말이냐? 하고 말한다만

(메시지) 어떻게 야곱 가문에게 그런 소리를 하느냐? 하나님이 화를 터뜨리신다니? 그분이 그러실 분이냐?

(바른) 야곱의 집아, 너희가 어찌하여 여호와의 영이 조급하시다고 말하느냐? 어찌하여 그분의 행위가 이와 같다고 하겠느냐?

(새번역) 야곱 족속아, 너희가 어찌하여 주님의 영도 분노하시느냐? 주님께서 정말 그런 일을 하시느냐? 하고 말하느냐?

(새즈믄) 야곱의 가문은 여호와가 성급하시다거나 그 관행이 그저 그렇다고 말할 수 있는가.

(쉬운말) "그러나 야곱 백성아, 어찌하여 여호와의 인내가 짧은가? 이것이 그가 행한 일인가? 라고 말하느냐?

(신세계역) 야곱의 집아, "여호와의 영이 불만을 품었는가, 이것이 그분의 행위인가? 하고 말하느냐?

(우리말) 야곱의 집이여, '여호와의 인내가 짧으신가, 이것들이 그분께서 행하신 일인가' 하는 말을 왜 하느냐?

(조선어) "야곱 가문이 저주를 받다니, 여호와께서 참을성이 없으시어 그런 일을 하신단 말이냐? 하고 말한다만

(천주교) 야곱 집안이 저주를 받아야 하겠느냐? 주님의 인내가 모자란단 말이냐? 그분께서 그런 일을 하시겠느냐?

(킹제임스 흠정) 오 너 야곱의 집이라는 이름을 가진 자야 주의 영이 제약을 받느냐? 이 일들이 야곱이 향한 바냐?

(표준새번역) 야곱 족속아, 너희가 어찌하여 주의 영도 분노하시느냐? 주께서 정말 그런 일을 하시느냐? 하고 말하느냐?

(한글 킹제임스) 오 너 야곱의 집이라 불리는 자야 주의 영이 엄격하시냐? 그의 행하심이 엄격하시다 하겠느냐?

(현대어) "도대체 야곱의 집이 저주를 받는단 말인가?" "도대체 여호와께서 성급해지셨단 말인가?" "여호와께서 하시는 일들이 그따위라는 말이냐?"

(현대인) 그러므로 여호와께서 말씀하신다: "이스라엘 백성들아, 어째서 너희는 '여호와께서 성급하시냐? 그가 실제로 그런 일을 행하시겠느냐?' 하느냐?

(히브리어 직역) 야아콥의 집이 어찌 저주를 듣겠느냐? 여호와의 영이 조급하시냐? 이것들이 그의 하신 일들이냐?

(원문) 너희 야곱 집안아. 너희는 왜 '여호와의 영이 조급하시냐' 하고 말하느냐?

본문에서 '성급하다'는 말은 히브리어로 '카짜르'인데 '괴롭히다, 고생시키다'는 뜻이다. 본문의 뜻은 하나님이 이스라엘을 저주하여 괴롭힐 분이 아니라는 것이다. 이것이 자만인지, 허풍인지 하나님이 사랑하시는 자녀를 고생시키는 분이 절대 아니라고 믿었고, 당연히 이스라엘은 절대 멸망당하지 않으리라고 믿었다. 사람은 훈계의 말보다는 칭찬 듣기를 좋아하고 귀에 쓴소리보다는 단소리를 좋아한다. 듣고 싶은 소리에만 귀를 기울이고 정작 들어야 할 소리에는 귀를 닫음으로 회개의 기회까지 날려보내고 있는 이스라엘의 모습을 지적하고 있다. 마지막 때에는 바른 교훈을 받지 아니하고 귀가 가려워서 자기의 사욕을 따를 스승을 많이 두는 (딤후 4:3) 시대가 된다. 오늘도 강단에서 흘러나오는 회개의 외침은 들

기 거부하고 위로와 격려로 듣기 좋은 설교만 가려듣는 시대가 아닌지 생
각해 보자.

103. 길을 여는 자가 그들 앞에 올라가고

본문은 이스라엘을 심판하신 후 남은 자를 구원하시어 회복한다는 약속이다. 하나님은 반드시 모으신다는 약속을 두 번이나 강조하신다. 야곱아 내가 반드시 너희 무리를 다 모으며 내가 반드시 이스라엘의 남은 자를 모으고(미 2:12). 히브리어로 '모으다'라는 뜻의 '아싸프'와 '카바쯔'를 두 번이나 반복해서 사용했다. '모으고 모으고 또 모으고 모으리라'라고 말씀하신 것이다. 이스라엘이 바벨론으로 포로로 끌려가서 더 이상 남은 자도 없이 궤멸당한 것같이 보이나 그중에서 남은 자를 모아 회복하신다는 것이다. 하나님께는 숫자가 중요하지 않다. 믿음의 사람이 한 명이라도 남아 있다면 구속의 역사는 여전히 진행된다. 미가 2장 13절이다. "길을 여는 자가 그들 앞에 올라가고 그들은 길을 열러 성문에 이르러서는 그리로 나갈 것이며 그들의 왕이 앞서가며 여호와께서는 선두로 가시리라."

(개역개정) 길을 여는 자가 그들 앞에 올라가고 그들은 길을 열러 성문에 이르러서는 그리로 나갈 것이며
(개역한글) 길을 여는 자가 그들의 앞서 올라가고 그들은 달려서 성문에 이르러서는 그리로 좇아 나갈 것이며
(공동번역) 저희의 임금 야훼께서 적을 쳐부수시며 앞장서 나오시리라.
(메시지) 그리고 나 하나님이 그들을 가두었던 모든 것을 허물고 탁 트인 곳에 풀어 줄 것이다. 그들은 그들의 왕을 따라갈 것이다.

(바른) 길을 여는 자가 그들 앞서 올라가면 그들은 헤치고 문에서 뛰쳐 나갈 것이니 그들의 왕께서 그들 앞서 통과 하실 것이며

(새번역) 길을 여는 자가 그들 앞서 올라가고 그들은 성문들을 부수고 바깥으로 나갈 것이다.

(새즈믄) 돌격하는 자가 그들 앞에 나타나 돌파하며 성문을 통과하되

(쉬운말) 누군가가 길을 열어 그들을 이끌고 나가며 그들은 성문을 부수고 갇혀 있던 성을 떠나갈 것이다.

(신세계역) 돌파구를 여는 자가 반드시 그를 앞에서 올라올 것이니 그들이 돌파할 것이다. 그들은 성문을 통과하고 성문으로 나갈 것이다.

(우리말) 길을 여는 사람이 그들 앞에서 올라갈 것이며 그들이 성문을 열고 통과해 밖으로 나갈 것이다.

(조선어) 저희의 임금 여호와께서 적을 쳐부수며 앞장서 나오시리라.

(천주교) 길을 뚫는 이가 앞장서 올라가면 그들도 길을 뚫고 성문을 지나 밖으로 나가리라.

(킹제임스 흠정) 부수는 자가 그들 앞에 올라왔은즉 그들이 이미 부수어 열고 성문을 지나 그리로 나갔으며

(표준새번역) 길을 여는 자가 그들 앞서 올라가고 그들은 성문들을 부수고 바깥으로 나갈 것이다.

(한글 킹제임스) 길을 여는 자가 그들을 앞서 올라오면 그들이 흩어져서 성문을 통과하여 뛰쳐나가리니

(현대어) 예언자가 말한다. 해방시켜 주시는 분이 바벨론의 유형지를 떠나 그들의 선두에서 예루살렘으로 올라가고 그들도 모두 탈출하여 나온다. 그들은 포로 생활을 하던 도성의 성문을 통과해 나온다.

(현대인) 하나님이 그들을 위해 길을 여시고 그들을 포로된 땅에서 인도

해 내실 것이다. 그들이 성문을 부수고 나올 것이며

(히브리어 직역) 길을 뚫는 자가 그들 앞에 올라가니 그들이 뚫고 나와 성문을 넘어 그 문을 나갈 것이다.

(원문) 길을 뚫는 자가 그들 앞에서 올라가면, 그들도 길을 뚫고 나와 성문을 지나서 밖으로 나갈 것이다.

본문에서 '길을 여는 자'는 히브리어 '파라쯔'인데 '터지고 나오다'라는 뜻이다. 하나님은 길을 뚫고 만드는 자이시다. 없던 길, 전혀 새로운 길을 만드신다. 소수의 남은 사람을 위해 길을 만드셔서 길을 열어 주신다. 사람들의 눈에는 불가능해 보이나 하나님께는 어려운 일은 없다. 길이 없을 것 같은데 길은 열리고 그 길은 곧 왕의 대로가 된다. 우리는 그 길을 따라가면 된다. 모두에게 숨겨진 길이나 그 길이 대로가 된다. 주께서는 우리에게 생명의 길을 보여 주신다(시 16:11). 예수님은 길이요 진리요 생명이시다(요 14:6). 하나님이 뚫고 만드신 길은 곧 주님의 길이다. 주님이 길이 되셔서 우리는 그곳에 이를 수 있다. 우리에게 요구되는 것은 오직 순종이다.

나훔

104. 니느웨에 대한 경고

요나서가 앗수르의 수도 니느웨에 대한 회개와 구원을 다룬다면 나훔은 반대로 니느웨의 심판과 멸망을 다루고 있다. 잔인하고 무자비한 니느웨라 할지라도 회개해서 하나님의 진노를 피할 수 있었지만 요나 선지자 이후 150년이 지나면서 회개의 정신은 사라지고 다시 완악해지고 교만하여 하나님의 진노와 심판을 면치 못한 것이다. 결국 BC 612년에 니느웨는 멸망당한다. 요나서가 사랑과 용서의 하나님을 그린다면 나훔은 심판의 하나님으로 묘사된다. 하나님은 인자하시지만 준엄하시다. 사실 나훔은 니느웨의 심판을 통해 이스라엘의 죄악을 경고하려는 데 목적이 있다. 하나님은 이스라엘만의 하나님이 아니라 전 세계의 통치자시며 주관자시다. 열국의 부흥과 쇠퇴도 하나님의 장중에서 일어난다. 이스라엘도 니느웨와 마찬가지로 불순종하면 버림받을 것이고 순종하면 구원받는 것이다. 니느웨에 대한 경고는 곧 이스라엘을 향한 하나님의 경고인 것이다. 나훔 1장 1절이다. "니느웨에 대한 경고 곧 엘고스 사람 나훔의 묵시의 글이라."

(개역개정) 니느웨에 대한 경고 곧 엘고스 사람 나훔의 묵시의 글이라.
(개역한글) 니느웨에 대한 중한 경고 곧 엘고스 사람 나훔의 묵시의 글이라.
(공동번역) 엘코스 사람 나훔이 니느웨가 받을 벌을 내다 보고 적은 책.
(메시지) 엘고스 사람 나훔이 니느웨에 대해 하나님께서 보여주신 것을

기록한 보고서다.

(바른) 니느웨에 대한 경고 곧 엘고스 사람 나훔의 계시의 책이다.

(새번역) 이것은 엘고스 사람 나훔이 니느웨가 형벌을 받을 것을 내다보고 쓴 묵시록이다.

(새즈믄) 니느웨를 경책하는 엘고스 사람 나훔의 계시록이다.

(쉬운말) 이것은 엘고스 사람 나훔이 니느웨에 관해 받은 계시입니다.

(신세계역) 이것은 니네베에 대한 선언 곧 엘고스 사람 나훔의 환상에 대한 책이다.

(우리말) 니느웨에 대한 묵시입니다. 엘고스 사람 나훔이 본 환상을 기록한 책입니다.

(조선어) 엘고스 사람 나훔이 니느웨가 받을 벌을 내다 보고 적은 책.

(천주교) 니네베에 대한 신탁.

(킹제임스 흠정) 니느웨에 대한 엄중한 경고 곧 엘고스 사람 나훔의 환상에 관한 책이라.

(표준새번역) 이것은 엘고스 사람 나훔이 니느웨가 형벌을 받을 것을 내다보고 쓴 묵시록이다.

(한글 킹제임스) 니느웨에 대한 엄중한 말씀이라 엘코스인 나훔의 환상의 책이라.

(현대어) 하나님께서 나훔에게 보여주신 환상이다. 그는 엘고스에 살던 사람인데 니느웨에 임박한 멸망에 관하여 책을 썼다.

(현대인) 이것은 엘고스 사람 나훔이 니느웨에 대하여 계시받은 말씀이다.

(히브리어 직역) 니느붸에 관한 선언 엘코쉬 사람 나훔의 계시록이다.

(원문) 니느웨에 관한 신탁 곧 엘고스 사람 나훔이 본 환상을 기록한 책이다.

역시 일관성의 문제를 다시 지적하지 않을 수 없다. 본문에서 사용된 '경고'는 히브리어 '마싸'인데 '무거운 짐'을 의미한다. 일반적인 경고가 아니라 하나님이 특별히 보내신 엄중한 경고의 메시지 즉 신탁을 일컫는다. 선지자 하박국의 묵시로 받은 경고라(합 1:1), 이사야가 바벨론에 대하여 받은 경고라(사 13:1), 이스라엘에게 말씀하신 경고(말 1:1) 등이 히브리어 '마싸'를 사용했다. 일반적인 경고와 차별하기 위해 여호와의 엄중한 말씀이라고도 번역했다(렘 23:33, 23:36, 23:28). 반면에 훈계나 경계를 의미하는 경고는 히브리어로 '자하르'라고 한다. 백성에게 경고하되(겔 33:3), 그들에게 경고할지어다(겔 33:7), 너는 악인에게 경고하되(겔 33:9) 등은 히브리어 '자하르'를 사용했다. 따라서 '마싸'를 번역할 때는 유의할 필요가 있다. 단순한 경고가 아니기에 엄중한 말씀이라는 좋은 단어가 있으니 일관성을 유지하는 것이 좋겠다.

105. 네 이름이 다시는 전파되지 않을 것이라

하나님의 심판은 파멸적이다. 완전히 진멸되어서 이름도 기억되지 않는다. 나훔 1장 14절이다. "네 이름이 다시는 전파되지 않을 것이라."

(개역개정) 네 이름이 다시는 전파되지 않을 것이라.

(개역한글) 네 이름이 다시는 전파되지 않을 것이라.

(공동번역) 너의 이름을 이을 자손을 내가 남기지 아니하리라.

(메시지) 이제 너는 없는 것이나 마찬가지다 아니 그보다 못하다.

(바른) 네 이름으로는 더 이상 후손이 없을 것이다.

(새번역) 이제 네 이름을 이을 자손이 나지 않을 것이다.

(새즈믄) 다시는 네 이름을 지니는 후손이 없을 것이다.

(쉬운말) 네 이름을 이을 자손이 네게서 끊어질 것이다.

(신세계역) 너의 이름 중에서는 다시는 아무 씨도 뿌려지지 않을 것이다.

(우리말) 네 이름을 이어갈 후손이 더 이상 없을 것이다.

(조선어) 너의 이름을 이을 자손을 내가 남기지 않으리라.

(천주교) 다시는 너의 이름을 이을 자손이 나지 않으리라.

(킹제임스 흠정) 다시는 네 이름이 전파되지 아니하리라.

(표준새번역) 이제 네 이름을 이을 자손이 나지 않을 것이다.

(한글 킹제임스) 다시는 네 이름이 전파되지 아니하리라.

(현대어) 네 아들들이 다시는 네 왕위에 오르지 못할 것이다.

(현대인) 네 이름이 더 이상 존재하지 않을 것이다.

(히브리어 직역) 네 이름이 더 이상 퍼지지 않을 것이다.

(원문) 이제 너에게서는 네 이름을 이어 갈 후손이 더 이상 나지 않을 것이다.

네 이름이 전파되지 않는다는 것은 그 이름이 더 이상 존재하지 않을 것이라는 뜻과 그 이름을 이을 후손이 없을 것이라는 뜻도 있다. 성경에서 이름은 아주 중요하다. 하나님도 자신의 이름으로 우리에게 알리셨다. 이름의 존재가치와 의미는 이름이 주어지므로 사람은 의미 있는 존재가 되고 존재가치를 얻게 된다. 인간이 다른 동물이나 식물과 다른 점은 각각의 고유한 이름이 있다는 것이다. 인간만이 고귀한 존재가치를 지닌 존재라는 뜻이다. 이름이 곧 인격이다. 불리는 이름은 이름을 갖는 당사자의 지식을 형성하고 경험되고 반응한다. 이름이 곧 그 사람이다. 하나님은 각각의 이름을 기억하신다. 하나님은 생명책에 이름을 기록하시고 기억하신다. "내가 그 이름을 생명책에서 결코 지우지 아니하고"(계 3:5). 반면에 하나님께 이름이 지워졌다는 것은 더 이상 하나님의 자녀가 아니라는 것이다. 영원히 이름을 지운다는 것은 멸망을 의미한다. "누구든지 생명책에 기록되지 못한 자는 불못에 던져지리라"(계 20:15). 우리가 하나님의 성호를 찬양하듯이 하나님이 우리의 이름을 기억하시도록 해야 한다. 하나님은 모세에게 "너는 내 목전에 은총을 입었고 내가 이름으로도 너를 앎이니라"(출 33:17)고 말씀하셨다. 하나님은 이름 하나하나를 기억하신다. 제사장의 흉패에 12지파의 이름을 보석에 새겨놓으며 기억하기도 하셨다. "도장을 새김같이 그 열두 지파의 각 이름을 새겼으며"(출 39:14). 하나님은 자녀의 이름을 영원히 기억하신다. "내가 너를 내 손바닥에 새겼고"(사 49:15). 김춘수의 꽃이라는 시를 보자. "내가 그의 이름을 불러주기 전에는 그는 다만 하나의 몸짓에 지나지 않았다. 내가 그의 이름을 불러주었을 때 그는 나에게로 와서 꽃이 되었다." 나는 하나님께 불려지는 한 송이의 꽃이 되고 싶다.

하박국

106. 율법이 해이하고
정의가 전혀 시행되지 못하오니

선지서 중에서 유일하게 하나님께 질문하는 선지서가 하박국이다. 예언이란 대개 하나님께서 주신 말씀을 해당 당사자인 사람들에게 전하는 것인데 하박국은 과감히 하나님께 질문한다. 마지막 3대 선왕이자 종교개혁가였던 요시야 왕이 죽고 난 후 여호아하스, 여호야김 등의 여러 왕이 즉위했다 폐위하는 일이 일어나고 유다의 정세는 불안한 데다 율법은 무너지고 사회에 불의는 만연했다. 의인이 고통당하고 악인이 형통하는 시대적 불의 속에서 하박국은 의문을 갖는다. 이때 하박국은 유명한 구절인 의인은 믿음으로 말미암아 살리라는 신비한 답을 얻는다. 모든 신정론에 대한 답이다. 시간이 걸릴 뿐이지 악인은 심판당하고 의인은 결국 믿음으로 구원을 얻는다는 확신은 훗날 바울 신학과 루터의 종교개혁에 뿌리를 놓는 선언이었다. 당시 상황을 가장 잘 묘사한 장면이 하박국 1장 4절이다. "이러므로 율법이 해이하고 정의가 전혀 시행되지 못하오니 이는 악인이 의인을 에워쌌으므로 정의가 굽게 행하여짐이니이다."

(개역개정) 이러므로 율법이 해이하고 정의가 전혀 시행되지 못하오니

(개역한글) 이러므로 율법이 해이하고 공의가 아주 시행되지 못하오니

(공동번역) 법은 땅에 떨어지고 정의는 끝내 무너졌습니다.

(메시지) 법과 질서는 땅에 떨어졌고 정의는 농담거리가 되었습니다.

(바른) 그러므로 율법이 무력해지고 정의가 전혀 시행되지 못하니

(새번역) 율법이 해이하고 공의가 아주 시행되지 못합니다.

(새즈믄) 그런고로 율법은 폐지되어 언제나 공의가 나타나지 아니합니다.

(쉬운말) 율법이 효력을 잃고 공의가 시행되지 않습니다.

(신세계역) 그 때문에 율법이 해이하고 공의가 전혀 시행되지 않습니다.

(우리말) 그러므로 율법을 지키지 않고 정의가 아주 실행되지 못합니다.

(조선어) 법은 땅에 떨어지고 정의는 끝내 무너졌습니다.

(천주교) 그러니 법은 스러지고 공정은 영영 모습을 드러내지도 못합니다.

(킹제임스 흠정) 그러므로 율법이 해이해지고 공의가 전혀 앞으로 나아가지 못하오니

(표준새번역) 율법이 해이하고 공의가 아주 시행되지 못합니다.

(한글 킹제임스) 그러므로 법이 느슨해지고 심판이 전혀 이행되지 못하나니

(현대어) 그렇기 때문에 주의 율법은 힘을 못 쓰고 국가의 법은 효력을 나타내지 못합니다.

(현대인) 그래서 법이 무시되고 정의가 실현되지 못하고 있습니다.

(히브리어 직역) 그러므로 토라가 마비되고 공의가 나오지 못합니다.

(원문) 그러므로 율법이 느슨해지고, 정의가 전혀 실행되지 못하고 있습니다.

하박국은 외친다. 하나님이시여 나라 꼴을 보십시오. 약탈과 폭력이 극에 달하고 불의가 가득합니다. 기도해도 들어주시지도 않고 언제까지 방관하시렵니까? 하나님은 정의의 하나님 아니십니까? 하나님이 잠잠하시니 마치 하나님이 존재하지도 않는 듯이 백성들은 더욱 방자합니다. 속히 나타나시옵소서. 율법이 마비되면 공의는 실행되지 않는다. 본문에서 사용된 '해이하다'는 히브리어로 '푸그'인데 '게으르다, 중단하다,

마비되다'라는 뜻이다. 신앙의 타락은 반드시 도덕성의 타락으로 귀결된다. 하나님은 멀리 계신 듯 너무 조용하시다. 사실 이때가 하나님이 주시는 마지막 기회이다. 폭풍전야이다. 폭풍이 일어나기 전 고요하기 마련이다. 하나님의 심판은 지체되는 듯이 보여도 반드시 일어난다. 불의와 폭력은 심판하시고 공의를 다시 세우신다. 비록 더디게 보일지라도 그때를 기다리라고 말씀하신다. 오래 참으심은 악인 한 명이라도 구원하시기 위한 하나님의 은총이다. 율법은 해이하고 공의가 실행되지 않아 의인은 고통을 당하더라도 인내해야 한다. 역사는 되풀이되듯이 현대를 사는 우리에게 적용되는 말씀이다. 더 이상 하나님이 존재하지 않는다고 사람들은 불의와 불법을 행하고 악은 만연하다. 하나님은 숨어서 일하듯이 배후에서 조용히 일하신다. 모든 상황을 주시하고 계시고 당신이 정하신 때에 맞추어 일하실 뿐이다. 하나님이 보좌에서 일어나실 때가 다가온다. 의인은 오직 믿음으로 구원받는다.

107. 이 수년 내에 부흥하게 하옵소서

부흥이라는 단어는 성경에 딱 한 번 나온다. 종종 부흥과 부흥 운동을 혼동할 때가 있다. 부흥 운동은 기독교 역사에서 크게 회개의 각성이 일어나 영성이 회복되고 교인이 급속도로 증가하여 지역적, 국가적으로 영향력을 발휘하는 것을 말한다. 오순절 성령 강림으로 베드로의 설교를 듣고 3천 명, 5천 명씩 예수님을 영접하는 사건이 일어나 이후 바울의 선교로 이방인의 교회가 폭발적으로 늘어났고 중세 시대를 거쳐 16세기 종교개혁에 이어 18, 19세기에 유럽과 미국에서 일어난 대각성, 1907년에 일어난 평양 대부흥 등이 부흥 운동의 역사적 예들이다. 이때마다 교회는 급속도로 전파되어 확장했다. 한국교회에서는 부흥회라는 명목하에 집회도 자주 열린다. 오늘날에는 자칫 수적 성장만을 부흥이라 생각하기도 한다. 그래서 기독교인들에게는 부흥은 자주 부흥 운동 내지는 대각성 집회와 연결된다. 오늘날도 대부흥을 꿈꾸는 기독교인들은 하박국의 부흥이라는 단어에 전율을 느낀다. 그러나 하박국에서 나온 부흥은 이와는 전혀 다르다. 본문에 사용된 부흥이란 히브리어 원어적 의미는 '살다, 생명을 가지다, 보존시키다'라는 뜻이다. 그리하여 대부분의 번역 성경도 '다시 살다 또는 소생하다, 회복하다'라고 번역했다. 하박국이 고백한 부흥은 잠잠하시던 하나님께서 자기 백성을 다시 찾아오시어 만나 달라는 것이다. 하박국 3장 2절이다. "주여 주는 주의 일을 이 수년 내에 부흥하게 하옵소서 이 수년 내에 나타내시옵소서."

(개역개정) 주여 주는 주의 일을 이 수년 내에 부흥하게 하옵소서. 이 수년 내에 나타내시옵소서.

(개역한글) 여호와여 주는 주의 일을 이 수년 내에 부흥케 하옵소서. 이 수년 내에 나타내시옵소서.

(공동번역) 우리 시대에도 그 일을 보여주십시오.

(메시지) 그들에게 하신 일을 오늘 우리에게도 행해 주십시오. 그들을 위해 역사하신 것처럼 오늘 우리를 위해서도 역사해 주십시오.

(바른) 주께서 수년 내에 주의 일을 부흥케 하여 주십시오.

(새번역) 주님의 일을 우리 시대에도 새롭게 하여 주십시오. 우리 시대에도 알려 주십시오.

(새즈믄) 수년 어간에 그 일을 회복하시며 수년 어간에 알리시고

(쉬운말) 우리 시대에 주의 놀라운 일을 다시 행하여 주십시오. 우리 시대에 그런 일이 다시 일어나게 해주십시오.

(신세계역) 수년 내에 오 그것을 되살아나게 하십시오. 수년 내에 그것을 알게 하십시오.

(우리말) 주께서 하신 일을 이 시대에 다시 새롭게 하셔서 이 시대에 알려지게 하소서.

(조선어) 우리 시대에도 그 일을 보여주십시오.

(천주교) 저희 시대에도 그것을 되살리시고 저희 시대에도 그것을 알게 해 주십시오.

(킹제임스 흠정) 주는 주의 일을 수년 중에 회복하시옵소서. 수년 중에 알리시옵소서.

(표준새번역) 주의 일을 우리 시대에도 새롭게 하여 주십시오. 우리 시대에도 알려 주십시오.

(한글 킹제임스) 수년 내에 주의 일을 소생케 하소서. 수년 내에 알려지게 하소서.

(현대어) 그 일을 너무 먼 미래에 하지 마시고 속히 이루어 주소서.

(현대인) 주께서 행하신 그 놀라운 일을 우리 시대에 다시 행하시고

(히브리어 직역) 당신의 일을 수년 내에 새롭게 하셔서 알려지게 하십시오.

(원문) 주님께서는 주님의 일을 우리 시대에 새롭게 해 주시고, 우리 시대에 알려지게 하십시오.

사실 하박국이 하나님께 응답받은 내용은 바벨론의 침략으로 이스라엘이 멸망한다는 것이다. 놀랍게도 하나님의 일을 속히 나타나게 해달라는 하박국의 간구는 이스라엘의 멸망을 재촉하는 것에 불과하다. 그렇다고 할지라도 하박국은 수년 내에 이 일을 실행시켜 달라고 간구한다. 비록 이스라엘이 바벨론에 멸망하는 일이 발생해도 회개하는 역사가 일어나고 하나님을 다시 찾는 참 부흥만 일어난다면 어서 속히 실행해 달라는 것이다. 그러면서도 문장 후반부에 '진노 중에라도 긍휼을 잊지 마옵소서'라고 기도한다. 멸망이 임하더라도 남은 자에게 긍휼을 베풀어 주의 자녀에게 기회를 달라는 것이다. 하박국은 멸망을 멈춰 달라거나 고난을 제해 달라고 기도한 것이 아니다. 하나님의 징벌인 바벨론의 침략으로 오는 모든 고난과 고통 속에서 모든 죄를 회개하고 하나님께로 돌이켜 하나님의 거룩한 백성이 되도록 간구한 것이다. 다만 주의 모든 진노를 쏟아부으면 진멸당하는 것이기에 진노만 조금 누그러뜨려 달라고 간청하는 것이다. 다시 한번 하박국을 통해서 부흥의 의미를 재고해 본다. 단지 수적 증가와 같은 양적인 것이 아니라 하나님을 다시 찾고 회복하는 내면적이고 질적인 변화를 의미하는 것이다.

스바냐

108. 너를 잠잠히 사랑하시며

종교개혁을 이끈 요시야 왕을 도와 사역했던 스바냐는 히스기야 현손으로 유다 왕족 출신이다. 요시야가 우상을 철폐하고 신앙회복을 위해 요시야 왕을 도와 신앙 부흥 운동에 앞장섰다. 요엘과 아모스와 마찬가지로 스바냐는 여호와의 날을 예언한다. 여호와의 날은 이중적인 의미로 악인을 향해 여호와의 심판의 날이지만 유다의 남은 자들에게는 구원의 날이기도 하다. 남은 자에게 위로를 주는 구절이 스바냐의 대표적인 구절인 스바냐 3장 17절이다. "너의 하나님 여호와가 너의 가운데에 계시니 그는 구원을 베푸실 전능자이시라 그가 너로 말미암아 기쁨을 이기지 못하시며 너를 잠잠히 사랑하시며 너로 말미암아 즐거이 부르며 기뻐하시리라 하리라."

(개역개정) 너의 하나님 여호와가 너의 가운데에 계시니 그는 구원을 베푸실 전능자이시라. 그가 너로 말미암아 기쁨을 이기지 못하시며 너를 잠잠히 사랑하시며 너로 말미암아 즐거이 부르며 기뻐하시리라 하리라.

(개역한글) 너의 하나님 여호와가 너의 가운데 계시니 그는 구원을 베푸실 전능자시라. 그가 너로 인하여 기쁨을 이기지 못하여 하시며 너를 잠잠히 사랑하시며 너로 인하여 즐거이 부르며 기뻐하시리라 하리라.

(공동번역) 너를 구해내신 용사 네 하느님 야훼께서 네 안에 계신다. 너를 보고 기뻐 반색하시리니 사랑도 새삼스러워라. 명절이라도 된 듯 기쁘게

더덩실 춤을 추시리라.

(메시지) 너의 하나님께서 너와 함께 계신다. 그분은 너를 구원하시는 힘센 전사이시다. 되찾은 너로 말미암아 기뻐하시며 너를 잠잠히 사랑하시고 너를 보고 노래하며 즐거워하신다.

(바른) 여호와 너의 하나님께서 네 가운데 계시니 그분은 구원을 베푸실 용사이시며 너 때문에 기뻐서 즐거워하시고 그의 사랑으로 너를 잠잠케 하시며 너 때문에 큰 노래로 기뻐하실 것이다 할 것이다.

(새번역) 주 너의 하나님이 너와 함께 계신다. 구원을 베푸실 전능하신 하나님이시다. 너를 보고서 기뻐하고 반기시고 너를 사랑으로 새롭게 해주시고 너를 보고서 노래하며 기뻐하실 것이다.

(새즈믄) 네 속에 계시는 여호와 네 하나님은 구원하시는 용장이시니 그는 너로 인하여 즐거움과 기쁨을 얻으실 것이다. 그는 자신의 사랑에 관하여 침묵을 지키시나 너로 인하여 환호하시며 기뻐하실 것이다.

(쉬운말) 네 하나님 여호와께서 너와 함께 계신다. 능력의 하나님께서 너를 구해주실 것이다. 주께서 너를 기뻐하실 것이며 너는 주의 사랑 안에서 편히 쉴 것이다. 너를 보시고 노래하며 즐거워하실 것이다.

(신세계역) 너의 하느님 여호와께서 네 가운데에 계시다. 위력 있는 분으로서 그분이 구원하실 것이다. 그분은 너로 인하여 기뻐서 환희에 넘치실 것이다. 그분은 사랑으로 잠잠히 계실 것이다. 너로 인하여 행복한 외침으로 기뻐하실 것이다.

(우리말) 네 안에 계시는 네 하나님 여호와께서는 구원을 베푸실 용사이시다. 그분께서 너 때문에 무척이나 기뻐하실 것이다. 그분의 사랑 안에서 너를 새롭게 해 주시고 너로 인해 노래를 부르시며 기뻐하실 것이다.

(조선어) 너를 구해내신 용사 네 하나님 여호와께서 네 안에 계신다. 너를

보고 기뻐 반색하시리니 사랑도 새삼스러워라. 명절이라도 된 듯 기쁘게 더덩실 춤을 추시리라.

(천주교) 주 너의 하느님 승리의 용사께서 네 한가운데에 계시다. 그분께서 너를 두고 기뻐하며 즐거워하신다. 당신 사랑으로 너를 새롭게 해 주시고 너 때문에 환성을 올리며 기뻐하시리라. 축제의 날인 양 그렇게 하시리라.

(킹제임스 흠정) 네 한가운데 계시는 주 네 하나님은 능하신 이시니 그분께서 구원을 베푸시고 너로 인해 기뻐하며 즐거워하시고 친히 사랑하시는 중에 안식하시며 너로 인해 노래를 부르고 기뻐하시리라 하리라.

(표준새번역) 주 너의 하나님이 너와 함께 계신다. 구원을 베푸실 전능하신 하나님이시다. 너를 보고서 기뻐하고 반기시고 너를 사랑으로 새롭게 해주시고 너를 보고서 노래하며 기뻐하실 것이다.

(한글 킹제임스) 네 가운데 계신 주 너의 하나님은 능력이 있으시니 그가 너를 구원하실 것이요. 그가 기쁨으로 너를 즐거워하시리라. 그는 그의 사랑 가운데 안식할 것이요. 그는 노래로 너를 즐거워하시리라.

(현대어) 네 하나님 여호와께서 너를 강하게 하시는 용사께서 네 가운데로 오셔서 사신다. 그분은 너를 보고 큰 기쁨을 느끼며 즐거워하시고 자신의 사랑으로 너를 새롭게 하실 것이다. 그가 너를 맞이하여 환호성을 올리며 기뻐 뛰시는 모습이

(현대인) 너의 하나님 여호와가 너와 함께 하신다. 그는 전능한 구원자이시다. 그가 너를 아주 기쁘게 여기시며 너를 말없이 사랑하시고 너 때문에 노래를 부르며 즐거워하실 것이다.

(히브리어 직역) 네 하나님 여호와가 네 가운데 계시니 구원하시는 용사시다. 그가 기쁨으로 너를 즐거워하실 것이고 그의 사랑으로 너를 새롭게

하실 것이고 환상으로 너를 기뻐하실 것이다.

(원문) 너의 하나님 여호와가 너의 가운데 계시니, 그는 구원을 베푸실 전능하신 분이시다. 그분께서는 너를 두고 기뻐하고 즐거워하신다. 자신의 사랑 안에서 너를 새롭게 해 주시고, 너 때문에 환성을 올리며 기뻐하실 것이다.

때로는 읽기만 해도 은혜가 되는 구절이 있다. 본문이 그런 경우인데 읽기만 해도 위로가 되고 격려가 된다. 그런데 본문 가운데 '잠잠히 사랑하시며'가 다가오질 않는다. '잠잠히'는 히브리어 '하라쉬'로써 '침묵하다, 잠잠하다, 쉬다, 공작하다, 쟁기질하다'라는 뜻이다. 본문의 내용은 히브리어 원문에 따르면 '그의 사랑 안에서 그가 잠잠하실 것이라'이다. 그러니까 떠벌리지 않고 침묵하여 조용히 사랑하신다는 뜻으로 해석한 것이다. 그러나 다른 번역 성경처럼 '새로운 일을 행한다 또는 안식하다'로 해석한 경우도 있다. 그러나 대개의 번역에서는 '하나님께서 침묵 속에서 자기 백성을 잠잠히 사랑한다'라고 해석했다. 아버지가 사랑하는 자녀를 미소 띤 얼굴로 조용히 바라보는 인자한 모습을 그린다. 요란하지 않지만, 얼굴에 만족함으로 미소를 띠며 바라보는 그윽한 아버지의 모습을 묘사한 것이다. 게다가 하나님은 즐거워 노래까지 하신다. 이사야 5장에서 포도원지기로 노래하시는 하나님을 묘사하기도 했지만 노래하시는 하나님의 모습을 연상하는 것은 대단히 신선하다. 하나님이 기뻐하면서 입에서 콧노래가 자연스럽게 흘러나오는 모습을 연출한 것이다. 악인이 넘치는 시대에 극소수의 남은 자들이라도 하나님의 미소를 띠게 만들고 하나님이 콧노래를 부르게 만드는 하나님의 자녀가 되기를 소망해 본다.

참고로 본문에서 사용한 '전능자'는 히브리어로 '기보르'인데 '강력한,

힘센, 용사'라는 뜻이다. '전능자'는 히브리어 '엘 샤다이'로 '전능하신 하나
님'을 연상케 한다. 구원하시는 능력의 하나님 내지는 용사이신 하나님으
로 표현하는 것이 전능자 하나님과는 구분된다고 본다.

학개

109. 오늘 이전을 기억하라

학개와 스가랴는 다른 선지서들과는 다르게 오로지 성전 재건에만 몰두한다. 바벨론 포로 귀환 후(BC 537년) 성전 재건을 시작했다가 BC 534년에 사마리아인들의 방해로 중단되고 만다. 성전 건축이 중단되면서 시간이 흐를수록 성전을 재건하려는 초기 열정은 약해져 갔고 경제적 어려움과 외부의 방해 공작에 지쳐 있는 데다 오히려 자기 집을 재건하고 아름답게 하는 데 더 관심을 두게 되었다. 이때 학개가 일어나서 16년간 중단된 성전 건축을 강력히 독려해서 BC 520년에 다시 건축을 시작했고 BC 516년에 드디어 성전을 완공한다. 현재 겪고 있는 가뭄과 흉작은 하나님의 성전을 소홀히 한 결과라면서 성전을 짓고 난 후 부어주실 하나님의 복을 기대하라고 한다. 학개 2장 18절이다. "너희는 오늘 이전을 기억하라 아홉째 달 이십사일 곧 여호와의 성전 지대를 쌓던 날부터 기억하여 보라."

> (개역개정) 너희는 오늘 이전을 기억하라. 아홉째 달 이십사일 곧 여호와의 성전 지대를 쌓던 날부터 기억하여 보라.
> (개역한글) 너희는 오늘부터 이전을 추억하여 보라. 구월 이십사일 곧 여호와의 전 지대를 쌓던 날부터 추억하여 보라.
> (공동번역) 너희는 야훼의 성전 주초를 놓은 구월 이십사일 바로 이날부터 앞으로 어떻게 달라지는지 눈여겨보아라.

(메시지) 오늘 아홉째 달 이십사일부터 앞을 내다보아라. 성전 재건이 시작된 오늘부터 앞을 내다보아라.

(바른) 너희는 오늘부터 이전을 네 마음에 두어 보아라. 구 월 이십사일 곧 여호와의 성전의 기초가 놓이던 날로부터 네 마음에 두어 보아라.

(새번역) 너희는 부디 오늘 아홉째 달 이십사일로부터 주의 성전 기초를 놓던 날까지 지나온 날들을 마음속으로 곰곰이 돌이켜 보아라.

(새즈믄) 너희는 오늘부터 앞으로 곧 아홉째 달 스무나흗날부터 명심할 것은 여호와의 성전 기초를 놓은 날부터

(쉬운말) 오늘은 아홉째 달 이십사일이다. 오늘 백성이 나 여호와의 전에 기초 쌓은 일을 마쳤다. 이제부터 이러한 일을 생각해 보아라.

(신세계역) 청컨대 너희는 이 날부터 이것에 마음을 두고 보아라. 아홉째 달 이십사일부터 여호와의 전의 기초가 놓인 날부터 너희는 이것에 마음을 두고 보아라.

(우리말) 오늘부터 앞으로 어떻게 될지 잘 생각해 보아라. 아홉째 달 24일부터 여호와의 성전의 기초를 놓던 날부터 생각해 보아라.

(조선어) 너희는 여호와의 성전 주초를 놓은 9월 24일 바로 이날부터 앞으로 어떻게 달라지는지 눈여겨보아라.

(천주교) 오늘부터 앞으로 어떻게 될지 생각해 보아라 아홉째 달 스무나흗날부터 주님의 성전에 기초를 놓은 날부터 생각해 보아라.

(킹제임스 흠정) 너희는 이제 이날부터 거슬러 올라가 깊이 생각하되 구월 이십 사일 곧 주의 성전의 기초를 놓던 날로부터 거슬러 올라가 그것을 깊이 생각할지니라.

(표준새번역) 너희는 부디 오늘 아홉째 달 이십사일로부터 주의 성전 기초를 놓던 날까지 지나온 날들을 마음속으로 곰곰이 돌이켜 보아라.

(한글 킹제임스) 오늘부터 거슬러 올라가 구 월 이십사일 곧 주의 성전의 기초를 놓았던 날부터 생각하라. 그것을 생각하라.

(현대어) 그러나 너희는 이제 오늘부터 모든 일을 잘 살펴보아라. 여호와의 성전 기초공사가 완료된 9월 24일부터 눈여겨보아라.

(현대인) 오늘은 9월 24일 곧 성전 기초공사를 완성한 날이다. 너희는 오늘 이후의 일을 잘 관찰해 보아라.

(히브리어 직역) 너희 마음을 이날부터 계속 두라. 아홉째 달 이십사 일 곧 여호와의 전의 기초가 세워진 날부터 너희 마음을 두라.

(원문) 너희는 오늘부터, 곧 아홉째 달 24일 곧 여호와의 성전에 기초가 놓여졌던 날부터 곰곰이 생각해 보라.

오늘 이전인 성전 지대를 쌓은 날인 BC 534년부터 지난 16년간을 생각해 보라는 것이다. 그때에는 수확도 안 되고 재앙과 우박으로 경제적 어려움을 당한 것을 기억하라는 것이다, 그것이 모두 우연히 일어난 일이 아니라는 것이다. "그러나 오늘부터는 내가 너희에게 복을 주리라"(학 2:19). 성전을 재건하리라고 결단한 시점인 오늘부터는 하나님의 복이 넘치리라는 약속이다. 신앙은 오늘 이전과 오늘부터로 나누어진다. 하나님의 명령에 순종하여 결단한 시점부터는 하늘이 열리고 복이 임한다. 그러나 불순종할 때 우리와 하나님 사이를 연결하는 하늘 문이 닫히고 하늘은 놋이 된다. "만일 그들이 범죄함으로 말미암아 하늘이 닫히고"(왕상 8:35). "네 머리 위의 하늘은 놋이 되고"(신 28:23). 다시 순종하기로 결단하는 순간부터 하나님께서 위로 하늘을 열고 하늘의 보고를 쏟아부으신다. "여호와께서 너를 위하여 하늘의 아름다운 보고를 여시사 네 땅이 때를 따라 비를 내리시고 네 손으로 하는 모든 일에 복을 주시리니"(신

28:12). 신약시대에는 우리가 하나님의 성전이다. 우리가 하루하루 성전을 건축해야 한다. 하나님의 성전으로 살지 못했던 오늘 이전을 회개하며 오늘부터는 하나님의 성전으로서 살아야 한다. 더 이상 미뤄서는 안 된다. 오늘이라는 시간이 주어진 날 결단하라.

스가랴

110. 갇혀 있으나 소망을 품은 자들아

스가랴는 학개와 동시대에 성전 재건을 촉구했다. 학개가 단순하게 성전을 독려했다면 스가랴는 성전 재건을 다양한 환상과 예언을 통해 강조하며 성전 건축을 지나서 메시야의 강림까지 예언했다. 아마도 메시야의 강림을 기다리는 자들을 묘사하는 데 스가랴 9장 12절이야말로 독창적인 스가랴만의 표현인 것 같다. "갇혀 있으나 소망을 품은 자들아."

(개역개정) 갇혀 있으나 소망을 품은 자들아,

(개역한글) 소망을 품은 갇혔던 자들아,

(공동번역) 포로들은 그리운 고향을 찾아

(메시지) 절망의 감옥에 갇힌 너를

(바른) 소망을 품고 갇혔던 자들아,

(새번역) 사로 잡혔어도 희망을 잃지 않는 사람들아,

(새즈믄) 너희 희망의 포로들아

(쉬운말) 희망을 가진 너희 포로들아,

(신세계역) 희망을 품은 갇혔던 자들아,

(우리말) 사로잡혔으나 희망을 잃지 않은 사람들아,

(조선어) 포로들은 그리운 고향을 찾아

(천주교) 희망을 잃지 않은 포로들아

(킹제임스 흠정) 갇혔으나 소망이 있는 너희여,

(표준새번역) 사로 잡혔어도 희망을 잃지 않는 사람들아,

(한글 킹제임스) 너희 소망을 품은 갇힌 자들아,

(현대어) 포로들이 희망에 가득 차서

(현대인) 희망을 가진 포로들아,

(히브리어 직역) 희망을 품은 죄수들아,

(원문) 사로잡혔지만 소망을 잃지 않은 자들아,

　감옥에 갇혀 있는 죄수는 석방될 소망의 날만 기다린다. 소망이 없으면 좌절한다. 요셉이 포로로 잡혀 있었으나 살아났듯이 이스라엘 백성도 갇힌 상태에서 낙담과 무력감에 빠지지 말고 궁극적인 소망을 바라보라고 스가랴는 권면한다. 우리는 때로 절망의 감옥에 갇혀 있을 때가 있다. 그러나 소망을 버리지 말아야 한다. 에스겔이 마른 뼈들로 가득한 골짜기에서 마른 뼈들이 살아나는 환상을 본다. 죽음의 골짜기가 순간 생명의 골짜기로 바뀐 것이다. 영혼의 밤이라는 용어는 16세기 십자가의 성 요한이 창안한 것이다. 영혼의 밤은 믿는 자들이 겪는 영적 위기, 영적 침체를 의미한다. 믿는 자라면 누구나 이 길을 통과해야 한다. 뜻밖의 어려운 환난이나 고난이 찾아오고 억울한 일이 생긴다. 이때 하나님의 존재가 의심되고 하나님의 임재도 느끼지도 못하며 기도 응답도 없고 하나님은 멀리 떨어져 있는 것처럼 느낀다. 낙심되고 절망할 때 포기하지 말아야 한다. 밤은 영원하지 않다. 밤이 지나면 곧 미명의 새벽이 찾아온다. 영혼의 밤은 곧 지나고 찬란한 새벽이 온다. 현실이 힘겹고 절망적일수록 더욱 필요한 것은 소망이다. 하나님은 장래에 소망을 주시는 분이시다(렘 29:11). 그래서 힘들고 낙담 될수록 우리는 불안해하지 말고 하나님의 소망의 새벽을 잠잠히 기다리자.

111. 뉘우치지 아니하였으나

번역한 단어가 오해를 불러일으키는 경우를 유의해야 한다. 하나님의 속성을 담아낼 때는 더욱 그러하다. 하나님은 사람이 아니므로 변개하지 않으신다(삼상 15:29). "하나님은 사람이 아니시니 거짓말을 하지 않으시고 인생이 아니시니 후회가 없으시도다"(민 23:19). 하나님은 한 번 정하시면 변함없이 그 일을 행하신다. 도중에 후회하지 않으신다. 그런데 본문은 '하나님이 뉘우치지 아니하셨으니'라고 번역함으로써 오해를 일으키기에 충분하다. 스가랴 8장 14절이다. "너희 조상들이 나를 격노하게 하였을 때에 내가 그들에게 재앙을 내리기로 뜻하고 뉘우치지 아니하였으나."

> (개역개정) 너희 조상들이 나를 격노하게 하였을 때에 내가 그들에게 재앙을 내리기로 뜻하고 뉘우치지 아니하였으나
>
> (개역한글) 너희 열조가 나의 노를 격발할 때에 내가 그들에게 재앙을 내리기로 뜻하고 뉘우치지 아니하였었으나
>
> (공동번역) 일찍이 너희 조상들이 나를 화나게 하여 내가 너희에게 재앙을 내리기로 작정하고는 망설이지 않고 그대로 했듯이 만군의 야훼가 이르는 말이다.
>
> (메시지) 너희 조상들이 나를 노하게 했을 때 나는 너희를 벌주기로 작정했고 그 뜻을 굽히지 않았다.

(바른) 너희 선조들이 나를 노하게 하였을 때에 나는 너희에게 재앙을 내리기로 작정하고 돌이키지 아니하였으나

(새번역) 너희 조상들이 나를 노하게 하였을 때에 나는 너희에게 재앙을 내리기로 작정하고 또 그 뜻을 돌이키지도 않았다.

(새즈믄) 너희의 조상들이 나의 분노를 촉발했을 때에 내가 너희를 해칠 계획을 세우고 자성하지 아니하였으나

(쉬운말) 너희 조상은 나를 노하게 만들었다. 그래서 내가 너희를 심판하기로 작정했다. 그리고 내가 돌이키지 않았다.

(신세계역) 너희 조상들이 나를 분개하게 하였기 때문에 내가 너희에게 재앙을 초래하는 일을 하기로 생각하고 후회하지 않았던 것처럼

(우리말) 너희 조상들이 내 화를 돋우었을 때 내가 너희에게 재난을 내리기로 마음먹고 너희를 불쌍히 여기지 않았다.

(조선어) 일찍이 너희 조상들이 나를 화나게 하여 내가 너희에게 재앙을 내리기로 작정하고는 망설이지 않고 그대로 했듯이 만군의 여호와가 이르는 말이다.

(천주교) 너희 조상들이 나의 분노를 돋우었을 때 나는 너희에게 재앙을 내리기로 작정하고 가엾이 여기지 않았다.

(킹제임스 흠정) 너희 조상들이 내 진노를 일으켰을 때에 내가 너희를 벌하리라 생각하고 뉘우치지 아니하였노라.

(표준새번역) 너희 조상들이 나를 노하게 하였을 때에 나는 너희에게 재앙을 내리기로 작정하고 또 그 뜻을 돌이키지도 않았다.

(한글 킹제임스) 너희 조상들이 나를 진노케 했을 때 내가 너희를 벌할 생각을 하고 후회하지 아니하였듯이

(현대어) 너희의 조상들이 나의 분노를 폭발시켜 놓았을 때에는 내가 너

희에게 재앙을 내리기로 작정하고 어떤 일이 있어도 그 결심을 바꾸지 않았다.

(현대인) 너희 조상들이 나를 노하게 했을 때 내가 그들에게 재앙을 내리기로 작정하고 내 뜻을 돌이키지 않았다.

(히브리어 직역) 너희 조상들이 나를 노하게 했을 때 내가 너희에게 재앙을 내리려고 작정하고 -만군의 여호와께서 말씀하셨다-후회치 않았던 것처럼

(원문) 너희 조상들이 나를 화나게 했을 때 나는 너희에게 재앙을 내리기로 결심하고 너희를 불쌍히 여기지 않았다.

본문에서 '뉘우치다'는 히브리어로 '나함'인데 '후회하다 또는 뉘우치다'라는 뜻이다. 구약성경에서는 '나함'이라는 단어를 상당히 많이 사용하는데 자칫 하나님이 후회하신다는 뉘앙스가 있기에 하나님의 본질과는 위배 되지 않도록 주로 '뜻을 돌이키시다 내지는 불쌍히 여기다, 긍휼히 여기다'라고 번역한다. 뜻을 돌이키신다고 뜻을 바꿨다는 것은 아니다. 하나님의 뜻은 변함이 없는데 중도에 변한 것처럼 보이는 경우가 있다. 멸망 받을 악인이 회개한다거나 약속의 자녀가 죄를 범하여 약속이 깨진다거나 하는 경우 하나님은 불쌍히 여기신다거나 뜻을 돌이키신다고 표현한다. 그러나 그조차도 결국은 하나님의 정하신 뜻 안에서 이루어지기 때문에 하나님의 정하신 뜻에는 아무 문제가 없다. 다만 인간의 눈에는 하나님이 뜻을 바꾸신 것처럼 보이기에 적절하게 그렇게 표현한 것뿐이다. 예를 들어 하나님이 창조한 인간의 죄악을 보고 한탄한다는 표현이 있다(창 6:5). 이 단어도 히브리어 '나함'을 사용했다. 하나님이 후회한 것처럼 보이지만 결국 하나님의 구원계획에는 한 치의 틀어짐도 없이

하나님의 계획과 뜻은 원래대로 이루어졌다. 하나님의 구속계획은 큰 변화 없이 도도하게 흘러가지만 도중에 틀어지고 변형되어 보이기도 한다. 그때마다 하나님은 뜻을 돌이키다 내지는 불쌍히 여기다 등으로 표현해서 조정이 되기는 하지만 큰 줄기의 강은 여전히 원하시는 뜻대로 흘러간다. 따라서 본문에서 하나님이 '뜻하고 뉘우치지 아니하였으나'라는 표현보다는 성경 전체적으로 사용하고 있는 '하나님이 뜻을 돌이키지 아니하였으나'라고 바꾸는 것이 좋겠다.

112. 은총과 간구하는 심령을 부어주리니

　　오늘 본문은 메시야 예언의 대표적인 구절이다. 하나님이 은총과 간구하는 심령을 부어 주셔서 십자가를 지신 그리스도를 보고 애통하게 될 것이란 예언이다. 하나님이 이스라엘 백성에게 은혜를 구하는 영과 용서를 구하는 영을 동시에 부으셔서 내면의 변화를 겪으면 자신의 죄를 깨닫고 애통한 마음으로 회개하게 될 것이란 것이다. 은혜를 구하는 것도 회개하는 것도 우리 마음대로 되는 것이 아니다. 하나님이 성령을 부어주셔야 회개하고 은혜로 나아가게 되는 것이다. 스가랴 12장 10절이다. "내가 다윗의 집과 예루살렘 주민에게 은총과 간구하는 심령을 부어주리니 그들이 그 찌른바 그를 바라보고 그를 위하여 애통하기를 독자를 위하여 애통하듯 하며."

　　(개역개정) 은총과 간구하는 심령을 부어주리니

　　(개역한글) 은총과 간구하는 심령을 부어주리니

　　(공동번역) 용서를 빌 마음을 품게 하리니

　　(메시지) 은총과 기도의 영을 부어 주겠다.

　　(바른) 은혜와 자비를 간구하는 영을 부어 줄 것이다.

　　(새번역) 은혜를 구하는 영과 용서를 비는 영을 부어 주겠다.

　　(새즈믄) 동정과 간구의 영을 내릴 것이니

　　(쉬운말) 자비와 은혜의 영을 주겠다.

(신세계역) 은혜와 간청의 영을 부어 주리니

(우리말) 은혜와 용서를 구하는 마음을 부어 줄 것이다.

(조선어) 용서를 빌 마음을 품게 하리니

(천주교) 은총과 자비를 구하는 영을 부어 주겠다.

(킹제임스 흠정) 은혜의 영과 간구하는 영을 부어 주리니

(표준새번역) 은혜를 구하는 영과 용서를 비는 영을 부어 주겠다.

(한글 킹제임스) 은혜와 간구의 영을 부어 주리라.

(현대어) 뉘우치는 마음을 가득 채워주어서 그들이 모두 나에게 긍휼을 베풀어 달라고 간청하게 될 것이다.

(현대인) 은혜와 기도의 영을 부어 주겠다.

(히브리어 직역) 은혜와 간구의 영을 쏟아부으리니

(원문) 은혜와 간구하는 영을 부어 주겠다.

일단 본문에서 '심령'은 히브리어 '루아흐'로 '영'이다. 바로 '성령'을 가르킨다. 은총과 간구의 성령이란 사죄의 은총을 간구케 하는 성령이란 말이다, 한마디로 회개에 이르는 성령의 역사를 하나님의 백성에게 주신다는 약속이다. 십자가에 달리신 그리스도의 죽음이 자신의 죄 때문이라는 것을 깨닫게 되는 것은 전적으로 성령의 감동을 통해서이다. 사람은 결코 스스로 죄를 깨달아 죄에서 돌아설 수도 없다. 성령께서 그 마음을 주셔야 깨닫게 된다. 여기서 중요한 사실은 사람이 성령이 임한 후에야 자기의 죄를 뉘우치고 회개한다는 점이다. 이는 사람이 진정으로 구원에 이르게 되는 것은 전적으로 하나님의 역사로 말미암음이지 인간의 행위로 이루어지지 않는다는 것이다. 또한 이 은총과 간구하는 심령은 누구에게나 주어지는 것이 아니다. 오직 그를 바라보는 자들에게만 주어지는

선물이다. 그리스도를 바라보는 자들은 십자가의 사건이 자신들의 죄와 더러움 때문인 것을 알게 된다. 그래서 십자가를 바라볼 때마다 애통하지 않을 수 없다. 성령으로 아니하고는 누구든지 예수를 주시라 할 수 없느니라(고전 12:3).

말라기

113. 이 일이 얼마나 번거로운고 하며

구약의 마지막 선지서인 말라기는 성전을 재건한 지 약 100년이 흐른 후의 상황이다. 포로 귀환 후 이스라엘로 돌아와 성전을 건축하며 감격하며 뜨거웠던 신앙은 더 이상 찾기가 힘들다. 신앙의 가장 큰 적은 매너리즘이다. 가슴이 식어버린 사랑은 죽은 관습만 남는다. 종교적인 요식행위와 관습적인 예식은 또 다른 형태의 우상숭배이다. 형식적인 예배는 곧 죽은 종교이다. 진심으로 하나님을 찾지 않으면 하나님은 다가오지 않으신다. 하나님의 임재는 사라진다. 하나님 없는 하나님의 교회가 된다. 말라기 시대를 압축하는 예배의 모습이 말라기 1장 13절이다. "만군의 여호와가 이르노라 너희가 또 말하기를 이 일이 얼마나 번거로운고 하며 코웃음치고 훔친 물건과 저는 것 병든 것을 가져왔느니라."

(개역개정) 또 말하기를 이 일이 얼마나 번거로운고 하며

(개역한글) 또 말하기를 이 일이 얼마나 번폐스러운고 하며

(공동번역) '에이 귀찮아' 이렇게 투덜거리면서 바치고는

(메시지) 너희는 '예배가 뭐 그리 중요한가, 예배에 무엇을 가져오는지가 그렇게나 중요한가? 라고 말하고,

(바른) 또 너희가 말하기를 '보아라, 이 얼마나 번거로운 일인가.' 하면서

(새번역) 너희는 또 '이 얼마나 싫증나는 일인가! 하고 말하며,

(새즈믄) 그러나 너희는 정말 지겹다고 말하면서도

(쉬운말) 또 너희는 '이 일은 귀찮다' 라고 말하면서

(신세계역) 또 너희는 '보라! 이 얼마나 싫증나는 것인가? 하고 말하며

(우리말) 그리고 너희는 '보라. 진짜 귀찮은 일이다' 라고 말하며

(조선어) '에이 귀찮아' 이렇게 투덜거리면서 바치고는

(천주교) 너희는 또 "이 얼마나 싫증나는 일인가!" 하면서 나를 멸시한다.

(킹제임스 흠정) 너희가 또한 이르기를, 보라, 이 일이 얼마나 피곤한가!
하며

(표준새번역) 너희는 또 '이 얼마나 싫증나는 일인가! 하고 말하며,

(한글 킹제임스) 너희는 또 말하기를 "보라 이 얼마나 따분한 일인가!" 하며

(현대어) 더군다나 너희들은 '주님을 섬기기가 너무도 어렵고, 해달라는
대로 해드리기가 정말 지겹다! 하고 투덜거리기도 잘한다.

(현대인) 너희는 또 '이 얼마나 번거로운 일인가!' 하며

(히브리어 직역) 그리고 너희는 '보라 얼마나 귀찮은가? 라고 말하며

(원문) 그리고 너희는 '보라, 이 얼마나 싫증나는 일인가!' 하고 말하면서

본문에서 '얼마나 번거로운고'는 히브리어 '마테라아'로써 '무슨 고통
인지, 얼마나 피곤한지'라는 뜻이다. 매일 드리는 제물이 반복되면서 귀
찮고 싫증 나고 짜증 나는 일이 되어버렸다. 신앙이 종교화되고 형식화
되면 반복되는 행위만 남는다. 물론 반복되는 행위조차 억지로 드리지만
말이다. 형식적이고 종교적인 신앙은 요식행위가 하나님을 대체한다. 하
나님의 자리에 무엇을 가져다 놓고 하나님으로 섬기고 예배한다. 광야
때 만들어진 놋 뱀을 무려 500년 넘게 섬기다가 히스기야 왕이 부숴 없앴
다(왕상 18:4). 놋 뱀이 하나님 자리를 대체한 것이다. 엘리 제사장 때 이
스라엘은 언약궤를 앞세워 전쟁하다가 패배하고 언약궤도 블레셋에 빼

앗겼다. 물론 언약궤가 하나님의 임재의 상징이지만 하나님을 대체하는 형식적인 종교가 되면 언약궤 자체가 하나님이 되는 것이다. 그것이 바로 우상이다. 하나님이 함께하시면 더 이상 언약궤는 찾지도 구하지도 만들지도 않을 것이다(렘 3:16). 마음에 할례를 받으면 더 이상 몸에 받는 할례는 사라질 것이다(렘 4:3). 우리 마음에 모시는 하나님의 성전이 아니라면 건물로써 성전은 더 이상 의미가 없다(렘 7:4). 하나님 없는 예배는 그 자체가 우상이다. 예수님도 공생애 사역 당시에 바리새인과 서기관들을 향해 위선적이고 형식적인 종교인이요 지옥의 자식들이라 비판했다. 오늘날도 하나님과의 진정한 만남이 없이 그저 교회 출석만 하면 모든 신앙이 다 된 것이라 착각한다. 정작 하나님은 없고 껍데기만 남은 형식화된 종교가 되어 버린 시대가 말라기 시대요 오늘날의 교회 모습이기도 하다.

114. 깨는 자나 응답하는 자

본문은 이방인과의 잡혼을 금지했는데도 어기고 혼인한 자들에게 야곱의 장막에서 끊어 버리겠다고 선언하는 내용이다. 하나님과 맺은 언약을 쉽게 무시하고 폐기하는 자들은 하나님께 폐기된다. 말라기 2장 12절이다. "이 일을 행하는 사람에게 속한 자는 깨는 자나 응답하는 자는 물론이요 만군의 여호와께 제사를 드리는 자도 여호와께서 야곱의 장막 가운데에서 끊어 버리시리라."

(개역개정) 깨는 자나 응답하는 자

(개역한글) 깨는 자나 응답하는 자

(공동번역) 멀쩡한 정신으로 좋아라고 그런 짓을 하는 것들

(메시지) 그들에게 하나님의 저주가 있을 것이다!

(바른) 이런 일을 행하는 사람은

(새번역) 그가 어떤 사람이든지

(새즈믄) 깨어나 동조하는 자나

(쉬운말) 이런 일을 하는 사람은

(신세계역) 그런 일을 하는 각 사람을

(우리말) 증인이든 보증인이든

(조선어) 멀쩡한 정신으로 좋아라고 그런 짓을 하는 것들

(천주교) 증인이건 보증인이건

(킹제임스 흠정) 선생이나 학자나

(표준새번역) 그가 어떤 사람이든지

(한글 킹제임스) 선생과 학자를

(현대어) 이러한 사내들은

(현대인) 누구든지 이런 짓을 하면

(히브리어 직역) 이런 일을 행하는 자녀들과

(원문) 증인이든지, 보증인이든지

본문이 난제가 되는 이유는 '깨는 자와 응답하는 자'가 누구를 지칭하는가이다. 본문에서 '깨는 자'는 히브리어로 '우르'로써 '눈을 뜨다, 지배하다'라는 뜻이고, '응답하는 자'는 히브리어로 '아나'로써 '보다, 응답하다'라는 뜻이다. 워낙 본문은 다양하게 해석하기에 다양한 주장이 있다. 본문은 크게 세 줄기로 해석한다. 첫째는 문자 그대로 번역하여 깨는 자와 응답하는 자로 번역하거나, 둘째는 문맥에 맞게 번역하여 이방인 잡혼을 유혹하는 자와 유혹받는 자, 관련된 증인이나 보증인, 이방인 잡혼을 가르치는 자(선생)와 배우는 자(학생)로 번역한다. 셋째로 관여된 모든 자로 해석한다. 어떻게 해석이 되든 관계없이 핵심은 하나님을 온전히 따르지 않는 자들이 여전히 많다는 것이다. 변함없는 인간의 악한 본성은 항상 발휘되어 왔다. 하나님의 은혜를 경험하면서도 이스라엘은 하나님을 섬기는 것이 헛되다(말 3:14)고 말한다. 오히려 교만하게 행하는 자가 복을 받고 악을 행하는 자가 번성한다면서(말 3:15) 하나님께 불순종한다. 그럼에도 불구하고 하나님의 구원계획은 변함없이 진행되어 하나님을 경외하는 극소수의 남은 자들에게 치료하는 광선을 비춰 주시고 엘리야 선지자를 보내어 마음을 돌리게 하시며 구속주이신 그리스도를 약속하시므로 말라기는 끝을 맺는다.

하나님이 창조하신 이래 하나님의 구원계획은 하나님의 정하신 뜻에 따라 진행되어 왔다. 인간의 역사가 진행되면서 도중에 하나님의 약속이 파기된 듯이 보이는 징계와 심판도 하시고 계획을 변경하는 듯이 보이는 하나님의 뜻을 돌이키는 '나함'도 보이지만 구원계획이라는 큰 물줄기는 그 어떤 방해에도 불구하고 그 뜻을 이루신다. 구약성경 전체를 들여다보면 하나님이 이스라엘을 버리고 떠난 것처럼 보이는 때가 있었다. 하나님은 인간을 창조하시고 영원히 함께하기를 원하셨으나 인간의 범죄로 그 지으신 것을 한탄하사 홍수로 멸망시켰다. 하나님이 영원히 이스라엘과 함께 하시겠다고 약속했지만 불순종하고 범죄한 이스라엘을 여러 차례 떠나시기도 했다. "내 이름을 위하여 내가 거룩하게 구별한 이 성전이라도 내 앞에서 던져버리리니"(왕상 9:7). "사람 가운데 세우신 장막 곧 실로의 성막을 떠나시고"(시 78:60). "내가 택한 이 성 예루살렘과 내 이름을 거기에 두리라 한 이 성전을 버리리라"(왕하 23:27). "내가 내 집을 버리며 내 소유를 내던져 내 마음으로 사랑하는 것을 그 원수의 손에 넘겼나니"(렘 12:7). "나로 내 성소를 멀리 떠나게 하느니라(겔 8:6). 그들이 양 떼와 소 떼를 끌고 여호와를 찾으러 갈지라도 만나지 못할 것은 이미 그들에게서 떠나셨음이라"(호 5:6). 하나님은 숱하게 이스라엘로 인해 가슴 아파하셨다. 하나님의 마음을 나타내는 단어가 히브리어 '나함'이다. '하나님이 뜻을 돌이키다'라고밖에는 해석이 안 된다. 이 말은 하나님의 심정을 나타낸 것이지 원래 정하신 뜻을 폐기한다는 것이 아니다. 이 방법이 안 되면 다른 방법을 통해서라도 하나님의 궁극적인 뜻을 이루시겠다는 하나님의 고집을 보이는 것이다. 창세기 이래 말라기까지 이스라엘은 늘 불순종했다. 그럼에도 하나님의 뜻은 포기가 없다. 원래의 구원계획을 이루시기까지 막히면 우회하든지 정면 돌파하든지 그 뜻을 강행하셔서서 하나님을 경외하는 자를 한 명이라도 구원하신다. 결국 숱한 불순종과 사탄의 방해에도 오실 메시야이신 예수 그리스도가 이 땅에 오셨다.

23권 한글 번역 성경 파헤치기

ⓒ 전병호, 2024

초판 1쇄 발행 2024년 4월 15일

지은이   전병호
펴낸이   이기봉
편집   좋은땅 편집팀
펴낸곳   도서출판 좋은땅
주소   서울특별시 마포구 양화로12길 26 지월드빌딩 (서교동 395-7)
전화   02)374-8616~7
팩스   02)374-8614
이메일   gworldbook@naver.com
홈페이지   www.g-world.co.kr

ISBN   979-11-388-2965-6 (03230)